Theorie — Praxisbeispiele — Erfahrungen

Das Projektbuch

Johannes Bastian
Herbert Gudjons (Hg.)

BERGMANN + HELBIG VERLAG
HAMBURG

PB BUCH 5

Die Deutsche Bibliothek — CIP-Einheitsaufnahme

Das Projektbuch / Johannes Bastian; Herbert Gudjons (Hg.). —
Hamburg: Bergmann und Helbig.
NE: Bastian, Johannes [Hrsg.]

[1]. Theorie — Praxisbeispiele — Erfahrungen. — 3. Aufl. — 1991
    (PB-Bücher; 5)
    ISBN 3-925836-04-7
NE: GT

© Bergmann + Helbig Verlag GmbH, Hamburg 1986
2. Auflage 1988
3. Auflage 1991
Umschlaggestaltung: Hannelore Adams
Druck und Verarbeitung: poppdruck, Langenhagen
ISBN 3-925836-04-7

Die Reihe ‚PB-Bücher‘
wird herausgegeben von Mitgliedern der
Redaktion der Zeitschrift PÄDAGOGIK

Johannes Bastian
Peter Daschner
Herbert Gudjons
Klaus-Jürgen Tillmann

BERGMANN + HELBIG VERLAG
HAMBURG

INHALTSVERZEICHNIS

Vorwort zur dritten Auflage

Das Projektbuch trifft nach wie vor auf starkes Interesse von Lehrerinnen und Lehrern, die sich für innere Schulreform engagieren. Obwohl 1990 ‚Das Projektbuch II' als Fortsetzung dieses Bandes erschien, hat die Nachfrage kontinuierlich angehalten. Wir haben uns deshalb für eine unveränderte dritte Auflage entschieden. Beide Bände sind so konzipiert, daß sie aufeinander aufbauen und sich ergänzen.

Das Projektbuch bleibt nach wie vor ein Standardwerk zur Einführung in diese besondere Unterrichtsform. Grundlagenbeiträge zur Lehrerrolle, zur Geschichte des Projektunterrichts und zur Konzeption und Organisation von Projektwochen finden sich nur in **diesem** Band. Ausführliche Beispiele regen eine fundierte Projektpraxis an: sowohl in Projektwochen als auch im fächerübergreifenden Projektunterricht.

Das Projektbuch II ergänzt diesen Band durch eine andere und neue Akzentuierung. Es führt ‚**Über die Projektwoche hinaus**' und konzentriert sich auf ‚**Projektlernen im Fachunterricht**'.

In Grundlagenbeiträgen wird für eine Veränderung des traditionellen Fachunterrichts plädiert und deren Notwendigkeit und Berechtigung begründet.

In 11 Unterrichtsbeispielen wird ausgeführt, wie Projektunterricht unter den alltäglichen Bedingungen des Fachunterrichts der Sekundarstufen I und II in die Praxis umgesetzt wurde. Konkrete methodische Hilfen von der gemeinsamen Planung bis zur Durchsetzung einer veränderten Schulorganisation ergänzen die Unterrichtsbeispiele.

Hamburg, im August 1991

Johannes Bastian
Herbert Gudjons

Einleitung der Herausgeber

Projektunterricht – Bildungsreform von unten

Mehr als früher hat die Bürokratisierung der Gesellschaft heute auch die Schule erfaßt. Schule funktioniert weithin nach dem Modell der „klassischen Verwaltungsbürokratie" (Max Weber, 1922), indem sie die Lernorganisation im wesentlichen den Anforderungen der Verwaltungsorganisation unterstellt (Rumpf 1971)[1]. Rechtliche und administrative Regelungen werden immer ausgedehnter, aber auch immer präziser, gleich, ob sie sich auf Zensurengebung oder Unfallversicherung, auf Versetzungsordnung oder Sexualerziehung, auf Kriegsdienstverweigerer oder Werbung in der Schule, auf Stoffverteilung oder Wandertage beziehen. Da erscheint Projektunterricht mit seinen offenen, wenig bürokratisierten Lernformen fast wie ein Fremdkörper.

Überraschend allerdings ist eines: Nahezu parallel zum Ansteigen von Erlassen und Verwaltungsanordnungen wuchs in den Stundentafeln und Richtlinien ein gewisser Freiraum für Projektunterricht. Immerhin also finden sich im enger werdenden Verordnungsnetz auch weite Maschen, die größere Spielräume zur eigenen Ausgestaltung lassen und Chancen für eine pädagogische Reformarbeit an der „Basis" gewähren. Resultat des schlechten Gewissens einer Kultusbürokratie, die (immerhin noch) spürt, daß man pädagogische Phantasie und pädagogisches Leben durch Verwaltung eher reglementiert als fördert?

Zwar stieg die Zahl der Projektwochen, der Unterrichtsprojekte und projektorientierten Lernphasen deutlich an, doch blieben die Initiatoren über Jahre hin angewiesen auf ihre eigene Experimentierfreude und ihren persönlichen Wagemut. Es gab nur wenige Beispiele und Vorschläge für die konkrete Durchführung von Projektunterricht, und am theoretischen Nachdenken fehlte es fast völlig. So ist es nicht verwunderlich, wenn der Begriff „Projekt" bisweilen arg überstrapaziert wurde. Und es ist auch verständlich, wenn mancher Lehrer angesichts der auftretenden, unlösbar scheinenden Probleme (z.B. der Erfahrung der Spannung zwischen Schülerorientierung und eigenem Anspruch auf Planung- und Anleitung) die Flinte schnell wieder in's Korn warf. Hilfen in grundsätzlichen Fragen und einlösbare Anregungen für das praktische Handeln sind gleichermaßen nötig. Beides ist darum Anliegen dieses Buches.

Mit dem Ausbau des Projektunterrichts verbindet sich eine hohe Erwartung im Hinblick auf ein Vorangehen der Bildungsreform. Die Bildungspolitik auf Bundes- und Länderebene, aber auch die öffentliche Meinung und nicht zuletzt die pädagogisch arbeitenden Berufsgruppen selbst unterliegen heute der Gefahr, die in den 70er Jahren begonnene Bildungsreform für gescheitert zu deklarieren. Wir stehen vor der Situation , in eine Periode der Stagnation oder gar der Restauration hineinmanövriert zu werden[2]. Wenn also schon die Fortschritte im Bereich der *äußeren* Schulreform (man denke allein an das Schicksal der Gesamtschulen, die Maßnahmen zur Elitebildung und die Renaissance eines konservativen Begabungsbegriffs) Zug um Zug wieder verloren zu gehen drohen, dann allerdings wird Projektunterricht als zentrales Stück *innerer* Schulreform umso bedeutender. Bildungsreform von unten, — allerdings in inhaltlicher Kongruenz zu den Zielen der Gesamtreform: ,,billiger'' darf Projektunterricht nicht werden. Zur Basiseuphorie besteht also kein Anlaß. Projektunterricht als Reform von unten wird nur dann zählebiger sein als umfassendere Ansätze, wenn er deren Intentionen zu seinen eigenen Orientierungspunkten macht.

Es sind zwei Anliegen, die als generelle Zielsetzungen die Bildungsreformbestrebungen in der Bundesrepublik seit Mitte der 60er Jahre bestimmten und darum heute mehr denn je auch die Mitte des Projektunterrichts ausmachen: ,,Humanisierung, d.h. Entwicklung der Selbstbestimmungsmöglichkeiten aller Menschen, Demokratisierung, d.h. Entwicklung und Sicherung der Mitbestimmungsmöglichkeiten *aller*, damit sie über ihre gemeinsamen Angelegenheiten — die politischen, die gesellschaftlichen, die wirtschaftlichen, die kulturellen — kompetent entscheiden und die Verwirklichung ihrer Entscheidungen demokratisch kontrollieren können''[3].

Mit dieser Einbettung in generelle Zielsetzungen der Bildungsreform steuert der Projektunterricht auch gegen eine allzu bruchlose Anpassung des Bildungssystems an die wirtschaftlichen Erfordernisse des Beschäftigungssystems, obwohl es gerade (auch historisch gesehen) sein ureigenstes Anliegen war, Schulunterricht verstärkt auf konkrete gesellschaftliche Notwendigkeiten zu beziehen. Dem Projektunterricht unterliegt dabei allerdings ein Bildungsbegriff, der schulische ,,Bildung'' nicht auf berufsrelevante ,,Qualifikation'' reduziert. Obwohl der Projektunterricht die notwendigen Voraussetzungen zur Qualifizierung der späteren Arbeitskraft anstrebt, richtet sich sein Bildungsanliegen viel umfassender auf die allseitige Entwicklung *aller* menschlichen Fähigkeiten und Interessen. Dabei ist das ,,Wie'' des Lernens und Arbeitens vom Prinzip der demokratischen Regelung gemeinsamer Angelegenheiten bestimmt.

An diesen Grundintentionen orientieren sich alle Beiträge dieses Buches.

Es richtet sich an *Lehrer aller Schularten, Referendare, Studenten* und *Hochschullehrer*, die Anregungen für Diskussionen im Kollegium, für die Durchführung von Projektunterricht oder die Vorbereitung von Seminaren und Prüfungen suchen. In allen Bereichen gibt es ein Bedürfnis nach theoretischer Information *und* Handlungsanregungen. Das Buch enthält deshalb einen „Theorieteil" und einen ausführlichen „Materialteil".

So erfreulich die Zunahme von Projektunterricht auch ist, so wenig wäre den eben beschriebenen Möglichkeiten mit einem inflationären Gebrauch des Projektbegriffs gedient.

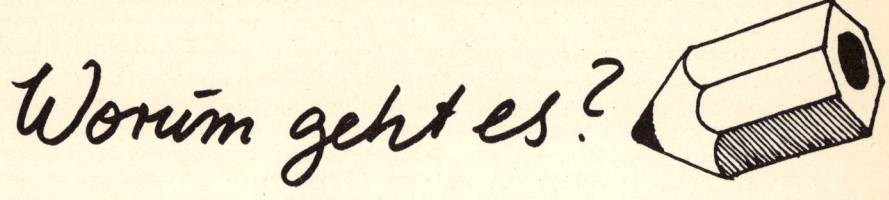

Darum geht der erste Beitrag dieses Buches zunächst einmal der Frage nach: *Was ist Projektunterricht? Herbert Gudjons* entwickelt in diesem Beitrag im Rückgriff auf die ursprüngliches Idee unter Einbezug der aktuellen Diskussion *10 Kriterien für Projektunterricht.* Gegen die modische Tendenz, alles was auch nur in Nuancen vom herkömmlichen Unterricht abweicht, als „Projekt" zu bezeichnen, werden hier präzise Kriterien genannt, um sowohl für Diskussionen in Seminaren und Konferenzen als auch für die Projektpraxis ein Mindestmaß an Verständigung über das, was mit diesem Begriff gemeint ist, zu erreichen.

Johannes Bastian konkretisiert unter dem Titel „*Lehrer im Projektunterricht*" drei Projektkriterien. „Orientierung an den Interessen der Beteiligten", „Selbstorganisation und Selbstverantwortung" und „Zielgerichtete Projektplanung" bleiben hehre Kriterien, wenn nicht etwas zu ihrer Umsetzung gesagt wird. Kooperatives Arbeiten erfordert Planungsfähigkeit der Schüler und die Fähigkeit zur Vermittlung dieser Kompetenz auf Seiten des Lehrers — in jedem Fall mehr, als ein diffuses „Wir-Gefühl". Projekte scheitern aber auch, wenn Lehrer sie soweit vorplanen, daß auch hier wieder nur „Fertiggerichte" angeboten werden, die Schüler nur würzen und aufwärmen müssen, um sie konsumieren zu können. Theoretische Überlegungen und erprobte Handlungsideen zeigen hier einen Mittelweg zu „*einer profilierten Lehrerrolle in schülerorientierten Lernprozessen*".

Verständigung über den Begriff und konkrete Handlungsanleitungen für *Projektwochen* nimmt der folgende Beitrag von *Rüdiger Semmerling* auf. „*Projektwochen — alternatives Lernen in der Regelschule*" benennt Schwierigkeiten und ihre Lösungsmöglichkeiten und bietet eine gute Grundlage für Diskussion und Beratung in der Lehrerkonferenz.

Der Theorieteil wird abgeschlossen durch den Beitrag: „*Projektunterricht — die Geschichte einer Idee, die so alt ist wie unser Jahrhundert*" von *Bernhard Suin de Boutemard.*

Anders als in rein deskriptiven Darstellungen der Geschichte des Projektunterrichts wird hier in einem historisch-kritischen Beitrag Projektidee und Projektpraxis in Bezug gesetzt zur gesellschaftlichen Entwicklung des 20. Jahrhunderts.

Der Leser kann anhand dieses Beitrags sehen, daß Projektunterricht — damals wie heute — im Spannungsfeld steht zwischen beliebigen Maßnahmen zur bloßen Erhöhung der Schülermotivation und einer pädagogischen Praxis, die mit Projekten zu einer Demokratisierung von Schule und Gesellschaft beitragen will. Auch hiermit wird der inflatorische Gebrauch des Projektbegriffs eingegrenzt.

Der Praxisteil des Buches beginnt mit vier Beiträgen zur *Fächergruppe Naturwissenschaften*.

● *Renate Pieper* (,,*Energie aus Kuhmist und Stroh*'') beschreibt, wie sie gemeinsam mit ihren Schülern eine *Biogas-Anlage* baut. Der Bericht folgt dem Lernprozeß einer Gruppe aus den Klassen 11-13 eines Gymnasiums von der Ankündigung bis zur funktionierenden Anlage.

● *Johannes Bastian* (,,*Die Regenbogenkämpfer*'') ist gemeinsam mit seinen Schülern eine Woche ,,*auf den Spuren der Umweltschutzgruppe Greenpeace*''. Die Gruppe aus Schülern einer 9. Hauptschul- und Realschulklasse arbeitet einige Tage mit Mitgliedern von Greenpeace zusammen, vollzieht deren Praxis nach, stößt auf Schwierigkeiten bei Behörden, baut Angst vor Fachleuten und chemischer Fachsprache ab. In den Praxisbericht integriert sind ,,Neun Schritte zu einer kooperativen Projektplanung'': von den ersten Planungskonferenz aller Kollegen bis zum ersten Treffen der Projektgruppen.

● *Wulf Denecke* (,,*Öko-Nahrung*'') arbeitet mit Schülern der 13. Klasse eines Gymnasiums über Ernährungsgewohnheiten der Industrienationen und deren ,,mörderische'' Auswirkungen auf die 3. Welt. Als Konsequenz werden eine ,,Öko-Nahrung'' zusammengestellt, Rezepte erprobt, Eßbares am Projekttag zusammen mit Informationen angeboten.

● *Harald Rüsseler* (,,*Die Windmühle*'') baut mit der 9. Klasse einer Gesamtschule in einem Jahr einen 10 Meter hohen ,,Horizontal-Achsen-Windkonverter''. ,,Nicht nur Twind bestaunen, sondern selber machen'' war das Leitmotiv und besonders interessant ist, daß das Projekt *in den regulären Unterricht — eine Doppelstunde pro Woche — integriert wurde*.

Vier weitere Praxisberichte gehören zur Fächergruppe Sprache/Ästhetische Erziehung:

● *Michael Legutke* und *Wolfgang Thiel* (,,*Airport*'') stellen ein *Projekt im Englischunterricht* vor. Es kann mit Schülern aller Schulformen ab der zweiten Hälfte der 6. Klasse durchgeführt werden, für die ein Flughafen erreichbar ist. Mit ,,Airport'' kann man auf Forscherdrang und Spontaneität dieser Altersgruppe eingehen und Englisch als wirkliches Kommunikationsmittel erfahren. Im Mittelpunkt stehen Interviews mit englischsprechenden Passagieren und Flugpersonal.

● *Christel Heine* und *Peter Koch* (,,*Masken — Image — Selbstdarstellung*'') bauen mit Schülern einer 7. und 8. Haupt- und Realschulklasse Gipsmasken, bemalen ihre Gesichter, schminken Lehrer und Referendare und erfahren Reaktionen auf dieses Aktionen. Probleme gibt es mit Zensuren und dem Aufbau einer Austellung. Besonders interessant ist hier die Perspektive von Studenten, die mit der Praxis noch wenig vertraut sind und Projektunterricht im Projekt lernen.

● *Wolfgang Allerkamp* („*Der Mörder von Bergedorf*") lernt mit Schülern einer 10. Realschulklasse in einem langfristig vorbereiteten *Filmprojekt* Medientricks — auch zu durchschauen. Der Lehrer schreibt das Drehbuch und produziert gemeinsam mit den Schülern einen Krimi.

● *Antje Mittelberg* und *Anne Köhler* stellen zwei *stadtteilgeschichtliche Ausstellungsprojekte* vor: „Leben in Hamm und Borgfelde" und „Ja, die Jugend. . .".
Kunstkurse von der 7. bis zur 12. Klasse eines Gymnasiums fügen ihre Arbeiten zu einem lebendigen Gesamtergebnis in Form einer großen Projektausstellung zusammen:

— Kunst, Architektur und Design der 50ger Jahre;
— Arbeitswelt des Stadtteils: eine Schülergruppe freundet sich mit dem Lehrling eines Stahlwerks an und erstellt eine Fotoserie;
— Geschichte von Parks und Gärten: Schüler bauen drei Gartenmodelle;
— Modegeschichte: Schüler bauen Pappmaschée-Puppen und dokumentieren mit der passenden Einkleidung den Wandel der Moden. Die Puppen werden den entsprechenden Architekturkulissen hinzugesellt.

Die folgenden fünf Projektbeispiele sind der Fächergruppe der historisch-gesellschaftlichen Fächer zuzuordnen:

● *Rainer Lümkemann, Winfried Waldeck* und *Achim Schmidt* („*Die Straße ist für alle da*") erarbeiten mit Schülern der 7. - 9. Klasse einer Haupt- und Realschule ein Konzept für die Verkehrsberuhigung einer naheliegenden Straße. Verkehrsbeobachtung, Kartenstudium, Fotodokumentation, Kontakte mit Anwohnern, Planern und Behördenvertretern sind einige der Aktivitäten, die zur Arbeit gehören. Ein besonderer Akzent liegt auf dem Lernen von Kooperation zwischen Schülern verschiedener Altersgruppen und Schulformen.

● *Manfred Huth* („*Wir machen ein Dorffest*") gestaltet eine Klassenreise als Projekt. Die Schüler einer 7. Hauptschulklasse zeigen, wie man ein ganzes Dorf in ein solches Projekt mit einbeziehen kann:

— Befragung der Landbevölkerung über ihre Lebens- und Arbeitssituation;
— den Bauern bei der Arbeit zusehen und helfen;
— und als Höhepunkt: ein gemeinsames Fest von Schülern und Dorfbewohnern mit Theaterspielen.

●. *Karl G. Zenke* („*Wer bin ich? Wer war ich? Wer könnte ich sein?*") weiß, daß Selbstbewußtsein und Selbstvertrauen als Grundlage für den Berufswahlprozeß bei vielen Haupt- und Sonderschülern nicht hinreichend ausgeprägt ist. Bei der Herstellung von „Ich-Objekten" machen die Schüler Erfahrungen, in denen sich die Bereitschaft und Fähigkeit zur Wahrnehmung der eigenen Person entwickelt. Vergangenheit, Gegenwart und Zukunft werden in „Kästen" oder „Türmen" als bildhafte und schriftliche Darstellung der Person zusammengetragen. Kein Projekt gegen die Jugendarbeitslosigkeit — aber ein Projekt gegen die Resignation.

● *Otto Herz* („*Kindesmißhandlung*"). Der besondere Akzent dieses Projekts wird deutlich im Fazit eines beteiligten Schülers aus dem Oberstufen-Kolleg Bielefeld: „Für mich war es sehr wichtig, daß wir nicht ein Projekt gemacht haben, das sich nur auf unser Kolleg bezog, sondern, daß wir die

Öffentlichkeit damit ansprechen konnten. Das bestätigt mich in meiner Auffassung, daß wir mehr Themen auswählen und bearbeiten sollten, die nicht nur irgendwo in unseren Köpfen stecken, sondern reale gesellschaftliche Probleme sind."

● *Mareile Krause* und *Tilman Kressel (,,Geschichte begreifbar machen")* nehmen den Roman ,,Stern ohne Himmel" von L. Ossowski, in dem einige Jungen und Mädchen einen Judenjungen im 3. Reich retten, zum Ausgangspunkt des Theaterprojekts. Im Mittelpunkt steht ein Lernprozeß, der Schülerinnen und Schülern, die zunächst überhaupt kein Interesse an Geschichte haben, Vergangenheit ,,begreifen" läßt. Die Jugendlichen von 1981 spielen sich in die Jugendlichen von 1936 hinein und erleben in diesen Interaktionsfeldern die Widersprüche der damaligen Zeit.

Wir danken allen Lehrern für ihre Kooperationsbereitschaft und ganz besonders *Roland Bühs* für die Gestaltung dieses Buches.

Im Dezember 1985

Johannes Bastian
(Hamburg)
Herbert Gudjons
(Hamburg)

Anmerkungen
1) H. Rumpf, Schuladministration und Lernorganisation. In: Die Deutsche Schule, H. 3/1971
2) Vgl. W. Klafki, Zur pädagogischen Bilanz der Bildungsreform. In: Die Deutsche Schule H. 5/1982, S. 339 - 352
3) Klafki, a.a.O., S. 339

Was ist Projektunterricht?

Herbert Gudjons

Von der Inflation eines Begriffes

Projektunterricht ist en vogue. Das ist für sich genommen zunächst begrüßenswert, zumal die Erfahrungen mit Projektunterricht insgesamt deutlich positive Tendenz haben. Zugleich zeigt sich jedoch, daß dem Projektunterricht ein ähnliches Schicksal droht wie allem, was pädagogische Hochkonjunktur hat:

Im Zuge seiner Verbreitung wird die ursprüngliche Idee und das eigentliche Konzept immer stärker verwässert.

Kaum jemand stellt z.B. kritisch die Frage, ob alles, was in einer Projektwoche an „Projekten" läuft, auch tatsächlich diesen Namen verdient. „Projekt" scheint eo ipso progressiv zu sein. Dominierend ist dabei wohl die Hoffnung auf Überwindung des grauen Unterrichtsalltags durch irgendetwas — manchmal recht diffus — „Alternatives" zum herkömmlichen Unterricht. Und weil der Begriff „Projekt" so unpräzise, ausufernd und inflationär gebraucht wird, steigt die — berechtigte! — Skepsis vieler Lehrer und Eltern gegen diese Art von Unterricht, — bis hin zum Vorwurf, daß doch im Projektunterricht eigentlich nichts Rechtes gelernt werde, zumindest was für den Fachunterricht oder schließlich die Abschlußprüfung wirklich relevant sei. Die Konsequenz ist eine deutliche Abwertung des Projektunterrichts und — bei aller Anerkennung seiner positiven Seiten, vor allem seiner auflockernden Funktion des „Einmal-anders" - eben doch seine Beschränkung auf gelegentliche Projektwochen. Und nicht selten ist dann die Hoffnung zu hören, daß man die „verlorene" Unterrichtszeit sicher schnell wieder aufholen werde, weil die Kinder nun wieder motivierter seien für das Lernen. . .

Gegenüber solcher Perversion der ursprünglichen Projektunterrichtskonzeption zeigt die Analyse der historischen Wurzeln der Projektpädagogik eine viel anspruchvollere, ja radikal gesellschaftlich-politische Grundintention. Der Projektgedanke bei Dewey und Kilpatrick im ersten Drittel unseres Jahrhunderts war Reaktion auf tiefgreifende gesellschaftliche Wandlungen im Produktions-, Distributions- und Konsumptionsbereich: Erziehung konnte nicht mehr auf der alten Grundlage eine Vorbereitung für vorausbestimmbare Lebensverhältnisse sein; wenn die Zukunft aber weitgehend unbekannt ist, muß die junge Generation — exemplarisch — lernen, Probleme dann aufzugreifen und zu lösen, wenn sie auftauchen. Damit ist für die junge Generation intendiert, „die Gestaltung ihrer Verhältnisse durch problemformulierendes und problemlösendes Handeln selber zu lernen" (Suin de Boutemard)[0], wobei die politikgeschichtliche Basis dafür in den Menschen-

und Bürgerrechten liegt. Sie inaugurieren zwischen Mitgliedern einer Gesellschaft nicht die Verkehrsform der „Anordnung von oben", sondern den frei vereinbarten Vertrag bürgerlichen Rechtes. Diese demokratische Zuspitzung findet sich noch heute in der Formulierung des „Projektvertrages" zwischen Schülern und Lehrer. Diese ursprüngliche gesellschaftspolitische Intention des Projektgedankens kommt heute möglicherweise eher zum Tragen in der „Pädagogik der Unterdrückten" (Paolo Freire), in der Projektarbeit bei Selbsthilfe- und Bürgerinitiativen (z.B. Netzwerk, Alternatives Vorlesungsverzeichnis) oder in Bemühungen zu einer entkolonialisierten Gesellschaft in der „Dritten Welt", als in vielem, was heute in Schulen unter „Projektunterricht" läuft.

> Ohne dieses konzeptionelle Kernelement, ja „Herzstück" der freien, selbstbestimmenden, nicht hierarchischen Problembearbeitung schrumpft Projektunterricht zu einer bloßen „Methode" (unter anderen) zusammen, die sich sogar reibungslos in einen sehr traditionellen Unterricht einverleiben läßt.

Bezeichnenderweise haben dann ja auch die methodischen Aspekte des Projektunterrichts die Geschichte der Diskussion weitgehend bestimmt, die Implikation einer Demokratisierung der Schule wurde demgegenüber jedoch vernachlässigt[1]. Deshalb ist es nicht nur bescheidener, sondern sachlich auch konsequenter, wenn nicht selten statt von „Projektunterricht" von „projektorientiertem Unterricht" gesprochen wird.

Ich habe diese aus der historischen Perspektive begründete politische Dimension des Projektunterrichts aus zwei Gründen so (über-) deutlich betont: Einmal muß klar sein, daß es eben nicht primär um etwas mehr „Spaß" an der Schule durch auflockernden Projektunterricht geht, sondern um viel mehr: um eine Erziehung zur demokratischen Gesellschaft. Zum andern legitimiert erst das Bewußtsein dieser umfassenden Intention des Projektkonzeptes eine partielle Beschränkung auf die Elemente/Merkmale/Kriterien, die unter den institutionellen Bedingungen und Zwängen der Schule in der jeweiligen Situation eines Lehrers erforderlich ist. Auf der Grundlage dieses Bewußtseins läßt sich durchaus an der Weiterentwicklung und Ausdifferenzierung der Projektmethode arbeiten, ohne daß der Projektgedanke zu einer bloßen „Methode" degeneriert.

Merkmale/Kriterien des Projektunterrichts
Karl Frey hat in seinem Buch über die Projektmethode sicher recht, wenn er diese als eine „offene Lernform" bezeichnet, die sich „folglich auch nicht durch eine präzise Definition beschreiben" läßt[2]. Die folgenden 10 Merkmale des Projektunterrichts sind darum auch nicht als exakte und ausschließende Definition zu verstehen, sondern eher als eine einkreisende Umschreibung. Allerdings gilt: Projektunterricht ist nicht an die exakte Einhaltung aller 10 Merkmale gebunden, aber umgekehrt kann ein Unterricht, in welchem sich diese Merkmale gar nicht finden, nicht Projektunterricht genannt werden.

Situationsbezug

1 Gegenstand der Projektarbeit sind Aufgaben oder Probleme, die sich aus dem ,,Leben'' ergeben. Ihr Bezugsrahmen ist also nicht die Systematik der Wissenschaft (die ja die Phänomene ,,logisch-systematisch'' und damit anders ordnet, einteilt und voneinander abgrenzt als sie in der ,,Natur'', im ,,Leben'' vorkommen). Projekte sind inhaltlich darum auch nicht an die Fachwissenschaften und letztlich deshalb nicht an die Schulfächer gebunden. Sie orientieren sich an der Einbettung in eine Lebenssituation, am Zusammenhang der Dinge in der Wirklichkeit, nicht an deren Abstraktion in der Wissenschaft. Projektthemen haben in diesem Sinne einen Situationsbezug, sie überschreiten das Denken in fachwissenschaftlichen Disziplinen. ,,Grundsätzlich sind alle Erscheinungen unseres Lebens sowie der natürlichen und hergestellten Umwelt würdig, Gegenstand einer Projektinitiative zu werden,''[3] schreibt daher K. Frey und fügt hinzu, daß allerdings noch nicht allein das Thema den ,,Bildungswert'' enthalte, sondern daß erst die Auseinandersetzung der Beteiligten mit einer solchen Projektinitiative (z.B. einer vorgeschlagenen Problemstellung) und die Entwicklung zu einem Betätigungsgebiet bildend wirke. Allerdings finde ich es nicht recht einsichtig, warum Frey den ,,Bildungswert'' eines Projektes so wenig von der Struktur des Projektinhaltes/-themas und so stark — fast einzig — von der Art bzw. vom Prozeß der Auseinandersetzung abhängig macht.

Sehr oft enthalten diese ,,Themen'' konkrete Aufgaben-Probleme, die gelöst werden sollen.

Die Bewältigung dieser situationsbezogenen Aufgabenstellung erfordert in der Regel andere Aktivitätsformen als der herkömmliche Unterricht; praktische Arbeit und sinnliche Erfahrung gewinnen einen höheren Stellenwert.

Diese situationsbezogene Problemlösung unterscheidet sich auch grundlegend von der — die Schule letztlich konstituierenden — Form des ,,Lehrgangs'', wie wir noch sehen werden. Im Situationsbezug des Projektunterrichts liegt auch der Grund für das Gefühl vieler Lehrer, bei zahlreichen Projekten fachlich überfordert zu sein. In der Tat läßt die enge fachwissenschaftliche Ausbildung den Lehrer im Projektunterricht weitgehend allein. Andererseits liegt gerade darin eine besondere Chance, daß Lehrer und Schüler gemeinsam lernend an eine Sache herangehen.

Orientierung an den Interessen der Beteiligten

2 Nicht selten spiegelt bereits der Inhalt eines Projektes die Interessen der Beteiligten (übrigens Schüler *und* Lehrer) wider. Vor allem aber in der ersten Beschäftigung und Auseinandersetzung mit einer ,,Projektinitiative'' (Frey) bringen die Beteiligten ihre Bedürfnisse, Betätigungswünsche und Ablehnungen (!) ein.

Allerdings entsteht bisweilen ein Streit darüber, was denn nun die wirklichen Interessen der Schüler seien, ob sie nicht vom Charakter der Schule her nur degeneriert würden und als ,,subjektive'' Interessen u.U. ihren ,,wahren'' Interessen entgegen stünden. Der Projektunterricht darf — will er nicht in autoritäre Unterrichtsstrukturen zurückfallen — nun aber diesen dialektischen Zusammenhang von ,,subjektiven'' und ,,objektiven'' Schülerinteressen[4] nicht so auflösen, daß er alle subjektiven Interessenartikulationen didaktisch unter das Postulat einer „objektiven Gerichtetheit" aller Interessen (z.B. aufgrund der zukünftigen sozialen Lage der Schüler) zwängt. Das würde z.B. bei Arbeiterkindern leicht dazu führen, nur noch solche „Interessen" zuzulassen, die dem Klassenkampf dienen.

▌ Interessen sind nicht mit einem Schlag da, sie entwickeln sich insbesondere durch erste Handlungserfahrungen im Projekt.

Unterricht ist deshalb auch ein interessevermittelnder Prozeß. Im Wechselspiel zwischen De-Codierung bzw. Interpretation der Interessenartikulation der Schüler durch den Lehrer und Ermöglichen von neuen Erfahrungen (nicht nur verbalen Themen-Vorschlägen) werden Interessen „wach", weil sie sich in einem zirkulären Zusammenhang von Aktivität und Passivität herausbilden. Schüler können auf diese Weise ihre Interessen zu konkreten Absichten *im* Projektverlauf verdichten. Deshalb genügt eben auch nicht die „Absicherung" des Projekt*themas* im Interessenhorizont der Schüler zu Anfang einer Projektarbeit („Interessiert euch das auch wirklich?"), vielmehr muß der Verlauf des Projektunterrichtes offen sein für das Einbringen von entstandenen (neuen) Interessen, ja u.U. durch „Probehandeln" Interessen wecken. Ein Beispiel: Ein Projekt „Masken" in der Projektwoche einer Hamburger Hauptschule drohte zu scheitern, weil das Interesse der Schüler fehlte. Als aber in dem sehr unbefriedigenden Planungsgespräch erste Erfahrungen mit Masken ermöglicht wurden (Schüler und Lehrer setzten sich im Gesprächsverlauf wechselnd verschiedene Masken auf: der Nörgler, der Gelangweilte, der Hitzkopf, der Chef, der Streithammel u.a.m., redeten und agierten entsprechend im Raum), gab es nicht nur ein großes Hallo, sondern im auftauchenden Wunsch, weitere Masken herzustellen bzw. Schüler zu schminken, waren Interessen bereits zu ersten Zielen verdichtet.

Schüler haben viele (Vor-)Erfahrungen in ihrer *Alltags- und Lebenswelt.* Projektunterricht stellt die Lebenswelt und die Erfahrungsbereiche der Schüler nicht als bloße „Anwendungsperspektive" für erworbene Kenntnisse ans Ende des Unterrichts, sondern nimmt Erfahrungen aus dem Alltag auf, erschließt sie didaktisch oder stellt sie kollektiv her. Die persönliche Relevanz eines Unterrichtsgegenstandes ergibt sich aus der Nähe des Bezuges zu den materiellen Erfahrungsvoraussetzungen der Schüler. Gerade auch dissonante Elemente (Beispiel: Schüler planen ein Fest mit Kindern aus dem Zigeunerghetto ihres Stadtteils und stoßen dabei auf ihre eigenen Vorurteile, Abneigungen, Ängste) in Handlungssituationen provozieren konkrete Reflexion (hier die Untersuchung der Funktion des Vorurteils als Handlungswiderstand): aus der konkreten *Lebens*situation ist eine *Lern*situation geworden.

Projektunterricht hat also einen „bildungsökologischen" Zuschnitt, d.h. er bezieht sich auf Inhalte der von den Schülern erfahrenen Umwelt, nicht nur auf die schulische Wirklichkeit, sondern auf die „wirkliche Wirklichkeit". Es kommt darauf an, „das Leben wieder am Leben zu erlernen" (H. v. Hentig). Wie damit auch die gemeinhin als Un-Kultur diffamierte Kultur des proletarischen Kindes in der Schule ernstgenommen wird, hat z.B. Iris Mann in ihren Arbeiten eindrucksvoll demonstriert.

typisches Fall von einseitiger Projektlenkung

3 Selbstorganisation und Selbstverantwortung

Wir haben bereits gesehen, daß von diesem Merkmal weitgehend abhängig ist, ob ein Unterricht Projektunterricht genannt werden kann. In der Regel werden im Unterricht Zielsetzung, Art und Methode des Lernens vom Lehrer festgelegt. Der Projektunterricht bricht mit der — anscheinend zur schulpädagogischen Tradition gehörenden — Geringschätzung der Kompetenz des Schülers, auf der Ebene der Projektplanung selbstverantwortlich zu agieren. G. Otto hat nachdrücklich darauf hingewiesen, daß die übliche dem Lehrer in der Regel abverlangte und dem Unterricht vorausgehende Sachanalyse den Projektunterricht geradezu verhindert[5].

Notwendig ist hingegen, daß Lehrer und Schüler sich gemeinsam sachkundig machen und daraus die notwendigen Planungen ableiten.

Genauso unabdingbar ist es allerdings auch, daß der Lehrer bei der äußeren Strukturierung dieses Planungsprozesses hilft, daß er z.B. Verfahrensregeln vorschlägt, zur Äußerung von Gefühlen, Hintergrundbedürfnissen und Betätigungswünschen ermutigt, gruppendynamische Probleme bewußt macht, arbeitsmethodische Kompetenzen vermittelt usw..

Dabei wird Planung immer offen und revisionsfähig sein müssen. Bildhaft gesprochen gleicht eine solche Planung ,,weniger der Anlage einer Einbahnstraße, durch welche die von den Schülern zu durchlaufenden Lernwege und die von ihnen zu bewältigenden Lernhürden genau festgelegt werden, sondern eher dem Entwurf einer didaktischen Landkarte. Diese hält, je nach Schüleraktionen, viele Wege offen''[6]. Erfahrungen *im* Prozeß der Durchführung fließen als neue Planungselemente in die Projektarbeit wieder ein. Aber auch Projektziele können immer nur vorläufig formuliert werden, wenn die Schüler aktive, entdeckende und handelnde Subjekte sein und nicht lediglich Ausführende von differenziert festgelegten Planungsvorgaben des Lehrers sein sollen.

Ganz entscheidend für die Realisierung der Selbstplanung und Eigenverantwortung sind immer wieder einzuschaltende Reflexions- und Koordinationspausen. Frey nennt sie ,,Fixpunkte'', die als organisatorische Schaltstellen den Teilnehmern Gelegenheit geben, sich gegenseitig über den Stand ihrer Tätigkeiten zu informieren, die nächsten Schritte zu organisieren, den Bezug zum Gesamtvorhaben herzustellen, aufkommende Hektik oder Produktionszwang zu hinterfragen. Diese Fixpunkte können vorher festgelegt, aber auch spontan arrangiert werden. Ähnliches gilt auch für metakommunikative Phasen, in denen über die Art und Weise bisheriger Verständigung, des Umgangs mit den Projektzielen und untereinander kritisch reflektiert wird. Insbesondere Beziehungsprobleme — vor allem wenn sie die Sacharbeit blockieren — sollten hier bearbeitet werden. Dazu gibt es inzwischen eine Menge Hilfsmittel und Techniken.[7]

Gesellschaftliche Praxisrelevanz

4 Um es gleich zu sagen: Das Merkmal der gesellschaftlichen Bedeutung eines Projektes wird nicht selten in einer gewissen Spannung, ja im Widerspruch zu der Orientierung an den Interessen der Schüler stehen.

Ein gleichsam hobby-artiges, privates Bedürfnis allein reicht aber für ein Projekt nicht aus, soll Projektunterricht nicht der völligen Beliebigkeit und Zufälligkeit verfallen.

Im Merkmal der gesellschaftlichen Praxisrelevanz liegt hingegen die Chance, den gesellschaftlichen Bezug schulischen Lernens zu stärken. Im Idealfall greifen die Projektbeteiligten in lokale oder regionale Entwicklungen ein, und bisweilen verändern sie ein Stückchen gesellschaftlicher Wirklichkeit. Seien es auch „nur" die Fahrradwege, die aufgrund eines Projetes angelegt werden oder der Spielplatz, der neue Geräte erhält. Durch diesen Bezug zu einem „Ernstfall" — nicht nur zu simulierten Lebenssituationen — wird auch die Entschulung der traditionellen Lernorte möglich: Schulen werden z.B. zu Werkstätten, in denen etwas produziert wird, das konkreten Gebrauchswert hat.

So besteht „Lernen" im Projektunterricht nicht lediglich im Übernehmen von Wirklichkeit, im Aneignen oder Speichern von Informationen *über* die Wirklichkeit (mit der vagen Hoffnung, diese später vielleicht einmal „anwenden" zu können), sondern Lernen heißt zugleich auch Schaffen von Wirklichkeit. Die oft so mühsame „Motivationsphase" für ein Unterrichtsthema wird — wenn nicht überflüssig — so doch stark eingebunden in die unmittelbare Einsichtigkeit des Warum und Wozu einer Projektgestaltung. In diesem Zusammenhang ist die „Bedeutung" eines Produktes, eines Projektergebnisses wichtig. Zwei — sicherlich sehr extrem gegenübergestellte — Beispiele sollen dies verdeutlichen: Schonbezüge für Streichholzschachteln zu stricken, ist zwar eine Aufgabe mit „Situationsbezug", mag den Interessen der Schüler entsprechen (?!) und im Herstellungsgang von ihnen weitgehend selbst geplant sein, — gesellschaftliche Bedeutung dürfte dieses „Projekt" aber kaum haben. Anders hingegen bei den Bauern in Wyhl, die sich mit der Problematik der Atomenergie zu beschäftigen begannen: Sie hatten von ihrer existentiellen Bedrohung her ein treibendes Motiv.

Gesellschaftliche Praxisrelevanz von Projekten kann sich einmal aus der Motivation herleiten, zum andern aber auch aus dem *Ziel* des Eingreifens in die soziale Umwelt mit den Ergebnissen oder Produkten des Projektes begründet sein. Wenn z.B. Ergebnisse der Projektarbeit von Schülern in Form einer öffentlichen Veranstaltung zum Neo-Faschismus in einem Jugendzentrum öffentlichkeitswirksam werden oder das Sammeln, Erproben und Erfinden von Freizeitspielen durch eine selbstgedruckte Broschüre Schülern anderer Klassen nutzbar gemacht wird, so hat diese nicht nur „Ernstcharakter", sondern verändert potentiell ein Stück gesellschaftlicher Wirklichkeit durch „Eingreifen".

Das Merkmal der gesellschaftlichen Praxisrelevanz enthält zwar einen hohen Anspruch an Projektarbeit, es wird auch nicht in jedem Projekt unmittelbar einsichtig sein, aber es hilft zu vermeiden, daß Projektunterricht zur Bastelarbeit, Freizeitbeschäftigung oder Hobbythek degeneriert. Sehr hilfreich ist es, bei der Projektarbeit mit zu überlegen, für welchen Adressatenkreis ein Projektergebnis nützlich, anregend, brauchbar oder auch anstoßend-provozierend sein könnte: das Modell einer verkehrsberuhigten Straße für die Stadtverwaltung, die Ausstellung für die Bevölkerung eines Stadtteils, das Theaterstück für gleichaltrige Jugendliche, Rezepte für die Eltern usw.

Zielgerichtete Projektplanung

5 Projektunterricht enthält — genauso wie anderer Unterricht auch — Ziele. Er stellt keineswegs nur beliebige, offene Lernsituationen bereit, deren Ausgang zufällig bleibt. Projektarbeit ist nicht bloßes trial-and-error-Probieren, sondern immer *zielgerichtetes Tun*. Die Voraussetzung dafür, daß Projektunterricht plangeleitet und zielbestimmt ist, liegt aber nicht in der Festlegung und Operationalisierung von Lernzielen durch den Lehrer, sondern in der Beantwortung der Frage, wie die Handlungssituationen der Projektarbeit didaktisch zu organisieren sind. In der Regel sind aus der Perspektive der Lernenden die Lernziele fremdbestimmt, sie sind eher Lehrziele des Lehrers. Im Projektunterricht soll durch die Mitbestimmung der Schüler bei der Entscheidung über Ziele und die dazu zu erwerbenden Qualifikationen ermöglicht werden, daß aus Lehrzielen *Lernziele* der Schüler werden, die sie ja meist auf reale Ziele richten und deshalb für sich als Handlungsziele formulieren. Zugespitzt ausgedrückt:

Die zur Erreichung des Handlungszieles nötigen Qualifikationen — traditionell in Lehrzielen beschrieben — gewinnen im Projektunterricht die Qualität von Lernzielen.

Neben der Zielfestlegung sind sowohl die Arten von Tätigkeiten, ihre Dauer, ihre Abfolge als auch die Übernahme durch Personen (Gruppen oder einzelne) zu planen und zu organisieren. Möglich ist auch eine Planung „von hinten nach vorne", indem vom Produkt ausgegangen und die Gesamtplanung als Weg zur Herstellung des Produktes aufgefaßt wird. Das Produkt strukturiert also die Planung. Die Gefahr dabei ist allerdings die relativ strenge Unterordnung von einzelnen Wünschen, Tätigkeitsbedürfnissen und von „Such- und Experimentierphasen" mit offenem Ausgang unter den Sach-Zwang zur Erstellung des Produktes.

Projekte erstrecken sich manchmal auch über längere Zeit. Besonders dann ist es notwendig, den Verlauf der Arbeit immer wieder mit dem ursprünglichen Projektplan zu vergleichen. Eine Wandzeitung o.a. tut dabei gute Dienste. Auch bei starker Arbeitsteilung müssen Phasen der gegenseitigen Information über den Arbeitsstand und Korrekturmöglichkeiten vorgesehen werden. — Daß auch die materiellen Grundlagen sorgfältig mitgeplant werden müssen (Kosten, Materialien, Genehmigungen, Räume, Formulare bis hin zu Fahrscheinen etc.) merkt man spätestens dann, wenn Pannen auf dieser Ebene die Projektplanung über den Haufen werfen.

Produktorientierung

6 Traditioneller Unterricht begnügt sich in der Regel mit einem Unterrichtsprodukt, das als „Lernbestandsveränderung" (J. Bastian) in den Köpfen der Schüler zu finden ist. Mit einem Produkt im Projektunterricht ist also nicht das gemeint, was man als „Lernerfolg" womöglich in einer Klassenarbeit feststellen kann, sondern der Gebrauchswert eines als sinnvoll, wichtig und nützlich erachten Arbeitsergebnisses. In den Produkten (einer Fotoserie, einem Videofilm, einer Ausstellung, einem Theaterspiel, einer Zeitung, einem Modell für die Schulhofgestaltung, der Broschüre mit Anwendungsbeispielen des Mathe-Unterrichtes, der Veränderung eines Spielplatzes, der Latein-Vokabelhilfe für die nachrückende Jahrgangsklasse, der Reise nach England u.v.a.) liegt die organisierende Kraft für die gesamte Unterrichtsgestaltung, denn Schüler können sich damit viel leichter identifizieren und lernen, sich mit realen Schwierigkeiten vom Ziel her auseinanderzusetzen.

Wenn die Herstellung eines Produktes mit unmittelbarem Gebrauchswert nicht sinnvoll ist, können die Projektteilnehmer ihre Erkenntnisse, Einsichten und Erfahrungen in anderer Form dokumentieren, z.B. in einer Ausstellung, einem Theater- oder Musikstück etc.. Wesentlich für den Projektunterricht ist es, daß seine Ergebnisse öffentlich gemacht, d.h. der Kenntnisnahme, Beurteilung und Kritik anderer (Lerngruppen) zugänglich gemacht, kurz: kommunizierbar werden. Die Beurteilungsmaßstäbe liefert dabei nicht eine willkürliche Zensurenskala, sondern der Vergleich von Ziel und Ergebnis sowie Qualität eines Produktes, aber auch Reflexion des Prozessen seiner Herstellung.

> Vor allem die Möglichkeit der Selbstüberprüfung geleisteter Arbeit gilt seit Kerschensteiners berühmten Starenkastenbeispiel als pädagogisch wertvoller gegenüber einer letztlich sachfremden Zensierung durch Außenstehende.

Und schließlich: Warum sollte schlicht und einfach der Stolz auf ein hergestelltes Produkt nicht Grundlage der Motivation zu weiterer Projektarbeit sein?

Ein Projekt endet in der Regel mit der Fertigstellung und Präsentation des Produktes. Unter der Perspektive, daß der Wiedereintritt in den üblichen Unterrichtsalltag nach dem erlebnisreichen Höhepunkt des Projektabschlusses auch bittere Frustrationen mit sich bringen kann, ist es sehr sinnvoll, nach Möglichkeiten für fließenden Übergänge zu suchen. Ein Ansatz dafür liegt bereits in der Organisation einer kritischen Auswertung der Projektarbeit (z.B. durch einen Fragebogen). Gelegentlich bleiben auch die sozialen Beziehungen noch eine gewisse Zeit erhalten. Noch förderlicher sind aber Bezüge zum anschließenden (Fach-)Unterricht, der inhaltlich auf die Projektarbeit eingeht. Möglich ist auch die Einbettung von einzelnen Projekten in ein über Jahre hin laufendes Großprojekt z.B. einer ganzen Schule. Ideal — wenn auch als didaktisches Problem noch weitgehend ungelöst — wäre eine Integration, ein ständiger sich gegenseitig ergänzender Wechsel von Projekten und Lehrgangselementen des Unterrichtes.

7 Einbeziehen vieler Sinne

Im Projektunterricht versuchen Schüler und Lehrer gemeinsam, etwas zu tun, zu praktizieren, zu arbeiten unter Einbeziehung des Kopfes, des Gefühls, der Hände, Füße, Augen und Ohren, der Nase, des Mundes und der Zunge, also *möglichst viele Sinne* einzubeziehen. Vor allem sollen geistige und körperliche Arbeit „wiedervereinigt" werden, wie es im Spiel, im Fest, in der Aktion, beim Brotbacken oder beim Drucken möglich ist.

Damit erhält der Projektunterricht ein integratives Moment in seinen Aneignungs- und Aktionsformen. Denken und Handeln, Schule und Leben, Konsumtion und Produktion, Verstand und Sinnlichkeit, Arbeiten und Genießen, Theorie und Praxis rücken wieder näher zusammen und werden im Idealfall ganzheitlich erlebt.

Damit ist freilich nicht nur etwa mehr „action" im Unterricht gemeint, sondern ein neues Verhältnis von Lernen und Arbeiten. So sehr man sich davor hüten muß, den Lernbegriff durch den Arbeitsbegriff (als einen Begriff „unpädagogischer" Provenienz) zu ersetzen, so kann doch die im Element des Arbeitens enthaltene aktive Auseinandersetzung und der handelnde Umgang mit der Wirklichkeit helfen, eines der Grundübel des verkopften Unterrichts bei der Wurzel zu packen: die Dominanz ständiger Belehrung und des Beredens von Wirklichkeit anstelle der Erfahrung und des aktivierenden und lernmotivierenden Umgangs mit der Wirklichkeit. Es geht darum, als „ganzer Mensch" in der Schule zu lernen.

..... verkommt bei manchen zur Methode

Dies hat auch Konsequenzen für den anderen Umgang mit *Medien*: Im Projektunterricht sind sie oft weder pädagogisch gereinigt noch didaktisch aufbereitet: der schwer verständliche Verkehrsentwicklungsplan des Ortsamtes, der bisher versteckte Karton mit Photos aus der Nazizeit, der zunächst völlig unverständliche Gesetzes- oder Verordnungstext, die unanschauliche Bauanleitung u.a.m.. — Solche gerade nicht für den unterrichtlichen Gebrauch ministeriell zugelassenen Medien fordern allerdings heraus zu einer intensiven Beschäftigung — und enthalten das Risiko des resignierenden Beiseitelegens.

Schließlich erfordert Projektunterricht auch einen anderen Zeitrhythmus. Die Abschaffung des 45-Minuten Taktes ist zwar keine Bedingung für Projektunterricht, erleichtert aber das kontinuierliche Arbeiten. Pausen sind dann angezeigt, wenn die Projektarbeiter sie brauchen. Insbesondere bei Erkundungen außerhalb der Schule sowie bei außerschulischen Lern- und Tätigkeitsorten sind die arbeitsstrukturierenden Vorgaben des Stundenplans außer Kraft gesetzt. Auch darin liegt eine Chance, selbstverantwortlich ein Stück Planungskompetenz für Arbeits- und Lernprozesse zu erwerben.

8 Soziales Lernen im Projekt

Gerade die Verunsicherung durch einen selbst zu entwickelnden organisatorischen Rahmen für unterschiedliche Tätigkeiten der Projektteilnehmer weist auf die Notwendigkeit gegenseitiger Rücksichtnahme, aber auch auf die generelle Unverzichtbarkeit von Kooperation beim gemeinsamen Handeln. Die Bezogenheit aller auf eine Sache führt zur Kommunikation der Schüler *untereinander* und mit dem Lehrer. Interaktionen werden nicht mehr durch die Kommandos vom Lehrerpult gesteuert. Voneinander und miteinander wird gelernt. Gleichzeitig wird damit die Interaktion zum gleichberechtigten Lernfeld, soziale Ziele und Sachziele können nicht gegeneinander ausgespielt werden, wenn wir nicht nur ein gelungenes Produkt herstellen, sondern auch planungs-, kooperations- und handlungsfähige Schüler erziehen wollen. Damit ist der Lehrer vor die umfassende Aufgabe gestellt, demokratische Verkehrsformen anstelle von traditionellen Unterrichtsritualen (bis hin zur Sitzordnung und zu eigenem Zeitrhythmus) für den Projektunterricht zu ermöglichen.

In dieser prinzipiellen Gleichberechtigung von Prozeß- und Produktorientierung liegt allerdings ein permanenter potentieller Konfliktpunkt. Soll der Lehrer bei einem Streit zwischen den Schülern schnell eingreifen, um nicht zuviel wertvolle Arbeitszeit zu verlieren und um das Produkt nicht zu gefährden, oder soll er die Gruppe anregen, über die Ursachen, die Entstehung und mögliche Lösungen ihres Konfliktes selber nachzudenken, wobei damit die Planung über den Haufen geworfen werden kann?

Es ist eine ständige Gratwanderung: Einerseits das Wie der Zusammenarbeit als eigenes Thema zuzulassen und andererseits auf die Einhaltung der inhaltlich-sachlichen Projektplanung zu achten.

Es kann dabei vorkommen, daß jemand dem Projektgedanken durchaus entspricht, der auf ein vorzeigbares Produkt verzichtet, dessen Schüler aber die Fähigkeit der kooperativen Konfliktlösung gelernt haben.

Projektunterricht bietet auch Gelegenheit für Kleingruppenarbeit mit ihrer Fülle sozialer Lernmöglichkeiten, auf die hier nicht näher eingegangen werden soll. Vor allem die Kommunikation von Gruppen miteinander im Rahmen notwendiger Verständigungsprozesse dürfte eine über normalen Gruppenunterricht hinausgehende Lernchance sein.

Interdisziplinarität

9 Projektunterrricht überschreitet Fächergrenzen, obwohl er auch im Fachunterricht möglich ist. Oft wird gerade das Merkmal der Interdisziplinarität insofern mißverstanden, als diese nur möglich erscheint in einer Projektwoche, in der sämtlicher Fachunterricht ausfällt.

Es geht beim interdisziplinären Arbeiten aber darum, ein Problem, eine Aufgabe in ihrem komplexen Lebenszusammenhang zu begreifen und sich im Schnittpunkt verschiedener Fachdisziplinen vorzustellen. Ob dabei eine Perspektive dominant ist, z.B. in der Zuordnung zu einem Unterrichtsfach, oder ein Thema ohne jede Hierarchie der Fachaspekte — möglicherweise alle denkbaren Fächer übergreifend — angegangen wird, ist ohne wesentliche Bedeutung. Entscheidend ist, daß die verschiedenen Fächer und die Wissenschaften befragt werden, was sie zur Lösung eines Problems jeweils beitragen können. Insofern werden Fachaspekte funktionalisiert, — eine für den Fachlehrer in der Regel nicht einfache Sichtweise. Phänomene des alltäglichen Lebens begegnen uns in der Regel aber in einem Situations- und Problemzusammenhang und werden ganzheitlich wahrgenommen, nicht aber nach Schulfächertrennung zerstückelt.

Bisweilen spiegelt auch die Kooperation verschiedener Fachlehrer in einem Projekt — gar in der Hochform als Teamteaching — auf der Lehrerseite die Interdisziplinarität der Arbeitsweise und Fragestellung wider.

Bezug zum Lehrgang: Grenzen des Projektunterrichts

10 Lehrgänge — dies dürfte an den Merkmalen des Projektunterrichts deutlich geworden sein — können geradezu als das Gegenstück zum Projektansatz verstanden werden. Nun läßt sich aber historisch nachweisen, daß nicht der Projektgedanke, sondern der Lehrgang das Entstehen von Schule begründet: „Schule entsteht immer dann, wenn ein umfassender, rational durchgebildeter Lehrgehalt existiert, der nur in methodisch geordneter Weise überliefert werden kann"[9]. Wenn also das Lernen in der natürlichen Lebensumwelt, gleichsam beiläufig im Vollzug des Lebens selbst, nicht mehr ausreicht, um die in einer Kultur gesammelten Erfahrungen, Erkenntnisse und Fertigkeiten zu vermitteln und um die auf einer bestimmten Stufe der gesellschaftlichen Entwicklung nötigen Qualifikationen zu erwerben, dann setzt die Übermittlung in Form des systematisch geordneten und methodisch geplanten Unterrichts ein. Insofern ist der Lehrgang letztlich — trotz aller „Entschulungsversuche" — das Kernstück von Schule überhaupt.

Gegenüber dem Projektunterricht wird der Lehrgang dadurch gekennzeichnet, daß er sich nicht an die dingliche Ordnung des „Lebens" hält, sondern den Kategorien folgt, mit denen der Mensch die Mannigfaltigkeit der Erscheinungen zu erfassen gelernt hat. Er gliedert die Welt auf in ein System, das sich an der Systematik der Wissenschaften orientiert. Dabei werden Sachverhalte auch mehr oder weniger künstlich und willkürlich isoliert, um lehrbar zu werden, — auch um den Preis der Reduzierung. Ferner zerlegt der Lehrgang Sachverhalte in Teileinheiten, die zum Zwecke der besseren Vermittelbarkeit an Schüler (gegenüber der Lebenswirklichkeit) umgruppiert und nach didaktischen Gesichtspunkten neu geordnet werden (z.B. vom Leichten zum Schweren, vom Anschaulichen zum Abstrakten u.a.m.). Vor allem enthält der Lehrgang eine Vorabentscheidung über Lehr- und Lernziele, inhaltliche und planerische Zugänge und Wege.

Gleichwohl wird der Projektunterricht, wenn er sich nicht den Vorwurf einer Zufälligkeitsdidaktik, des Gelegenheitslernens und der situationsabhängigen Beliebigkeit zuziehen will, offen sein gegenüber der Notwendigkeit, das im Projekt Erarbeitete und Gelernte in die Systematik eines Faches, eines Lernbereiches oder einer Wissenschaft einzuordnen. Aber auch *im* Projektunterricht ist grundsätzlich die *Ergänzung durch Elemente des Lehrganges* nötig, um eigene Erfahrungen in systematische Zusammenhänge einzuordnen, vorliegende „fremde Forschungsergebnisse" mit eigenen Erfahrungen und Erkenntnissen zu vergleichen, ja auch um den Anschluß an den vom Lehrplan vorgesehenen Kanon von Fachinhalten zu halten.

In dieser Offenheit des Projektunterrichtes gegenüber dem Lehrgang liegt deshalb m.E. ein wichtiges Kriterium für Projektunterricht in der *Schule*. Darüber hinaus muß grundsätzlich bezweifelt werden, ob alles, was in der Schule gelernt werden soll, in Projekten vermittelbar ist. Dies wird besonders in Fächern wie Mathematik oder Fremdsprachen deutlich, die u.a. durch ihren systematischen Aufbau und die Notwendigkeit von Übung und Fertigkeitstraining gekennzeichnet sind. Es wäre illusionär, hier alles auf dem Erfahrungshorizont der Schüler und ihren unmittelbaren Interessen aufbauen zu wollen. Darüber hinaus gibt es auch Probleme und Fragen, die sich in Projektform gar nicht oder nur sehr gekünstelt erarbeiten lassen. Schon von daher ist der Projektunterricht auf die Ergänzung durch den Lehrgang angewiesen. Wie dieses „Verbundsystem" theoretisch und praktisch allerdings aussehen könnte, gehört zu den großen, noch ungelösten Problemen der Didaktik.

Es wäre naiv, diese und andere Grenzen des Projektunterrichtes nicht zu sehen: Schüler laufen Gefahr, sich einseitig zu spezialisieren, wenn sie immer nur die ihren Neigungen und Interessen entsprechenden Tätigkeiten in einem Projekt übernehmen; es ist schwer festzustellen, was — angesichts des Leistungsmessungskriteriums „Produktqualität" — der *einzelne* Schüler im Projekt wirklich gelernt hat; Schülerinteressen können durchaus am Erhalt des „Tauschwert-Charakters" schulischen Lernens interessiert sein, z.B. durch das Bestreben, gute Noten zu erhalten, wobei die Inhalte relativ beliebig sind: Schülerinteresse kann es durchaus sein, eine möglichst hohe formelle Abschlußqualifikation höher zu bewerten als Formen selbstbestimmten Lernens. — Das zeigt, daß der Projektunterricht zugleich auch eine kritische Anfrage an den Charakter schulischen Lernens in dieser Gesellschaft ist.

Anmerkungen

0) Suin de Boutemard: Projektunterricht: Geschichte eines Paradigmawechsels. (In diesem Buch)

1) Vgl. H. Bayer: ,,Endlich ist der Tag gekommen, an dem die Hauptschüler einmal gerne in die Schule gehen. In: WPB, H. 2/1982, S. 62 f.

2) K. Frey: Die Projektmethode, Weinheim 1982, S. 14

3) Ders.: a.a.O. S. 55

4) Vgl. dazu: Rudolf Messner: Planung des Lehrers und Handlungsinteressen der Schüler im offenen Unterricht. In: WPB 30/1978 H. 4, S. 145 — 150. Walter Kamps/Rudolf Ingelmann: Das Problem der Vermittlung von subjektiven und objektiven Interessen in der Unterrichtsplanung. In: WPB 27 (1975) H. 8, S. 426 — 433. Horst Rumpf: Inoffizielle Weltversionen — Über die subjektive Bedeutung von Lerninhalten. In: Z.f.Päd. 25 (1979) H. 2, S. 209 — 230.

5) G. Otto: Das Projekt. Merkmale und Realisationsschwierigkeiten einer Lehr-Lern-Form. In: A. Kaiser/F.-J. Kaiser (Hrsg.): Projektstudium und Projektarbeit in der Schule. Bad Heilbrunn 1977, S. 163

6) R. Messner, a.a.O., S. 147

7) Z.B. H. Gudjons: Spielbuch Interaktionserziehung. Bad Heilbrunn 1983 — J. Fritz: Methoden des sozialen Lernens. München 1977

8) Vgl. dazu: H. Gudjons: Gruppenunterricht. In: WPB 12/1979. S. 465 ff.

9) G. Geißler: Strukturfragen der Schule und der Lehrerbildung. Weinheim 1969, S. 165

Lehrer im Projektunterricht

Johannes Bastian

Plädoyer für eine profilierte Lehrerrolle in schülerorientierten Lernprozessen

Berichte über Projektunterricht haben oft etwas Strahlendes: Da leuchtet in den grauen, ermüdenden Lehrer-Alltag der selbstplanende Schüler hinein, ein Schüler, der seine Interessen entdeckt hat, selbst-forschend lernt und als Ergebnis eines konkurrenzfreien Prozesses ein kooperativ erarbeitetes Produkt präsentiert.

Da werden Kollegen endlich aus den Zwängen ihrer Lehrer-Rolle erlöst; können als Mensch unter Menschen Träume verwirklichen, die ihnen der 45-Minuten-Rhythmus der Institution und die anderen Widrigkeiten des Alltags (Noten, Disziplinierung, Zwänge der Fachanforderungen) sonst verwehren.

Was ,,strahlt'' hier so? Was hat die Berichterstatter so fasziniert, daß sie so begeistert davon berichten? *Ein* Grund könnte sein, daß Projekterfahrung Gefühle anspricht: eine Sehnsucht vieler Lehrer nach Befreiung der Schule von autoritären Zwängen, nach freier und gleichberechtigter Kommunikation zwischen Schüler und Lehrer. Eine Hoffnung, die besonders in der Sozialisation *der* Generation eine Rolle gespielt hat, die vor 15 Jahren ihr Studium begann und seit gut 10 Jahren im Schul-,,Dienst'' ist; eine Generation, die im Kampf gegen autoritäre Zwänge in Familie und Universität eine Identität herausgebildet hat, die zunächst einmal stark geprägt war von dem Wunsch, ein Verhältnis der gleichen Berechtigung, ein symmetrisches Verhältnis zwischen Schülern und Lehrern zu erleben; ich habe diesen Bereich der Lehrer-Gefühle einmal ,,Symmetrie-Sehnsucht'' genannt[1].

Der Idealismus und die Erneuerungswut dieser Generation ist inzwischen vielfach gebrochen; ganz unterschiedliche Lehrerrollen haben sich herausgebildet:
Sicherlich gibt es ,,den jungen Autoritären'', der nicht mehr mit sich reden läßt; möglicherweise ist er an der Unerfüllbarkeit der Symmetrie-Sehnsucht *zer*brochen. Ähnlich der ,,Aussteiger'', der die Widersprüche der Realität nach der anderen Seite aufgelöst hat. Beide Gruppen haben die Verletzungen des Schulalltags nicht ausgehalten, sind geflohen: der eine hinter die gepanzerte Rüstung einer autoritären Rolle, der andere hinaus aus dem System, was seine Hoffnungen nicht erfüllte[2].

Für viele Kollegen jedoch ist diese Symmetrie-Sehnsucht noch irgendwo vorhanden; auch gebrochen ist sie oft noch Motor für immer wieder neue Versuche, das Lehrer-Schüler-Verhältnis ,,menschlich'' zu gestalten. Selbst wenn der Traum von der Gleichberechtigung ausgeträumt ist, sind diese Lehrer immer noch auf der Suche nach Wegen, die Grenzen der Institution, die Grenzen der Lehrerrolle zu durchbrechen. Da bietet sich Projektunterricht als ,,Insel der Sehnsucht'' geradezu an.

Ausgegangen waren wir von der Beobachtung, daß Projektberichte oft etwas Strahlendes haben: Vielleicht strahlt ja bei Berichterstattern und Lesern etwas von der verschütteten Symmetrie-Sehnsucht durch; muß sie deshalb wiederentdeckt werden? Ich möchte diese Frage mit einem vorsichtigen „Ja" beantworten und gleichzeitig eine harte These dagegenhalten, die auf eine Gefahr aufmerksam machen soll, die dem Projektunterricht droht, wenn die Lehrerrolle in schülerorientierten Lernprozessen nicht kritisch reflektiert wird:

These 1:
Projekte, die von der Sehnsucht nach Symmetrie im Lehrer-Schüler-Verhältnis gesteuert werden, scheitern oft!

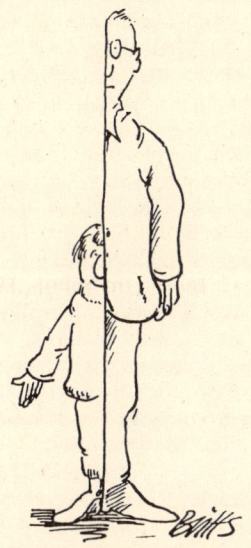

Symmetrie-Sehnsucht

Warum? Ganz kurz und vorläufig formuliert:
Weil durch die unreflektierte Hingabe an die Hoffnung auf gleichberechtigte Interaktion im Projektunterricht sowohl Lehrer als auch Schüler überfordert sind.
Dennoch hatte ich mit einem vorsichtigen „Ja" für die Wiederbelebung dieser gebrochenen Hoffnung gesprochen. Ich halte sie für eine gute *emotionale Basis*, von der aus immer wieder neue Versuche unternommen werden können, die Schule zu öffnen.
Projektunterricht fordert eine sehr radikale Öffnung der Schule, von der eine große Faszination ausgehen kann. Deshalb verführt diese alte/neue Form des Lernens auch zur Hingabe an alte/neue Träume. Nimmt man z.B. die in der bundesrepublikanischen Diskussion sehr früh formulierten Bestimmungskriterien des Projektunterrichts von Werner Schlotthaus, so sieht

jeder sofort, welche Veränderung von Schule und Unterricht und welche Hoffnung auf eine Veränderung des Lehrer-Schüler-Verhältnisses allein diese drei Sätze enthalten.

- In Projekten wollen „Lehrer und Schüler in gemeinsamem, planvollem, arbeitsteiligem Handeln ein beschlossenes Ziel erreichen, ein bestimmtes Werk schaffen, ein Problem lösen oder Interesse befriedigen".
- Projekte bedingen „unterschiedliche Arbeits- und soziale Kooperationsformen".
- Anlässe für Projekte „sind vorrangig Bedürfnisse, Interessen oder nach Lösung drängende Probleme der jeweiligen Schüler"[3].

Hier ist das Strahlende schon in den Kriterien enthalten:
Schüler planen plötzlich „gemeinsam mit dem Lehrer" oder gar „selbst". Interessen bzw. Bedürfnisse stehen auf einmal im Mittelpunkt — so, als gelte es nur, „das Eigentliche" im Schüler durchbrechen zu lassen und den Lehrer aus seiner aktivitätshemmenden Rollendominanz zu entlassen. In den meisten erziehungswissenschaftlichen Publikationen zu Projektunterricht, offenem Unterricht oder schülerorientiertem Unterricht werden Postulat kooperativer Interaktion formuliert, ohne daß die Rollenveränderung und die damit verbundenen Qualifikationsprozesse hinreichend differenziert und diskutiert werden.

Zunächst einmal handeln nämlich auch im Projektunterricht die gleichen Personen miteinander, die auch im traditionalen Unterricht „zusammen"-arbeiten und dort ihr Verhalten über viele Jahre erprobt und stabilisiert haben.
- Lehrer, die Anordnungen geben und Schüler, die sie ausführen.
- Lehrer, die Inhalte setzen und Schüler, die sich hineinfügen.
- Lehrer, die Methoden vorgeben und Schüler, die sich entsprechend verhalten.

Gegen diese nicht hinterfragte Über-Unterordnung, die Subjekt-Objekt-Beziehung im Lehrer-Schüler-Verhältnis, formuliert Projektunterricht zunächst einmal nur seine Postulate von Kooperation: einer gemeinsamen Arbeit — so meine ich — in der die Unterschiedlichkeit der Rollen noch genauer herausgearbeitet werden muß, wenn auch für Projektunterricht gelten soll, was für Lernprozesse allgemein gilt: daß sie am jeweiligen Lernbestand (hier bezogen auf *Lehrer*rolle und *Schüler*rolle) anknüpfen sollen.

Dieses komplizierte Verhältnis von Freiheit und Abhängigkeit, von Gemeinsamkeit und Unterschiedlichkeit, von selbständig sein sollen und nicht selbständig sein können soll in den Thesen 2 und 3 präzisiert und anhand praktischer Beispiele für Projektunterricht konkretisiert werden.

These 2:
Projektunterricht hat die Überwindung der Subjekt-Objekt-Beziehung im Lehrer-Schüler-Verhältnis zum Ziel. . .

Und in Klammern füge ich zunächst hinzu: (. . . sollte aber nicht die notwendige Ungleichheit in der Lehrer-Schüler-Beziehung unreflektiert einebnen!)

Projektunterricht postuliert — wenn er den Schüler aus seiner Objekt-Rolle befreien und ihn zum Subjekt des Lernprozesses machen will — eine Form des „Miteinander" Lernens, die nicht *den* Lehrer meinen kann, der wie selbstverständlich Anordnungen gibt, Inhalte setzt und Methoden vorgibt. Aber was bleibt dann? Welche Lehrerrolle ist Projekten adäquat?

Selbstverständliche Über-Unterordnung hat in der traditionellen Rollenverteilung beiden Seiten viel Sicherheit gegeben: Die Verantwortung war eindeutig festgelegt, die Rolle des Planenden fraglos an den Lehrenden delegiert.

Die Suche nach einer Neubestimmung der Rollen macht deshalb unsicher. Idealistische Postulate von „Gemeinsamkeit" und „Partnerschaft" (wie ich sie bisher in Ermangelung eines präziseren Begriffs auch verwendet habe) helfen nicht weiter; sie ebnen ein — verniedlichen ein Problem, das bei dieser Wortwahl noch nicht einmal als Frage auftaucht[4].

Ich möchte die Suche nach einer Neubestimmung der Rollen deshalb zunächst von der entgegengesetzten Position her beginnen: Ich konstatiere zunächst einmal den Lernbestand und damit die *Unterschiedlichkeit* der Lernvoraussetzungen — auch im Projektunterricht. Um die Kommunikationsstruktur, in der in schülerorientierten Lernprozessen die Beziehung unterschiedlicher Subjekte gestaltet werden kann, präziser bestimmen zu können, bediene ich mich des Begriffs der „Komplementarität", der von Watzlawick, Beavin und Jackson Mitte der 60er Jahre eingeführt wurde. Watzlawick u.a. bezeichnen mit dem Begriff der *Komplementarität* Beziehungsstrukturen, die auf *sich gegenseitig ergänzenden Unterschiedlichkeiten* beruhen. Die Autoren setzen sie in Gegensatz zu symmetrischen Interaktionsformen. „In komplementären Beziehungen gibt es zwei verschiedene Positionen: Ein Partner nimmt die sogenante superiore, primäre Stellung ein, der andere die entsprechende inferiore, sekundäre"[5]. Als Beispiele nennt er Mutter-Kind-, Arzt-Patient-, Lehrer-Schüler-Beziehung.

Vielleicht sollten wir dem Kollegen doch klar machen, daß „den Schülerinteressen folgen" nicht heißt, daß er in jeder Pause zu Mc-Donalds läuft.

32

These 3:
Lehrer und Schüler befinden sich auch im Projektunterricht in grundsätz-
lich unterschiedlichen Rollen, in einer komplementären Beziehungsstruktur.

Ich möchte an dieser Stelle gleich über Watzlawick u.a. hinausgehen und
für die Lehrer-Schüler-Beziehung zwei Aspekte ausdifferenzieren: *Komple-*
mentarität hat einen institutionellen und einen qualifikationsbedingten An-
teil.
  Eine genauere Bestimmung des Lehrer-Schüler-Verhältnisses mit Hilfe
dieser Begriffe hilft bei der Planung von Projektunterricht, die Möglichkei-
ten schärfer von den Wünschen trennen zu können.
Unter dem *institutionellen Aspekt* sollen die Elemente komplementärer
Kommunikation verstanden werden, deren Komplementarität auf der Rol-
lenstruktur basiert, wie sie die *Institution Schule* festlegt.
  Von einer *qualifikationsbedingten Komplementarität* soll dann gesprochen werden, wenn die Unterschiede auf der *Ungleichheit der bisherigen*
Lernerfahrungen beruhen.
  Diese sich gegenseitig ergänzende Unterschiedlichkeit der Machtbefugnisse und der Lernvoraussetzungen deutlich herauszuarbeiten, ist die beste
Voraussetzung dafür, sie in Lernprozessen schrittweise zu verringern.
  Kühle Analyse der Beziehungsstruktur und als Konsequenz daraus eine
profilierte Lehrerrolle ist die eine Seite des Projektunterrichts: sie erfordert
die gründliche Planung des Projekts durch den Lehrer — auch und gerade
dann, wenn *er will*, daß die *Schüler selbst* planen bzw. sich an der Planung
beteiligen. (Hier wird die Komplementarität in einem Ausdruck sehr schön
deutlich!)
  Damit diese strenge Analyse der *Voraussetzungen* aber nicht im Sinn
unflexibler Lehrerrollen-Fanatiker mißverstanden wird, füge ich hinzu: Projektunterricht ist immer wieder auch ein Abenteuer. Jürgen Henningsen
spricht davon am Beispiel seiner Erfahrungen mit Chinesisch in der Schule:
,,Wer sich einläßt auf Inhalte, von denen er selbst kaum mehr weiß als seine
Schüler (. . . und das gilt bei Projekten nicht nur für das Beispiel ,,Chi-
nesisch'' . . . J.B.) läßt sich ein auf ein Abenteuer. Aber vielleicht ist gerade
das eine kostbare Erfahrung, die unsere Schule im Alltag sonst nicht zu bieten hat''[6]. Aber genauso wie ein Abenteuer ein Einlassen auf die Unwägbar-
keiten der kommenden Situation verbindet mit einer gefahren- und schwie-
rigkeitenantizipierenden Vorbereitung kann ein Projektlernprozeß das Einlassen auf die Selbstplanung und die Selbstgestaltung der Schüler verbinden mit einer profilierten und vorausplanenden Lehrerrolle. Es ist nicht para-
dox, wenn der Lehrer den Selbstplanungsprozeß der Schüler vorplant, wenn
er also überlegt, wie er den Schülern helfen kann, die eigenen Interessen
herauszufinden und sie in einen Projektlernprozeß umzusetzen[7].
  Eine Trivialität? Ich will einmal aufzählen, welche unterschiedlichen
Studenten- und Lehrermeinungen ich schon zu diesem Thema gehört habe:
● ,,Ich finde, wir fangen einfach mal an, den Schülern fällt bestimmt
was ein. Ich sage ihnen einfach, sie können in der nächsten Woche mal
machen, wozu sie wirklich Lust haben''. (Häufig erlebte Konsequenz: spon-
taner Lehrer — schweigende Schüler! Oder: 1 Woche Fußball.)
● ,,Also, meinen Schülern fällt da überhaupt nichts ein, wenn ich sie frage,
was sie machen wollen.''

(Konsequenz: Lehrer schlägt Thema vor; eine sinnvolle Möglichkeit — nur ist die „Begründung" m.E. nicht begründet; zumindest gibt es bei anderen Verfahren andere Erfahrungen).

● „Ich habe den Eindruck, daß die Schüler an ihren wirklichen Interessen vorbeiplanen".

(Die Konsequenz aus dieser richtigen Beobachtung ist oft die „pädagogisch begründete an den Schülerinteressen orientierte Lehrerplanung"; ich plädiere jedoch dafür, die Schüler selbst planen zu lassen und ihnen bei der Identifizierung ihrer eigenen Interessen zu helfen.)

Eine Möglichkeit, die Subjekt-Objekt-Beziehung im Lehrer-Schüler-Verhältnis zu überwinden sehe ich darin, zu Beginn eines Projekts über die Möglichkeit der Rollenveränderung zu sprechen. Die „Projektinitiative"[8] würde also in dem Fall mit einer *Phase der Rollenfindung* beginnen.

Ein Beispiel aus einer 9. Realschulklasse: (Ich wähle ein Beispiel aus einer Schule, in der es noch nie eine Projektwoche gegeben hat; in der also sowohl Lehrer als auch Schüler Projektunterricht lernen mußten.)

Ausgangsimpuls war der Satz eines Schülers. Zu Anfang der Stunde, in der Projektunterricht beginnen sollte, schrieb der Lehrer an die Tafel: „Die Schüler sollten mehr an der Planung des Unterrichts beteiligt werden. — Anregung eines Schülers der Klasse 9b."

Diese Anregung eines Schülers stammt aus einem der Auswertungsbögen der vorangegangenen Unterrichtseinheit. Schülerbeteiligung wurde hier also nicht völlig unvorbereitet auf die Tagesordnung gesetzt. In vorangegangenen Unterrichtseinheiten waren die Schüler schon regelmäßig in einzelnen Phasen an der Planung beteiligt gewesen. Außerdem hatten sie am Ende von Unterrichtseinheiten in kurzen Fragebögen ihre Meinung zum Unterricht geäußert. Trotz dieser relativ günstigen Voraussetzungen waren die Schüler zu Beginn des angestrebten kooperativen Projektplanungsprozesses noch sehr unsicher. Sie fanden ihre Rolle als „planende und mitbestimmende Schüler" erst ganz allmählich. Zu Beginn eines Projektprozesses die Meinungen der Schüler zu einer möglichen Veränderung der Schülerrolle, den daraus folgenden Konsequenzen für die Lehrerrolle und mögliche Widersprüchlichkeiten zu diskutieren, erwies sich als spannend und hilfreich: Dadurch, daß die traditionelle Rollenverteilung auf ihre Veränderungsmöglichkeiten befragt wurde, wurden Schwierigkeiten und Handlungsspielräume zugleich angesprochen und der Reflexion zugänglich.

Einige Diskussionsbeiträge der Schüler zum o.g. Ausgangsimpuls:

● „Wenn wir als Schüler etwas machen wollen und der Lehrer will ganz was anderes — das geht nicht."

● „Der Lehrer muß sowieso bestimmte Themen machen. Das kann er gar nicht frei bestimmen."

● Wie kann der Schüler überhaupt beeinflussen, was der Lehrer machen will? Wie würden Sie das denn machen?"

● „Zu Themen, die wir im Unterricht durchnehmen, da können die Schüler sowieso nicht viel sagen, weil sie den pädagogischen Wert eines Themas

Also ich hab echt die Nase voll. Meine Eltern labern ständig über ihre Bez
ihrer Schwesternbeziehung, meine Freundin mit ihrer Partnerbeziehu

nur schlecht durchschauen können. Wenn ein Lehrer ein Thema auswählt, hat er meist einen Hintergrund, den wir als Schüler erst später erkennen können."
● „Ich finde es ganz gut, meine nur, daß, wenn jeder ein Thema vorschlägt, daß es dann leicht durcheinander gehen kann."

Große Skepsis auf Seiten der Schüler — viele Schwierigkeiten, sich überhaupt zu einer ihnen völlig fremden Form von Unterricht zu äußern. Obwohl hier Selbstplanung der Schüler angestrebt wird, bleibt es zunächst Aufgabe des Lehrers:

- die Initiative zu ergreifen,
- die Diskussion zu strukturieren,
- die Schüler auf Freiräume hinzuweisen,
- die Schüler zu ermutigen, sich in ungewohnte Gefilde vorzuwagen,
- den Schülern Verfahren vorzuschlagen, die ihnen helfen, ihre Interessen/Themenwünsche zu sortieren und zu gewichten[9].

Daß der gesamte Projektprozeß trotz profilierter Lehrerrolle und gründlicher Lehrerplanung immer wieder abenteuerliche Überraschungen mit sich bringen kann, sollen die folgenden Einblicke in den Fortgang des Prozesses zeigen:
● Die Auswertung des von ca. 30 Schülern ausgefüllten Planungsbogens ergab eine Sammlung von 40 Themen.

...ngskiste, meine Schwester nervt mich mit
...d jetzt fängt der Spinner auch noch damit an.

- Die anfängliche Skepsis der Schüler wich allmählich einem mutigen Planungsverhalten.
- Die Schüler wählten nach einer intensiven „Pro" und „Contra" Diskussion schließlich ein Thema, was mir zunächst einmal den Angstschweiß auf die Stirn trieb.
- Disziplinprobleme verschwanden nicht sofort. Ich mußte ein Lehrerverhalten finden, das in Einklang stand mit der neuen Selbstverantwortung der Schüler. Ich merkte immer wieder, wie mein altes Verhalten (z.B. das typische disziplinierende Ermahnen) dem veränderten Lehrer-Schüler-Verhältnis nicht mehr angemessen war.

Diese Kurzfassung eines Projektbeginns mit einer Phase der Rollenfindung zeigt, daß der Beschluß des Lehrers oder eines Kollegiums, Projektunterricht einzuführen und damit die Schüler an Planung, Durchführung und Auswertung von Lernprozessen zu beteiligen, nichts mit Symmetrie zu tun hat, daß vielmehr gerade die *Schüler* den Lehrer ganz deutlich auf die qualifikationsbedingten und die institutionellen Anteile der komplementären Beziehungsstruktur hinweisen, wenn dafür Raum gegeben wird. Für mich war das offene Gespräch über Rollen und Rollenerwartungen in der Rollenfindungsphase eine wichtige Voraussetzung zur schrittweisen Veränderung. Analyse der Beziehungsstruktur und Beispiel machen deutlich, daß es in der Schule bestenfalls um zwei Subjekte gehen kann, die unterschiedlich ausgestattet sind mit institutioneller Macht und Lernerfahrungen und schließlich, daß der Schüler immer von der freiwilligen Zurücknahme institutioneller Machtbefugnisse des Lehrers abhängig ist. Das aber bedeutet, daß die komplementäre Beziehungsstruktur auch im Projektunterricht nicht aufgehoben werden kann – nur partiell (meist auf der institutionellen Ebene) suspendiert wird. Aufgrund des bisher Gesagten will ich die 2. und 3. These zu einer *4. These* verbinden:

These 4:
Das Subjekt-Objekt-Verhältnis kann nur überwunden werden, wenn die komplementären Rollen auch im Projektunterricht gesehen und vom Lehrer akzeptiert werden.

Den Schüler als Subjekt des Lernprozesses ernst nehmen heißt also:
— nicht so tun, als gäbe es die institutionelle Macht der Lehrerrolle nicht mehr (die Schüler sind da oftmals sensibler als ein vom Wunschdenken beseelter Lehrer).
— die qualifikationsbedingten Vorsprünge des Lehrers soweit zur Verfügung stellen, wie die Schüler sie brauchen.
Da besonders die qualifikationsbedingten Vorsprünge des Lehrers für eine kritische Reflexion des Lehrerverhaltens eine besondere Bedeutung haben, will ich hierüber in zwei Schritten nachdenken:
- Ich werde erstens mit Hilfe einer Differenzierung des Begriffs „Lernbestand" verdeutlichen, inwiefern nur ein Lehrerverhalten, das sich im Spannungsverhältnis von Rollenkomplementarität und angestrebter Selbständigkeit der Schüler profiliert, verhindert, daß vorausgesetzt wird, was erworben werden sollte;
- Ich werde zweitens anhand von Beispielen für die einzelnen Phasen des Projektes auf Stellen hinweisen, an denen Planungsüberlegungen des Lehrers den Schülern zu mehr Selbständigkeit, also zu subjekt-adäquaterem Verhalten verhelfen können.

Zu 1) Schülerbeteiligung als durchgehendes Prinzip in allen Phasen des Projektunterrichts erfordert Lehrerplanung.
— Lehrerplanung muß sich möglichst genau am Lernbestand der Schüler orientieren. Mit „Lernbestand" (zugegeben ein häßliches Wort, aber es hilft bei der Analyse) ist hier die Gesamtheit der bis dahin erworbenen Fähigkeiten der Schüler gemeint. Um den Blick noch etwas genauer auf die gerade beim Projektunterricht oft vernachlässigte Frage nach den *Voraussetzungen für selbständiges Verhalten* bei Schülern zu lenken, will ich den Begriff „Lernbestand" in drei Kompetenzdimensionen aufgliedern; in:

— *Arbeitsmethodische Kompetenz*: sie umfaßt den Bereich der Fähigkeiten zur arbeitstechnischen Gestaltung des Projektlernprozesses. Auswahl, Verwendung und Variation von Arbeitsformen, Arbeitstechniken und Arbeitsmaterialien bedürfen in der Regel der Anleitung durch den Lehrer.

— *Soziale Kompetenz*: sie umfaßt die Fähigkeiten zur Gestaltung des kommunikativen Bereichs. Methoden, Arbeitsformen und Spiele, die das Konkurrenzprinzip zugunsten des solidarischen Handelns zu überwinden versuchen, sind den Schülern oft nicht bekannt.

— *Sachkompetenz*: sie umfaßt den Bereich des Sach- und Faktenwissens. Die Voraussetzungen in diesem Bereich werden von Lehrern, die fachsystematisch denken und planen gelernt haben in der Regel beachtet; gerade sie wären jedoch eher zu vernachlässigen als die Voraussetzungen in den beiden vorgenannten Kompetenzbereichen. Was Schüler an Sach- und Faktenwissen nicht mitbringen, können sie im Prozeß erarbeiten, wenn arbeitsmethodische und soziale Kompetenz vorhanden ist, oder die entsprechenden Hilfen bereitgestellt werden. Daß im Laufe dieses Prozesses dann eine andere Gewichtung, Anordnung oder Auswahl von Inhalten oder Fakten erfolgen kann, als es fachsystematisches Denken nahelegen wurde, haben Erfahrungen eindrucksvoll belegt[10].

Was bedeutet nun das Prinzip des „Anknüpfens am Lernbestand'' vor allem im Bereich der arbeitsmethodischen und sozialen Kompetenz für die Planung von Projekten?

Die Ausgangssituation in Sekundarstufe I oder II ist doch in der Regel dadurch gekennzeichnet, daß die Schüler aufgrund ihrer vorausgegangenen familialen und schulischen Sozialisation „Fähigkeiten'' und Einstellungen erworben haben, die der Verwirklichung von Projektunterricht entgegenstehen.

● Sie haben gelernt, daß der Lehrer genaue Anweisungen gibt und daß das möglichst genaue Befolgen der Anweisungen und Erraten der Intentionen gute Noten einbringt.

● Sie haben gelernt, daß der Lehrer als einziger weiß, was Ziel der jeweiligen Unterrichtsstunde ist und wie sie ablaufen wird.

● Sie haben gelernt, daß ein Schüler nicht wissen kann, was wichtig und gut für ihn ist und daß er von daher auch bei der Planung des Unterrichts nicht mitreden kann.

Oft unterschätzen Lehrer diese gegenläufigen Lernbestände. Sie denken, wenn sie den Lernbestand ihrer Schüler berücksichtigen, in der Regel in Kategorien von „Noch-nicht-Gelerntem''. Die Gefahr, daß sie dabei die Widerstände gegen Projektunterricht, die auf Gelerntem, nämlich auf bewährten, sozial anerkannten und damit verfestigten Einstellungen und Verhaltensweisen beruhen, vernachlässigen, ist groß.

Anknüpfen am Lernbestand kann darüber hinaus ein Korrektiv für eine weitere Fehleinschätzung sein. Ich habe beobachtet, daß Lehrer gerade bei der Planung der arbeitsmethodisch-sozialen Dimension des Lernprozesses in voluntaristischen Kategorien denken. Was beim Aufbau von Sachkompetenz ganz selbstverständlich ist, wird bei Anforderungen im arbeitsmethodisch-sozialen Bereich oft vernachlässigt. Dem systematischen und schrittweise geplanten Vorgehen hier entsprechen oft Wunschdenken und leichtfertiges Voraussetzen von Qualifikationen dort. Dieses voluntaristische Denken kann dann dazu führen, daß der Lehrer den Schülern Verhaltensfreiräume anbietet, die sie aufgrund ihrer arbeitsmethodischen und sozialen Qualifikationen gar nicht konstruktiv nutzen können.

Zu 2) Ich möchte diese Überlegungen zu lernbestandsorientiertem Lehrerverhalten durch methodische Hinweise ergänzen, die sich exemplarisch auf die einzelnen Phasen eines Projektplanungsprozesses beziehen. Diese Hinweise können nicht vollständig und schon gar nicht auf jede Lerngruppe übertragbar sein. Sie können vielmehr als ,,Nachdenke-Punkte'' gelten; darauf hinweisen, wo eine ,,profilierte Lehrerrolle'' hilfreich sein könnte[11].

Zur Phase der Rollenfindung:
● Ziel dieser Phase zu Beginn eines Projekts ist, mit den Schülern über die Rollenverteilung zwischen Lehrer und Schüler im Projektunterricht nachzudenken. Was Schüler, die noch keine Projekterfahrung haben, zu der Möglichkeit, den Unterricht selbständig planen zu können, sagen, habe ich oben dargestellt. Die Initiative dazu kann vom Lehrer oder von Schülern ausgehen. Der Lehrer kann diese Initiativen aber forcieren, indem er schon im ,,Normal''-Unterricht für alle Anregungen offen ist. Regelmäßige Fragebögen und Gespräche am Ende von Unterrichtseinheiten z.B. regen bei Schülern das Denken über Unterricht auf der Metaebene an. Schüler können sich dabei sehr anregend über Lehrerverhalten, Inhalte, Methoden u.ä. äußern.
● Wenn die Schüler durch ein Gespräch (z.B. über ein Statement, wie oben genannt) einen ersten Zugang zu ihrer Rolle als Unterrichtsplaner finden sollen, ist es hilfreich, die zunächst spärlichen Hinweise auf die *Vorteile* einer solchen Rollenverteilung an der Tafel schriftlich festzuhalten.
● Als Gesprächsmethode eignet sich die Form des Rundgesprächs; es erleichtert auch den Schülern, die sich zu Problemen der Lehrerrolle bzw. Schülerrolle zunächst nicht äußern möchten, den Einstieg.

Zur Phase der Themenfindung:
● In diese Phase sollen zunächst einmal alle Themen u. Interessengebiete, unabhängig von den Realisierungsmöglichkeiten, gesammelt werden. Obwohl die Schüler in der Rollenfindungsphase einen ersten Zugang zu ihrer Rolle als Mitplanende gefunden haben, gehen sie erfahrungsgemäß immer noch zögernd an die Themenfindung heran. Es gibt viele Scheren in ihrem Kopf.
● Der Lehrer bereitet einen Planungsbogen vor. Dieser kann Zeichnungen, kurze Texte oder andere anregende Hinweise auf die Intention dieser Phase enthalten.
● Jeder Schüler schreibt das Thema seiner Wahl auf diesen Bogen.
● Für den Fall, daß der Lehrer zu diesem Zeitpunkt auch Themenvor-

schläge einbringen möchte, kann er sie auf den Planungsbogen schreiben und ankreuzen lassen.

● Zur Vorbereitung der nun folgenden Themenwahl kann eine Schüler-gruppe die Planungsbögen auswerten und eine Wandzeitung mit den The-menvorschlägen beschriften. Dieses erste Zwischenergebnis macht stolz.

Was neulich einem Kollegen passierte, der mit einem Bein voll in der Theorie und mit dem anderen voll in der Praxis stand

Zur Phase der Themenwahl:
● Ziel dieser Phase ist eine begründete Wahl des Themas durch die Schüler. Für eine begründete Wahl sind Kriterien erforderlich wie:
— Das Thema sollte kein reines „Kopfthema" sein — bei einem Projekt müssen Aktionen möglich sein.
— Das Thema sollte für möglichst viele Schüler von Interesse sein.
— Das Thema sollte Arbeit in verschiedenen Untergruppen ermöglichen.
— Zum Thema sollte es vielfältige Informationen geben.
— Es sollte Experten geben, die man besuchen bzw. einladen kann.
● Wie kommt man an diese Kriterien heran?
- Der Lehrer kann eine Wandzeitung vorbereiten.
— Der Lehrer kann ein Gespräch über „einen anderen Unterricht" initiieren und alle Utopien aufschreiben.
— Der Lehrer kann einen wissenschaftlichen Text (z.B. Westermanns Pädagogische Beiträge 3/80 S. 96 ff. oder den Beitrag von H. Gudjons in diesem Buch) vorlegen und von den Schülern „übersetzen" lassen. In einer 9. Realschulklasse habe ich dies mit Erfolg durchgeführt. Die Schüler haben nicht jedes Wort des Beitrags verstanden, fanden aber alle Kriterien für Projektunterricht heraus. Gleichzeitig fanden sie es „sehr witzig", in welcher Sprache Lehrer miteinander reden.
● Für eine begründete Themenwahl ist es nicht sinnvoll, diese Entscheidung über eine einfache Abstimmung herbeizuführen. Es eignet sich aber z.B. folgender Dreischritt:
1. Jeder Schüler kann zwei Themen aus der Liste aller Themenvorschläge wählen.
2. Die drei am häufigsten genannten Themen werden festgehalten.
3. In einem PRO/CONTRA-Verfahren werden die Themen von der Klasse auf Realisierbarkeit überprüft. Nach dieser an den o.g. Kriterien orientierten Diskussion ergibt sich das Projektthema aufgrund einer einfachen Mehrheitsentscheidung.
Ein solches oder ein anderes Auswahlverfahren sollte vom Lehrer vorgeschlagen und begründet werden.
● Zum Pro-Contra-Verfahren als Voraussetzung für eine begründete Mehrheitsentscheidung:
Die Klasse wird in zwei Hälften geteilt. Die eine Hälfte argumentiert *für* das Thema, die andere Hälfte *dagegen*. In dieser kritischen Argumentation über die Ausgestaltungsmöglichkeiten des jeweiligen Themas entwickeln sich die ersten Vorstellungen vom Projekt. Für die Pro-Contra-Diskussionen können Leitfragen vorgegeben oder gemeinsam entwickelt werden.

Zur Phase der Arbeitsplanung:
Zu Ende dieser Phase soll es tragfähige Unterthemen und arbeitsfähige Kleingruppen geben.
● Möglicherweise tritt an dieser Stelle ein Widerspruch zwischen hoher inhaltlicher Motivation (die Schüler wollen „losarbeiten") und nicht hinreichender arbeitsmethodischer Kompetenz auf.

● Untergruppen müssen gebildet werden, eventuell Arbeitsmaterialien gesichtet werden; die Vorarbeiten kann der Lehrer oder eine Vorbereitungsgruppe zusammen mit dem Lehrer leisten.

● Die Bildung der Arbeitsgruppen kann in drei Schritten erfolgen:
— gemeinsames Sammeln von Fragen zum Thema,
— zusammenfassen inhaltlich verwandter Fragen zu Arbeitsthemen,
— Bildung von Projektgruppen,

● Über die Kleingruppenbildung kann gesprochen werden. Wollen die Schüler eine Gruppenbildung, die eher an Themeninteressen als an Freundschaften orientiert ist, empfiehlt sich ein Wahlverfahren mit Zetteln, auf denen jeder Schüler zwei Unterthemen einträgt. Eine Schülergruppe kann dann die Projektgruppen zusammenstellen.

Projektplanung als Rollenfindung, Themenfindung, Themenwahl und Arbeitsplanung: zusammenfassende Reflexion

Wie lassen sich die methodischen Hinweise des letzten Abschnitts auf die aus These 4 abgeleitete Forderung beziehen, die sinngemäß lautete: „Die komplementären Rollen auch im Projektunterricht sehen und aktzeptieren heißt: die qualifikationsbedingten Lernvorsprünge des Lehrers soweit zur Verfügung stellen, wie die Schüler sie brauchen!"

Der Planungsprozeß ist bis zu diesem Zeitpunkt kooperativ verlaufen; die Schüler haben sich für ein Thema entschieden, haben eine grobe Aufgliederung des Gesamtthemas in Unterthemen erarbeitet und sich Projektgruppen zugeordnet.

Weil der Lehrer das Postulat der Schülerbeteiligung in der Planungsphase des Projektunterrichts ernstgenommen hat, haben Lehrer und Schüler eine ungewöhnlich lange Zeit in Abweichung von der jahrelang eingeübten Rollenverteilung gearbeitet. Dieses „abweichende Verhalten" ist anstrengend und erfordert Hilfe.

Ich vermute, daß die Vielfalt der Hinweise im letzten Abschnitt, die sich auf die einzelnen Phasen des Planungsprozesses bezogen, sinnlich erfahrbar gemacht hat, daß eine kooperative Projektplanung, die den Schülern ein hohes Maß an Selbstverwirklichung im Planungsprozeß ermöglicht, gleichzeitig ein hohes Maß an Planung und Strukturierung des Planungsprozesses durch den Lehrer erfordert.

Der Lehrer hilft, indem er sein Verhalten immer wieder auf den Lernbestand der Schüler bezieht, indem er — vor allem im arbeitsmethodisch-sozialen Bereich — die lehrerzentrierten Vorerfahrungen der Schüler in seine Planung einbezieht, indem er seine Qualifikationen soweit wie nötig zur Verfügung stellt.

Durch Akzeptanz und kritische Reflexion der komplementären Beziehungsstruktur hilft der Lehrer dem Schüler bei der Überwindung seiner traditionellen Abhängigkeit, weil er durch seine gezielte Planungtätigkeit eine schrittweise Annäherung an subjektadäquates Verhalten ermöglicht.

Wenn Schüler immer wieder Situationen erleben, in denen sie in die Planung und Gestaltung von Unterricht — besonders Projektunterricht — einbezogen werden, wenn sie immer wieder erfahren, daß sie mit ihren Interessen ernstgenommen werden und die Erfolge ihrer Eigeninitiativen erleben, werden sie allmählich selbstverständlicher die Rolle der Planenden übernehmen. Die Ernsthaftigkeit, mit der Schüler an dieser Rollenveränderung arbeiten, hat mich immer wieder erstaunt und mir Mut gemacht, meine Lehrerrolle den veränderten Voraussetzungen anzunähern; bei aller Unterschiedlichkeit der Personen, der Fähigkeiten, der Machtbefugnisse und damit der Rollen.

Anmerkungen:

[1] Vgl. dazu Bastian, J., Schülerbeteiligung zwischen Symmetrie-Sehnsucht und den Verhältnissen, die nicht so sind. In: Westermanns Pädagogische Beiträge 11/81, S. 460 ff.

[2] Moritz Krüger (Pseudonym) ist einer derjenigen, der seinen Weg in die Schule hinein und aus der Schule heraus veröffentlichte in „Schulflucht", Reinbek 1978. Weitere Berichte und Analysen zur Aussteiger-Problematik in: Westermanns Pädagogische Beiträge 4/82, „Lehrer zurück aus Poona".

[3] Schlotthaus, W., Projektorientierter Deutschunterricht. In: Westermanns Pädagogische Beiträge 2/1973, S. 77. hier zitiert nach: Otto, G. Didaktik der Ästhetischen Erziehung, Braunschweig 1974, S. 226.

[4] Eine der ganz wenigen Veröffentlichungen, die bei der Diskussion des Lehrer-Schüler-Verhältnisses in projektorientierten Lernprozessen von einem „traditionell komplementären Beziehungsverhältnis" sprechen, ist der von W. Boettcher u.a. herausgegebene Band: Lehrer und Schüler machen Unterricht, München 1976; übrigens eins der anregendsten Bücher zu diesem Thema.

[5] Watzlawick, P. u.a., Menschliche Kommunikation — Formen, Störungen, Paradoxien. Bern, Stuttgart, Wien 1967, S. 70.

[6] Henningsen, J., Chinesisch, Westermanns Pädagogische Beiträge 3/83, S. 140.

[7] Paradoxien, wie Watzlawick u.a. sie als Ursache für Kommunikationsstörungen herausgearbeitet haben, treten gerade dann auf, wenn die Komplementarität „übersehen" wird.

[8] Als erste Komponente der Projektmethode bezeichnet Karl Frey die ,Projektinitiative'. (Frey, K., Die Projektmethode, Weinheim 1982) „Ein Projekt beginnt, indem jemand eine Idee, eine Anregung, eine Aufgabe, eine besondere Stimmung, ein Problem, ein bemerkenswertes Erlebnis, einen Betätigungswunsch oder einen Gegenstand in eine Gruppe einbringt. Grundsätzlich kann jeder Ausgangspunkt zu einem Projekt werden, . . .". (S. 63) Die Definition des Projektbeginns kann sowohl wegen ihrer inhaltlichen Indifferenz kritisiert werden (vgl. dazu den Beitrag von H. Gudjons in diesem Buch) als auch wegen ihres mangelnden Bezugs zu unterschiedlichen Zielgruppen bzw. Institutionen: Erfahrungen mit Projekten in der Institution Schule, in der die Rolle der Lehrenden und Lernenden sehr ausgeprägt ist, zeigen, daß festgelegte Rollenerwartungen Projektlernen behindern können, wenn ihre Veränderung nicht in der Lernprozeß einbezogen wird. Ich plädiere deshalb bei projektunerfahrenen Lerngruppen für eine Rollenfindungsphase zu Beginn des Lernprozesses.

[9] Es würde über den Rahmen dieses Beitrags hinausgehen, wenn ich hier genauer darstellen würde, mithilfe welcher Methoden Lehrer und Schüler den Planungsprozeß von der Phase der Rollenfindung über eine Themenfindung zu einer Themenwahl gestalteten. Meine Erfahrungen dazu können sie nachlesen in Westermanns Pädagogischen Beiträgen (WPB) 5/78 unter dem Titel „Schüler planen ein Projekt" oder auch in Geppert/Preuß „Selbständiges Lernen — Zur Methode des Schülers im Unterricht", Bad Heilbrunn 1980.
Der 2. Teil dieses Projekts mit den Phasen: Arbeitsplanung. Informationsbeschaffung, Informationsverarbeitung, Informationsaustausch in WPB 3/80, S. 103 ff.

10 Als Beispiel dafür seien an dieser Stelle bewußt die beiden **naturwissenschaftlichen**
Bände (Physik/Chemie) der Reihe Praxis und Theorie des Unterrichtens (Hrsg.
G. Otto und W. Schulz) genannt, weil gerade in den Naturwissenschaften die
Unveränderbarkeit der Fachsystematik immer wieder als Dogma gegen projekt-
orientierte Ansätze gestellt wird. Sebastian Hellweger, ,,Chemieunterricht'' und
Hans-Joachim Schlichting, ,,Physikunterricht'', Weinheim 1981 bzw. 1980 bele-
gen, daß es anders geht.

11 Im folgenden wird deutlich, daß diese Hinweise sich vor allem an Lehrer richten,
die in ihrer Klasse Projektunterricht einführen wollen. Plant eine ganze Schule
eine Projektwoche, vergröbern sich in der Regel die Verfahren. Aber auch in diesem Fall kann in den Schulklassen bzw. Tutorengruppen ein Planungsvorlauf
stattfinden.

Hinweise für die Planung von Schul-Projektwochen finden sich im folgenden Beitrag von R. Semmerling, Projektwochen — alternatives Lernen in der Regelschule,
außerdem, in: Bastian, J. Die Regenbogenkämpfer. Eine Woche auf den Spuren
von Greenpeace, (in diesem Buch S. 89 f.), und in Heller, A./Semmerling, R. Das
Pro-Wo-Buch, Königstein 1983.

Projektwochen

– alternatives Lernen in der Regelschule

Rüdiger Semmerling

„Gewöhnlich ist bei uns zu Hause die inzwischen obligatorische Morgenbegrüßung bundesdeutscher Schüler zu vernehmen: ‚Keine Lust'; oder moderner ausgedrückt: ‚Kein Bock'. Am 13. Juli morgens fehlte diese Standardformel unserer Töchter. Nicht etwa, weil an diesem Tag schulfrei gewesen wäre oder der Wandertag angestanden hätte. Es war ein Unterrichtstag mit fest umrissenem Programm. Nur: Der ‚Unterricht' fand nicht in der Schule statt, sondern in einer Tagesstätte für behinderte Kinder, noch dazu ohne Lehrer. Andere Schüler unterrichteten sich selbst, im Zoo oder Tierheim, auf Flugplätzen. Wieder andere waren unterwegs mit dem Sammeln von Informationen und Einsichten beschäftigt, die hernach mit anderen zu verarbeiten und zusammenzustellen waren. Kurz: „Alle hatten plötzlich Bock", berichtete A. Groeb, wie er in seiner Familie die Projektwoche 1981 an der Gesamtschule Köln-Höhenhaus miterlebte, und seine Tochter bekräftigte, sie träume von einer besseren Schule. (Deutsche Volkszeitung, 30.7.81)

Immer mehr Regelschulen wagen wenigstens einmal im Schuljahr das gemeinsame Projekt *Projektwoche*, oft auch kurz ProWo genannt. „Prow/vozierend" wirkt auf die Umwelt, wenn eine ganze Schule versucht, auf ungewohnten Wegen Schwierigkeiten aus der bekannten Schulroutine durch alternative Lernformen für „ihre" Regelschule zu überwinden. Um so überraschter sind die Beteiligten einer ProWo immer wieder über das engagierte *Interesse aus der Öffentlichkeit*, wenn sie nach Veränderung des üblichen Unterrichts suchen.

So bleiben Schüler und Lehrer in ihrem Bemühen auch nicht lange alleine: Eltern und Experten machen in Projekten mit, leiten sie, lassen sich befragen, ihre Betriebe erkunden, ihren Arbeitstag dokumentieren, nehmen an Diskussionen teil und helfen, die finanziellen Voraussetzungen für eine ProWo zu sichern. Nicht selten lassen sich auch Journalisten und Reporter gerne an Projektarbeiten beteiligen: Wenn ich früher einmal in der Schule so hätte lernen dürfen! Die öffentliche Unterstützung dieses anderen Lernens wird erst möglich, weil sehr oft unter den „Augen der Öffentlichkeit" gelernt wird: Viele *Projektgruppen kommen aus der Schule heraus* und lernen, wo ihre Interessen sie hinführen und die selbstgestellten Aufgaben besser als im Schulgebäude gelöst werden können, z.B. auf einem Bauernhof, einer Straßenbaustelle, im Wald, auf Kinderspielplätzen, im Altenheim, am Bach, in einer Wohngemeinschaft, bei Umweltschutzinitiativen, in Werkstätten des Stadtteils, im Einkaufszentrum oder dort, wohin sie durch Beziehungen oder Neugier den Zugang sich eröffnen können.

Projektwochen
Sie sind wohl die konsequenteste *Form alternativen Lernens in der Regel-schule:*
Bis zu zwei Wochen wird in Projekten gelernt. Kinder und Jugendliche eines Jahrgangs, einer Jahrgangsstufe, der Sekundarstufe I oder II, oder alle zusammen nehmen an einer ProWo teil. Zusammen mit Eltern, Lehrern und Experten lernen sie in Projekten. Schon längere Zeit vor einer ProWo suchen alle zusammen Themen und Aufgaben; dann wählt jeder das Thema, an dem er mitarbeiten will. Gelernt wird dort, wo das Thema am besten zu bearbeiten ist. Jede Projektgruppe stellt sich ihren Lernplan selbst auf. Die ProWo endet mit einem Präsentationstag, an dem Erlebnisse, Entdeckungen und Arbeitsprodukte vorgestellt werden.

Während einer ProWo gibt es nicht den sonst üblichen Stundenplan, kein 45-Minuten-Stundenraster und keinen Fachunterricht. Die Kinder und Jugendlichen werden nicht nach Jahrgängen sortiert und nicht nach bestimmten Leistungen in Gruppen selektiert.

Wozu Projektwochen?
ProWos sind so etwas wie eine *konzeptionelle Perspektive* zur Entwicklung anderer — zum Fachunterricht alternativer — Lebensformen in der Regel-schule: Aus Erfahrungen und durch Kritik noch mit dem bekannten Alten verbunden, wird nach Neuem gesucht. Kritisiert wird die Lernorganisation durch Fachunterricht, weil zu wenig erkennbar wird, für welche Zusammen-hänge eigentlich gelernt und weil eine sinnvolle Verknüpfung von Lebenssi-tuationen der Schüler mit Fachlernen so selten erlebt wird. Soziales, emo-tionales und körperliches Lernen ist in den Bereich der Pausen und Schul-wege abgedrängt, obwohl es im Unterricht doch auch passiert. Die Lernor-ganisation beherrscht den Schüler und gibt Kindern und Jugendlichen so wenig Möglichkeit zum Lernen durch eine Teilnahme am Leben ringsum. Die Kritik an diesem Mangel der vorherrrschenden Lernorganisation kann in drei Perspektiven begründet werden:

NO FUTURE! NO CULTURE! NO BOCK!

Keine Zukunft!

Durch die immer weiter verlängerte Verweildauer für Schüler in der Schule werden Jungen und Mädchen auch immer länger von konkreter gesellschaftlicher Entwicklung, von Bereichen der Güterproduktion und Dienstleistungen ferngehalten. Sie erhalten so immer seltener Gelegenheit, ihren Lernfortschritt in Lebenssituationen zu erproben, ihn zu verwerten und sich mit ihm zu bewähren. So sind die einzelnen Lebensabschnitte für den Schüler auch nicht sinnvoll aufeinander beziehbar. Das schulische Lernen wird von einer späteren Verwertung zu weit entfernt. Die Zukunft — die Zeit nach der Schule — wird von den Schülern immer weniger sinnvoll vermittelt erfahren. Die Situation wird gegenwärtig durch immer weniger Berufsausbildungsplätze und immer geringere Berufschancen verschärft. Bedroht sind die Jugendlichen von der Angst, überzählig zu werden. Und was dann? Wozu noch leben, lernen, sich anstrengen — welchen Sinn hat das Ganze noch? Perspektivenarmut, Interessenunsicherheit und Sinnkrise sind unübersehbare Bedingungen der Lernsituation in der Regelschule geworden.

Keine Kultur!

Kinder und Jugendliche erleben ihre Erfahrungen aus Familie, Freizeit und Schule im Fachunterricht nicht nur als kaum aufeinander bezogen, sondern werden auch von ihrem außerschulischen Erfahrungsbereich getrennt. Die herkömmliche Lernorganisation der Schule mit ihrem vorwiegend auf kognitive Lernergebnisse ausgerichteten Anspruch zielt auf einen „wissenschaftspropädeutisch professionalisierten Schüler". Ihm zur Seite — oder vor ihm — steht ein „wissenschaftlich professionalisierter Lehrer". Verwahrt in längeren Schulzeiten und getrennt in der Schule von wichtigen außerschulischen Lebenserfahrungen artikuliert sich Jugendleben immer mehr in Subkultur und immer selbstbewußter als Alternativkultur, die dann gleich wieder zum ökonomischen Gewinn vermarktet werden. Die Möglichkeiten zu verführender Fremdlenkung nehmen zu, Selbst- und Mitbestimmung als Voraussetzung für eine Teilnahme am öffentlichen Leben werden immer sinnleerer.

Kein Bock!

Keine Zukunft, keine Kultur — noch nicht einmal die daraus folgenden Nöte und Wünsche können Schüler zum Gegenstand schulischen Lernens machen. Wen wundert es da, daß sie — von ihren eigenen primären Erfahrungen getrennt — für den zerteilenden Lernprozeß keinen Bock haben. Die Schule produziert zuviel Wissen für die Schule und paßt Kinder und Jugendliche so an die Schule an, daß sie für die Schule gut gebraucht werden können. Reagierten Schüler auf solch ein schulisches Lernen vor ein paar Jahren noch mit offenen und oft auch aggressiven Protesten, dann durch eine apathische Gleichgültigkeit gegenüber der Schule, so scheint sich danach die Grundstimmung zu einer depressiven Resignation weiterentwickelt zu haben.

Auf der Suche nach neuen Wegen

Mit der seit Anfang der siebziger Jahre stetig verlangsamten Schulreforment-
wicklung, dem Abbruch vieler Reformansätze, der Abänderung von bil-
dungspolitischen Reformprogrammen sowie Zwängen auf dem Arbeitsmarkt,
werden die Lern- und Arbeitsbedingungen für Schüler und Lehrer zu der
oben skizzierten Situation verschärft. Andererseits gibt es viele Erfahrungen
aus Reformen im Regelschulsystem, aus Versuchen mit Gesamtschulen und
aus der Alternativschul-Bewegung, die eine konsequente Weiterentwicklung
auch des Lernens in der Regelschule ermöglichen.

So ist es kein Zufall, sondern Ausdruck einer kritisch-pädagogischen
Verantwortung, Not abzuwenden, wenn seit den siebziger Jahren immer
mehr Schulen Projekte, Projekttage und Projektwochen durchführen. Besonders in Gesamtschulen wurden ProWos ab 1975 entwickelt. Die Gesamtschulen erfuhren damals eine umfassende Verregelung zum traditionell
gegliederten Schulsystem hin. ProWos waren dazu eine Art Gegenbewe-
gung.

Nach einer 1980 von der Gemeinnützigen Gesellschaft Gesamtschule durchgeführten Befragung zu Projektwochen in norddeutschen Gesamtschulen
hatten von 75 antwortenden Schulen 47 von ihnen schon einmal oder öfter
Projektwochen durchgeführt:

Zur Frage
„In welchen Schuljahren wurden an Ihrer Schule Projektwochen durchgeführt?" wurde geantwortet:
— im Jahre 1972/73   1   Schule
— im Jahre 1973/74   2   Schulen
— im Jahre 1974/75   1   Schule
— im Jahre 1975/76   11   Schulen
— im Jahre 1976/77   18   Schulen
— im Jahre 1977/78   29   Schulen
— im Jahre 1978/79   36   Schulen
— im Jahre 1979/80   31   Schulen

Zur Frage
„Wie lang sind bei Ihnen meistens die Projektwochen?" wurde geantwortet:
— 1 Woche: 29   Schulen
— 1 1/2 Wochen: 5   Schulen
— 2 Wochen: 7   Schulen
— Tage
   4 Tage: 2   Schulen
   3 Tage: 3   Schulen
   2 Tage: 2   Schulen
   1 Tag: 5   Schulen

Zur Frage
„In welchen Jahrgängen wurden die Projektwochen durchgeführt?" wurde
festgestellt,
— daß in 16 Schulen höchstens 3 Jahrgänge beteiligt waren,
— in 12 Schulen waren es die Jahrgänge 5 - 10,
— in 6 Schulen die Jahrgänge 5 - 13,
— in einer Schule die Jahrgänge 1 - 10.

Immer mehr werden solche oben beschriebenen ProWos auch in Haupt- und Realschulen sowie in Orientierungsstufen, Gymnasien und Berufsbildenden Schulen durchgeführt. Die ProWos sind oft sehr unterschiedlich, was darin begründet ist, daß die Schulen bei ProWos von den jeweils gegebenen Bedingungen einer Schule und den Erfahrungen sowie Interessen der Betroffenen ausgehen. (Siehe am Ende dieses Kapitels unter Literatur: A. Heller/R. Semmerling (Hrsg.): Das Pro-Wo-Buch)

Wohin in Projektwochen?

Für die Entwicklung neuer Lernformen durch ProWos wurden *drei Zielbereiche* immer wichtiger:
- den *Schülerinteressen* zu folgen,
- die *Schülererfahrungen* unterschiedlicher Bereiche einzubeziehen und
- *als ganzer Mensch* mit der Schule lernen zu können.

Schülerinteressen
Wie schwer es Schülern — und auch Lehrern — fällt, ihre Interessen für Projekte in der Schule zu formulieren, kann oft vor einer ersten ProWo erlebt werden. Weil Kinder und Jugendliche über viele Jahre hinweg ihre „Professionalisierung zum Schüler" gelernt haben, können sie sich nicht vorstellen, die Schule auch für ihre Interessen gebrauchen zu können. In ProWos sind deshalb die *Ideenveröffentlichung*, die *Interessenentwicklung* und ihre Zusammenfassung zu Projektthemen die ersten Arbeitsergebnisse. Beim Prowo-Lernen wird jedoch nicht deshalb von Schülerinteressen ausgegangen, um die Schüler nach einer sogenannten Motivationsphase schon bald wieder auf einen fremd vorgegebenen Lehrplan zu verpflichten. Vielmehr geben ProWos dem Schüler den Freiraum, seine Interessen in der Projektarbeit weiterzuentwickeln und damit dem Lernen in der Schule einen erfahrbaren Sinn zu geben. Groß ist die Freude bei Schülern und Spaß bekommen sie am Lernen, wenn sie die nach eigenen Interessen erreichten Arbeitsergebnisse schon bald für die weitere Arbeit oder zu eigenem Gebrauch verwerten und durch sie soziale Beziehungen zu anderen herstellen können.

Schülererfahrungen
Vielfältige Erfahrungen der Schüler für das Lernen in der Schule weitestgehend zu ignorieren heißt doch, ihrem Lernen eine sinnliche Vermittlung zum Leben ringsum zu verweigern. *Mit Erfahrungen lernen* bedeutet, Erlebnisse, Wahrnehmungen, Haltungen in ihrer Entstehung und Wirkung zu erklären, um mit ihnen als Erfahrungen einen sinnvollen Zugang zur Lösung schwieriger und interessierender Lebenssituationen zu bekommen und damit zu ihnen wie zum eigenen Lernen distanzierte Bewertungen zu ermöglichen. So wird in ProWos versucht, einen *Zusammenhang von außerschulischen Lebenserfahrungen und innerschulischen Lernmöglichkeiten* herzustellen. Zur Vorbereitung der Arbeit in Projektgruppen gehört so besonders, zu den Tat-Orten Zugang zu finden, an denen die jeweils interessierten Probleme entstehen, wo sie erlebt und Lösungen begreifend und sinnvoll entwickelt werden können. Im Leben ringsum zu lernen, bringt Spaß und neue Lust zum Lernen. *Raus aus der Schule!* heißt eigentlich: Weg vom bisherigen Schulalltag!

Als ganzer Mensch mit der Schule lernen
Sinnvolles Lernen in Lebenszusammenhängen beansprucht den ganzen Menschen. Lernen in der Schule ist aber weitestgehend entsinnlicht. Zu sehr fühlt sich der Schüler auf den Kopf reduziert, obwohl zu jedem Kopf doch auch ein Körper gehört. In Lebenszusammenhängen an den Orten des Geschehens selbst sinnvoll zu lernen, macht möglich, Wirklichkeit zu erleben, sinnlich wahrzunehmen, sich selbst zu erfahren, sicherer zu werden im Zusammenspiel von sinnhaft-emotionalem Erleben, kognitiv-rationalem Verarbeiten und sozial-handelndem Kooperieren. Nach eigenen Interessen und in der unmittelbaren Teilnahme am Leben ringsum *Selbstlernkonzepte fürs eigene Leben*, ein curriculum vitae, zu entwerfen, ist zum üblichen Schulunterricht alternativ. Für ihn ist das allermeiste vorab festgelegt. Sinnhaftigkeit für das ProWo-Lernen zu fordern, heißt da nichts anderes, als Subjekt im eigenen Lernprozeß sein zu wollen. ProWo-Lernen ist dann die *Suche nach einem individuellen Lernplan*, zusammen mit anderen, orientiert an

den sozialen Regeln der Selbst- und Mitbestimmung. Und dieser Handlungs-
zusammenhang ist alternativ zum Unterricht in der Regelschule.

Terminplan für die Prowo '77

21. 3.–22. 4.	Themenbörse Ideensammlung	Themen- und Ideensammlung auf einer Tapete in der Eingangshalle der Schule
22. 4.	Abgabetermin für Projektvorschläge	Fixtermin
25. 4.	Thementag	Themendarstellung und Interessenentwicklung
2. 5.– 6. 5.	Zusammenstellung des Themenkatalogs und seine Vervielfältigung in der Druckerei	durch
9. 5.–13. 5.	Ausgabe des Themenkatalogs an Schüler und Lehrer und Themenwahl durch Schüler	Gespräche. Diskussionen, Plakate u. ä. an vielen Stellen in der Schule
13. 5.	Abgabetermin der Wahlbögen durch die Schüler	Fixtermin
16. 5.–27. 5.	Auswertung der Wahlen und Erstellung der Projektteilnehmerlisten	eventuell 1. Treffen der Projektgruppen, Kontaktaufnahme mit interessierten Eltern und Organisationen, Vorbereitung der Projektarbeit
1. 6.– 3. 6.	Mitteilung der Wahlergebnisse und der Projektgruppen	
3. 6.	Abgabe der Anträge auf Genehmigung der Schullandheimfahrten	
6. 6.–24. 6.	Berufspraktikum 8. Jahrgang	
28. 6.	Nachwahlen und Umwahlen, erste Treffen der Projektgruppen	Fixtermin
27. 6.– 6. 7.	Treffen der Projektgruppen zur weiteren Vorplanung – nach Vereinbarung –	
7. 7.–21. 8.	Sommerferien	
22. 8.– 1. 9.	Projektwoche 1977	Nachprüfungen für einige Schüler
1. 9	Tag der offenen Tür	

Weil Schulen in ProWos eigene Wege gehen, gibt es viele ProWo-Varianten, die allerdings auch Gemeinsames haben: So sind die an einer ProWo Beteiligten in zwei unterschiedlichen Handlungsbereichen an dem Projekt Projektwoche beteiligt:

● Im Bereich *Kommunikative Verständigung über eine ProWo:*

In den Mitwirkungsgremien einer Schule und in besonderen ProWo-Arbeitsgruppen werden von Schülern, Eltern, Lehrern gemeinsam alle Planungs- und Koordinierungsfragen aufeinander abgestimmt, zur Bearbeitung weitergereicht und den Gremien zur Entscheidung vorgelegt. Eine Kooperationsgruppe aus Eltern, Schülern und Lehrern (die KoSEL-Gruppe) übernimmt die Gesamtkoordination, sie ,,koselt''.

● im Bereich *Lernen in Projekten:*

Alle Beteiligten suchen zunächst nach Projekten, in denen sie dann zusammen mit anderen Interssierten nach ihren Interessen arbeiten.

Während diese beiden Handlungsbereiche von Anfang an zur ProWo-Arbeit in den Schulen gehörten, wurden andererseits erst allmählich aus den Erfahrungen mit der ProWo-Entwicklung *Handlungssituationen* (HS) von den Beteiligten vereinbart, in denen Ansprüche an ein anderes Lernen in der Regelschule realisiert werden können. Diese Handlungssituationen haben für die Durchführung einer ProWo orientierende Funktion. Sie stehen in einem (Verlaufs-)Zusammenhang, den ich nicht ohne Bedenken ,,Grundmodell für das Lernen in Projekten und Projektwochen'' nennen möchte.

Die oben beschriebenen beiden Handlungsbereiche sind durch die Arbeiten in den Handlungssituationen sehr eng miteinander verbunden. Die einzelnen Handlungssituationen werden nachfolgend in ihrer Funktion zunächst für den Handlungsbereich ,Kommunikative Verständigung' beschrieben und dann für das ,Lernen in (den einzelnen) Projekten'.

Kommunikative Verständigung
HS 1
Aus der kritischen Überprüfung von alltäglichen Erfahrungen am Lern- und Arbeitsplatz Schule ergibt sich ein *Erfahrungsüberschuß*. Aus ihm wird oftmals ein Bedürfnis begründet, den schulischen Alltag durch neu zu entwickelnde Lernformen verändern zu wollen.

HS 2
In *Initiativen* von Schülern, Eltern, Lehrern wird das Bedürfnis nach einer ProWo aus einem Erfahrungsaustausch der Betroffenen und durch ihre Bereitschaft, sich mit der Initiative auseinanderzusetzen, konkreter. In den Gesamtschulen Hildesheim und Dortmund zum Beispiel begründeten Lehrer 1975 ihre Initiative damit, den Unterricht anders als üblich gestalten zu wollen, mit anderer Motivation von Lehrern und Schülern, mit anderen Inhalten und Methoden: ,,Vielleicht helfen uns die in einer Projektwoche gemachten Erfahrungen, den Schulalltag neu zu beleben''. In der Hauptschule I in Soltau wollten die Kollegen 1979 attraktivere und den Interessen der Schüler näherstehende Unterrichtsmethoden entwickeln. Hauptschulen im Obergergischen Kreis in Nordrhein-Westfalen führten 1980 ProWos auch durch, um die Qualität der Hauptschule zu heben. Im Englischen

Institut/Gymnasium Heidelberg war 1980 den Schülern die Möglichkeit gegeben, nach ihrer Neugier, Neigung und ihren Interessen zu lernen. In Wulfen wurde eine „Dritte-Welt-Woche" durchgeführt. In niedersächsischen Schulen versuchen Lehrer, benachbarte Schulen unterschiedlicher Schulformen schon einmal auf Zeit zu integrieren. (Siehe bei Literatur unter Projektwochendokumentationen!)

HS 3
Die Auseinandersetzung mit ProWo-Initiativen führt zu *Organisationsstrukturen* und zu *Vereinbarungen von Arbeitsregeln*. Diskutiert werden Ziele und Folgen der Initiative, Unterrichtsbelastungen, Lehrer-/Schüler-Arbeitszeit, Aufsichtspflicht, Elternmitarbeit, Haftpflicht für Eltern und Experten. . . — Und die Koordinierungsgruppe gibt geduldig Antworten, weil in ihr meistens mitarbeitet, wer eine ProWo möchte. Schließlich wird über die Initiative entschieden.

HS 4
Nach der Annahme der Initiative wird ihre *Realisierung vorbereitet*. Die ProWo wird ins Schuljahr geplant. Und so beginnt das Projekt ProWo schon längere Zeit vor den Projekt(wochen)-tagen. Wichtig ist der Termin für eine ProWo. Immer häufiger werden sie in die Mitte eines Schulhalbjahres gelegt, weil die Projekte in den Projektgruppen schon während der Unterrichtszeit vorbereitet werden, und die ProWo-Erlebnisse in den Unterricht hineinwirken können. Organisatorische Rahmenbedingungen sind festzulegen: eine ProWo-Zentrale, Lernzeit für Schüler, Materialbeschaffung, Finanzen, Versicherungen, Telefondienst, Raumbelegung, Pressebetreuung, Präsentationstag, Dokumentationen, ProWo-Auswertung, Krisenmanagement. . .

HS 5
Während der *Projektwochenarbeit in den einzelnen Projekten* erfolgt eine Betreuung durch die Koordinationsgruppe, wenn Lehrer ausfallen, der Anschluß an eine Projektgruppe verpaßt wurde, die Presse informiert werden will, für alle Fälle, besorgte Eltern schon ihr Kind vermissen, das noch in einer Projektgruppe heftig „prowoziert", was in Projektwochen nicht selten vorkommt.

HS 6
Das Zusammenfassen und Verwerten von Arbeitsergebnissen ermöglicht *Antworten auf die Initiative*. Sie kann überprüft, abgeschlossen, verändert oder weiterverfolgt werden. Ein Vorteil von ProWo-Lernen ist, daß so manches Problem, mancher Wunsch und manche Idee durch konkretes Handeln ohne zu ermüdende Diskussionen überprüft werden können. Dennoch gibt es nach ProWos immer wieder Probleme, wie auch das fachunterrichtliche Lernen durch ProWo-Erfahrungen verändert und bereichert werden kann, um ProWos nicht nur zur schönsten Nebensache im Schuljahr werden zu lassen. Zu ertragen wär's schon! Nur wollen die Initiativen doch auch den Unterrichtsalltag verändern.

HS 7
Die Verwertung und der Gebrauch von Arbeits- und Lernergebnissen aus ProWos und ihre Verbindung mit der Ausgangssituation ermöglicht ihre Wei-

terentwicklung und bietet *einen veränderten Erfahrungszusammenhang als Alternative* zum normalen Fachunterricht und Schulalltag.

Lernen in Projekten
HS 1
Aus einem Erfahrungsüberschuß handeln wollen: *Schüler haben viele Ideen*, wie sie in der Schule anders leben und lernen möchten. Doch die Schule verweigert sich ihnen meistens. Warum eigentlich? Geben wir doch die Schule den Schülern auch zu ihrer eigenen Verfügung.

Von der Schülervertretung einer Schule in Aachen erreichte mich am 9.2.82 folgender Brief

Liebe Leute!
Auf der letzten Schulkonferenz wurde von unserer SV die Diskussion über eine Projektwoche (auch) an unserer Schule eingebracht. Da die Schüler normalerweise nicht so ernst genommen werden, müssen sie ca. die zehnfache Menge an Information und Argumenten leisten. Information und vor allem Erfahrungsberichte(!) sind allerdings für uns nicht leicht zu bekommen. Da es aber bei dem Großteil der Eltern und Lehrer (unserer Einschätzung nach) an Informationen über Projektunterricht usw. sehr mangelt und dadurch eine stark ablehnende Haltung auftritt, wir aber diese Intensivierung des Unterrichts, Belebung des Schulalltags usw. auf jeden Fall durchsetzen wollen, benötigen wir dringendst alle möglichen Materialien usw., die uns dabei helfen können.
Auch Adressen (z.B. von Schulen, die schon Projektwochen durchgeführt haben) würden uns weiterhelfen.
Schon jetzt vielen Dank für Eure Unterstützung und
mit solidarischen Grüßen
gez. Die Schulsprecherin
    Der Schulsprecher

HS 2
Durch Poster, ProWo Symbole, Schülerzeitung, Weitersagen, Lehrer, Schüler-Band werden ProWos angekündigt. Und dann geht es darum, *durch Ideen, Wünsche und Interessen zu Projektinitiativen* zu kommen. Die Suche nach Themen beginnt. An einem zentralen Platz in der Schule darf jeder seine Interessen veröffentlichen. Aus diesen formuliert eine Schüler-Eltern-Lehrer-Gruppe (vorläufige) Interessenthemen, die den Schülern am Thementag zur Diskussion gestellt werden. Oft wird dann auf Projektplakaten oder Projektzeitungen für einzelne Themen geworben.

HS 3
An einem Thementag können die Schüler dann nacheinander mehrere Interessenthemen nach ihrer Wahl mit anderen Interessierten diskutieren. Dabei wird auch schon *nach Realisierungsmöglichkeiten gesucht*, werden Aufgaben beschrieben, Ziele entworfen. Diese Diskussionen sind besonders lebendig, wenn sie dort durchgeführt werden, wo dann später in Projekten gearbeitet werden könnte: im Einkaufszentrum, in der Turnhalle, am Bach, im Fotolabor. In diesen Themendiskussionen werden auch die Projektthemen formuliert, die *erste Arbeitsverträge* für ein Projekt sind. Nach dieser Information am Thementag wählen dann die Schüler ihr Thema. Von einer Koordinationsgruppe werden bei der Gruppenbildung nach Möglichkeit Erstwünsche und Freundschaften berücksichtigt und zu große Gruppen geteilt. Manch eine kleine Gruppe wird auch von Schülern selbst geleitet.

HS 4
Die *Vorbereitung der Arbeit für die Projekttage* in den ein- bis zweiwöchigen ProWos ist schon ein Teil der Projektarbeit, genau wie die Veröffentlichung von Interessen, die Themenformulierung und die Gruppenbildung. Nach und nach wird die Initiative Projektwoche in immer konkreteres Handeln umgesetzt, bekommt es ein organisatorisches Gefüge und führt es zu Vereinbarungen zwischen den an einem Projekt Beteiligten. Durch die Projektvorbereitung lernen sich nun die Projektmitglieder näher kennen: Sie schmieden Pläne, sprechen Aufgaben ab, besorgen Materialien, schreiben Briefe, bitten um Erkundungen, laden Experten und Eltern ein, suchen nach Literatur, planen die Zielerreichung. Hierfür werden oft Unterrichtsstunden vor einer ProWo gebraucht, meistens Eckstunden, regelmäßig wiederkehrend oder so verteilt, daß die Fächer gleichermaßen belastet werden. Ergebnis dieser Vorbereitung ist *ein Lernplan für die Projekttage*.

HS 5
Und dann — endlich — wird nur noch *in selbstgewählten Projektgruppen* gearbeitet: Leben, Lernen, Arbeiten in Projekten! Das kann man nicht sofort. Deshalb wird angefangen, wo es ein bißchen Aussicht auf Erfolg gibt. Ausgegangen wird von Erfahrungen der Beteiligten, auch wenn erst aus gemeinsamen Erlebnissen durch Kooperieren, Nachdenken, Diskutieren neue Erfahrungen erarbeitet werden, eine Möglichkeit, um verkrustete Rituale aufzubrechen und durch gemeinsames planendes Handeln zu neuen Kompetenzen zu kommen. Lernspaß bringt, das Arbeitsprodukt vom ersten Tag an zusammenzusetzen, Freude an seinem Entstehen zu haben und es am Ende gebrauchen zu können und andere daran teilhaben zu lassen.

Der erste, dritte und letzte Tag sind wichtige Projektwochentage. Der erste, weil an ihm weitgehend über das Arbeitsklima entschieden wird, wenn die Projektmitglieder ihren Arbeitsrahmen über Arbeitszeiten, Pausen, Aufgaben und ihre Verteilung, Ziele, Termine vereinbaren. Am dritten Tag tritt sehr oft als Folge der Umstellung auf das ProWo-Lernen eine Ermüdung ein. Entspannend, belebend wirken da ein gemeinsames Essen, ein Spaziergang, ein Klönabend oder Ähnliches. Kaum aber meint man, so gelassen auf diese Krise eingehen zu können, wenn zwei Tage später schon ein Produkt präsentiert werden soll. Auch deshalb werden immer mehr zweiwöchige ProWos durchgeführt.

HS 6

Der letzte ProWo-Tag ist der *Präsentationstag*. Auf ihn freuen sich viele Schüler. Selten wohl ist eine Schule so lebendig von arbeitenden und fröhlichen Schülern. Viele treffen ihre Freunde und Klassenkameraden und tauschen Erlebnisse aus, während sie die Präsentation ihrer Arbeitsergebnisse vorbereiten. In Gesprächen werden sie dann von anderen befragt, befragen selbst wieder andere, gehen zu ihnen hin, spielen mit, tanzen, kosten Speisen, diskutieren und brauchen nicht zu warten, bis jemand zu ihnen kommt. Im gemeinsamen Erleben und in den Arbeitsergebnissen wird man angenommen: Eine zutiefst soziale Integration.

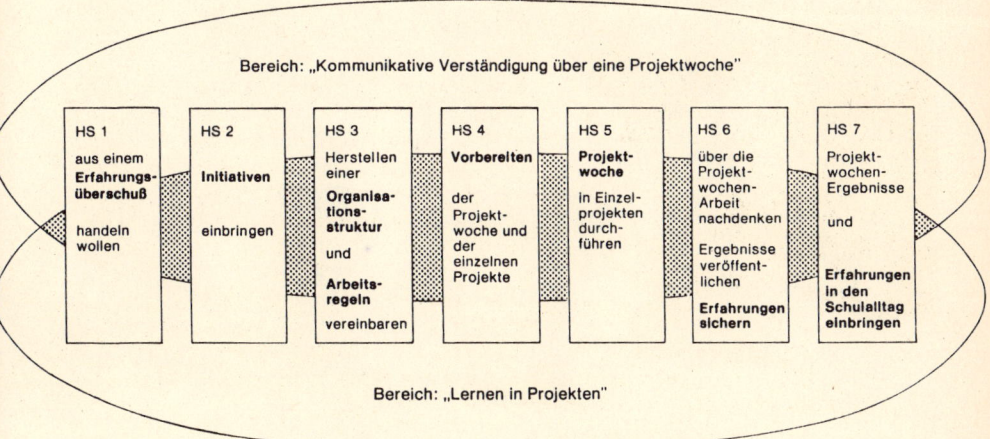

Grundmodell für das Lernen in Projekten und Projektwochen

HS 7

Und dann kommt der Unterricht wieder. Der Unterschied zu einer ProWo wird noch als viel zu groß empfunden. So wird nun in Unterrichtsstunden in kleinen Schritten versucht, den Bruch durch Unterrichtsveränderungen aufgrund von ProWo-Erfahrungen zu verringern: z.B. durch eintägige Kurzprojekte, mehrere kleine Projekte im Schuljahr, um ähnlich dem ProWo-Lernen im Leben ringsum für den fachbezogenen Unterricht Erfahrungen zu sammeln. Andererseits sind viele *Übertragungen von Erfahrungen auf den Unterricht* festzustellen, wenn Themen für Klassenprojekte gesucht, Erkundungen oder Berufspraktika dokumentiert und ihre Ergebnisse präsentiert werden. Und nicht zu unterschätzen ist, wenn Schüler sich wenigstens einmal im Schuljahr für zwei Wochen so richtig auf die Schule freuen. ProWo-Lernen als alternatives Lernen vermittelt auch Erfahrungen, die Distanz zum Fachunterricht und zum Schulsystem insgesamt ermöglichen und Voraussetzungen für eine Verständigung zwischen Schülern, Eltern und Lehrern einer Schule schaffen.

Literatur

Lutz van Dick: Alternativschulen. Reinbek 1979
Horst Rumpf: Die übergangene Sinnlichkeit. München 1981
Heinze/Loser/Thiemann., Praxisforschung. München 1981
Claudio Hofmann. Smog im Hirn. Bensheim 1981
Westermanns Pädagogische Beiträge: Alternativen in der Regelschule I, Heft 12/80 und II, Heft 9/81
Walter Hornstein u.a.: Jugend ohne Orientierung? München 1982
Walter Hornstein: Unsere Jugend '81. Opladen 1982
H. Mayrhofer/W. Zacharias. projektbuch ästhetisches lernen. Reinbek 1977
Arbeitsgruppe Oberkircher Lehrmittel/AOL (Hg.): handbuch zum schulalltag. Reinbek 1982
A. Heller/R. Semmerling: Das ProWo-Buch; Leben, Lernen, Arbeiten in Projekten und Projektwochen. Königstein/Ts. 1983, Zweite Auflage 1984

Projektwochen-Dokumentationen:

Rüdiger Semmerling. Projektwoche 1976 (in der Integrierten Gesamtschule Dortmund-Scharnhorst) — Informationen, Dokumente, Handreichungen, Dortmund 1977
Rüdiger Semmerling: Projektwochen in der Integrierten Gesamtschule Dortmund. Oldenburg 1978
H. Schule/K.-P. Reisewitz (Hrsg.). ProWo in der Praxis. GEW-Bezirksverband Lüneburg, Arbeitsheft 2
M. Nentwich (Hrsg.). Erfahrungsbericht über die Projektwoche 1980 der Hauptschulen im Obergergischen Kreis. Schulamt für den Oberbergischen Kreis.
Englisches Institut/Gymnasium Heidelberg. ProWo 1980
Gesamtschule Wulfen, Arbeitskreis Dritte Welt. Aktionswoche über das Thema ,,Dritte Welt''
Kooperative Gesamtschule Elmshorn: Projektwoche 1981
Kooperative Gesamtschule Hemmingen: Projektwoche 1981
Gesamtschule Hannover-Roderbruch: Projektwoche 1981

Projektunterricht – Geschichte einer Idee, die so alt ist wie unser Jahrhundert

Bernhard Suin de Boutemard

Es sind die Bürger- und Menschenrechte, die Einzelnen und Gruppen erlauben, die Gestaltung ihrer Verhältnisse durch problemformulierendes und problemlösendes Handeln selber zu lernen. Sie bilden die politikgeschichtliche Voraussetzung der Projektpädagogik bei Bürger- und Selbsthilfeinitiativen (Projektarbeit), im Hochschulbereich (Projektstudium) und in der Schule (Projektunterricht).

Politik-soziologischer Erklärungsansatz

Erst wenn dieser Paradigmawechsel in der politischen Legitimation von Herrschaft und Organisation beachtet wird, lassen sich die verschiedenen reformpädagogischen Schul- und Unterrichtsformen unterscheiden und zuordnen. Das gelingt nicht, wenn man die Unterscheidung geisteswissenschaftlich, begrifflich oder durch den Vergleich der Unterrichtsmethode bestimmen will. Darum hat Karl Odenbach (S. 282) zu seinem Versuch, Vorhaben, Gesamtunterricht und Projekt kritisch voneinander abzugrenzen, bemerkt: ,,Tatsächlich müßte einmal in einer sorgfältigen Forschungsarbeit auf die Quellen des Projektgedankens zurückgegangen werden''. Odenbach verweist in diesem Zusammenhang auf die ,,historische Entwicklung'', die berücksichtigt werden müßte.

Versuchsweise soll in dieser Arbeit vom *politikgeschichtlichen Milieu* als Bestimmungsmerkmal gesprochen werden. Denn bei annähernd gleichem ökonomischen und wissenschaftlich-technologischen Entwicklungsstand werden Organisationsformen des Lehrens und Lernens entwickelt, die sich einerseits in ihrer äußeren Erscheinungsform ähneln. Zu unterscheiden sind sie andererseits erst, wenn ihre jeweilige politische Legitimation und ihr regionales, nationales oder kontinentales politikgeschichtliches Milieu erfaßt werden.

Dieser politik-soziologische Ansatz erlaubt es, die Schul- und Unterrichtsformen, die infrage kommen, unter vier Gesichtspunkten zu untersuchen:

1. Der Wandel von Schul- und Unterrichtsformen ist entweder als Folge von veränderten ökonomischen und sozialen Bedingungen im Produktions-, Distributions- und Konsumtionsbereich zu begreifen oder als Mittel für notwendige oder sich bereits abzeichnende Veränderungen.

2. Die neuen Schul- und Unterrichtsformen können auf historische Beispiele zurückgreifen, deren sozio-ökonomische Entwicklungsbedingungen häufig längst vergangen sind. Sozio-historisch bedingte Bewußtseinsformen vergangener Zeiten werden zu sehr viel späterer Zeit auf die Seinsebene transformiert.
3. Das politikgeschichtliche Milieu einer Region, Nation oder eines Kontinents wird in der neuen Schul- und Unterrichtsform repräsentiert.
4. Aus den Traditionen des jeweiligen politikgeschichtlichen Milieus wird eine Auswahl getroffen, denn sie enthalten sowohl emanzipatorisch-aufklärerische als auch restaurativ-romantische Legitimationsmuster für Herrschaft und Organisation.

Wenn diese vier Gesichtspunkte berücksichtigt werden, ist es möglich, einerseits die Geschichte des Projektunterrichts und seine Zukunft darzustellen und ihn andererseits von anderen Schul- und Unterrichtsformen zu unterscheiden.

Reformpädagogische Schul- und Unterrichtsmodelle

In den ersten drei Jahrzehnten des 20. Jahrhunderts entstanden auffallend viele neue Schul- und Unterrichtsformen. In ihrer äußeren Erscheinungsform, in einzelnen Elementen und Methoden sind sie dem Projektunterricht zum Verwechseln ähnlich oder haben mit ihm Gemeinsamkeiten. Das soll unter den Gesichtspunkten dargestellt werden von: 1. Staat und Gesellschaft, 2. bürgerlicher Familie, 3. Lebensbedürfnissen, 4. Zentralismus und Dezentralisierung und 5. Industrialisierung.

1. **Trennung von Staat und Gesellschaft.** Mit dem Problem der Integration in das Gemeinwesen befaßt sich nicht nur der Projektunterricht. Georg Kerschensteiner hat 1901 dazu eine Preisschrift über den ,,Begriff der staatsbürgerlichen Erziehung'' verfaßt. In der 4. Auflage von 1919, also nach dem Sturz der Monarchie, rühmt er, daß er aufgrund der durch die Weimarer Republik geänderten Verfassung seine Schrift nicht zu revidieren brauche. Es bleibt beim Vorrang des Staates gegenüber der Gesellschaft.

Die ,,Demokratische Pädagogik'' der ,,Selbstbetätigung im Unterricht'', die der radikale Bremer Schulreformer Fritz Gansberg im Jahre 1911 vorlegte, orientiert sich dagegen nicht am Staat, sondern an den gesellschaftlichen Bewegungen, den Gewerkschaften und der Sozialdemokratie. Er fordert, daß die Schule ,,einen kleinen Staat bilde, der sich nach seinen eingenen Gesetzen regiere'' (S. 279). Nur so könne sie als ,,Arbeits- und Lebensgemeinschaft'' (S. 282) ,,der Verarmung des Lebens, die die Differenzierung der Wirtschaft und die Entwicklung des Kapitalismus mit sich bringen'', entgegenwirken, um ,,bis zur Wurzel der menschlichen Kultur, der schöpferischen Arbeit vorzudringen'' (S. 281).

Für die Bremer und Hamburger Schulreformer war es ein politischer ,,Befreiungskampf . . . um die Befreiung der Schule vom Zwange der Tradition und Autorität, ein Kampf um die Selbständigkeit des Lehrers und um die Rechte des Kindes'' (S. 233). Einige von ihnen (Gurlitt, Scharrelmann und Holzmeier) erhielten Berufsverbot. Daß die professionelle Emanzipation des Lehrers um den Preis der Unterwerfung des Kindes unter die pädagogische Autonomie des Lehrers erkauft wurde, ist eine der politisch bedenklichen, wenngleich unbeabsichtigten Nebenwirkungen gewesen.

2. **Verkehrsformen der bürgerlichen Familie im Volksstaat.** Der „Gesamtunterricht" von Berthold Otto (1913) hatte drei Ausgangspunkte. Einer war der methodische Ansatz seiner von der Universität abgelehnten Promotion. Anstatt von Texten und Büchern auszugehen, wollte Otto direkt im zu bearbeitenden Gegenstandsbereich Erhebungen anstellen. Ein anderer Ausgangspunkt war seine Leipziger Tätigkeit als Redakteur am Brockhaus Lexikon. Otto war keineswegs ein Gegner von Texten und der Gesamtheit in Form des Enzyklopädischen. Aber welchen Zuganges und welcher Mittel man sich methodisch bediente, sollte nicht vorab, sondern von der Situation bestimmt werden. Und drittens weigerte sich Berthold Otto, seine Kinder in die öffentliche Schule zu schicken. Er unterrichtete sie privat als sein eigener Hauslehrer. Die Unterrichtsgegenstände ergaben sich für Berthold Otto aus dem Tischgespräch, das in der bürgerlichen Familie mit den Kindern über das geführt wurde, was passierte.

Diese Ansätze Ottos bekamen öffentliche Geltung, als er ab 1901 die Wochenzeitschrift „Der Hauslehrer" herausgab und 1902 vom Preußischen Kultusministerium nach Berlin berufen wurde. Für das Gehalt, das er bisher als Brockhaus-Redakteur bekam, sollte er jetzt ausschließlich seine eigenen Kinder und die anderer Familien in einer „Hauslehrerschule" unterrichten.

Von den Verkehrsformen des Familienkreises und der Geschwisterschar ging auch Peter Petersen bei der Gestaltung der Schule aus. In der von ihm seit 1924 in Jena geleiteten Schule, die wie die Laboratory School von John Dewey in Chicago der Universität angeschlossen war, ersetzte er darum die „Jahresklassen" durch drei Jahrgänge übergreifende Stammgruppen, die in Tisch- und Arbeitsgruppen untergliedert waren (Petersen 1968, S. 15 f. und S. 26 ff.). Der Unterrichtsraum wurde als „Schulwohnstube" mit Vogelkäfig, „tickender Uhr", Blumen auf der Fensterbank und Wandschmuck gestaltet (a.a.O., S. 32). Er sollte nicht den Charakter einer Werkstatt haben wie bei Kerschensteiner, denn das Ethos einer Werkstatt ist ein anderes als „das einer Wohnstube" (a.a.O., S. 32).

„Volksorganisches Denken" war schon bei Berthold Otto die Grundlage seiner pädagogischen und politischen Reformvorschläge. Für Peter Petersen ist „die Idee der Gemeinschaft . . . oberste, alles Geschehen innerhalb der Schulgemeinde letzthin normierende Idee" (a.a.O., S. 10). Um den mit der „Gnadengabe der Führung" begabten „Führer" schart sich die Gefolgschaft (a.a.O). Dies erfolgt „unter schärfster Ablehnung der liberalen Staatsauffassung und des Individualismus in der Erwartung, daß eine deutsche Selbstbesinnung den Weg zu einem echten Volksstaate bahnen werde" (a.a.O., S. 8). Der für „die verspätete Nation" Deutschland (Plessner 1974) kennzeichnende Gegensatz von Gemeinschaft und Gesellschaft bildet bei beiden der politikgeschichtliche Ausgangspunkt ihrer pädagogischen Konzepte. Sie verwerfen die französische Tradition einer nationalen, bürgerlichen Gesellschaft, in der die Ratio zur Grundlage der Einheit und zum Mittel sowohl der Befreiung von politischer Herrschaft und Bevormundung als auch der sozialen Gestaltung erhoben wird. Statt dessen wählen sie als soziale Organisationsform den organologisch gedachten Gemeinschafts- und Reichsgedanken (des Heiligen Römischen Reiches Deutscher Nation). Die kleinste Sozialformation des „volksorganischen Denkens" ist die Familie, von der Otto und Peter-

sen ausgehen. Otto macht das Tischgespräch und das Lexikon im Bücher-
schrank der bürgerlichen Familie zum Grundmodell des Gesamtunterrichts,
Petersen die Wohnstube und das Miteinander der Geschwisterschar.
3. **Die Befriedigung natürlicher Lebensbedürfnisse,** z.B. des Essens, Beklei-
dens, Wohnens, der Gesundheit, des Verkehrs und der Geselligkeit, bilden
bei Johannes Kretschmann, einem Schüler von Berthold Otto, Grundlage
des „Natürlichen Unterrichts" (1948). Eine Hilfe, die geleistet, oder eine
Not, die behoben werden muß, geben den Anlaß. Diese Art von Vorhaben
sind unterrichtlich zu bewerkstelligende Antworten auf einen tatsächlichen
Lebensbedarf und weniger ein Mittel, um Fertigkeiten zu erlernen.
4. **Die dezentrale, republikanisch-föderative Selbstverwaltung,** anstelle
von Zentralismus und totalitärer Staatsideologie, bildet bei Adolf Reichwein
die politische Legitimationsgrundlage der unterrichtlichen Vorhaben. Die
einklassige Dorfschule in Tiefensee, an die er sich 1933 nach seiner Entlas-
sung aus dem Hochschuldienst versetzen ließ, machte er zur Werkstatt. Von
hier aus wurde zu Erkundungen außerhalb der Schulstube und zu Fahrten
ausgezogen, die die Lebensgemeinschaft von Schülern und Lehrer zu einem
„Schaffendem Schulvolk" (1937) formten.
Die politische Kultur, der Reichwein verpflichtet war, und seine außerschulischen Lebens- und Berufserfahrungen bilden den biographischen Hintergrund. Reichwein war Sohn eines hessischen Dorfschullehrers. Aus dem
1. Weltkrieg kehrte er schwer verwundet und überzeugt vom Widersinn des
Krieges zurück. Die Wandervogelbewegung, der er angehörte, suchte er politisch zu aktivieren. Als Marburger Student führte er 1921 im Taunus das
erste Lager mit Arbeitern, Bauern und Studenten durch, um Klassengegen-
sätze und den Gegensatz von Hand- und Kopfarbeit zu überwinden. Als
Leiter des Volkshochschulheimes der Jenaer Zeiß-Werke setzte er in der Erwachsenenbildung mit Arbeitern diese Formen gemeinsamen sozialen und
politischen Handelns und Lebens fort. Später hatte er Verbindung mit dem
Boberhaus, dem Volkshochschulheim der Schlesischen Jungmannschaft von
Hans Dehmel. Diese hatte schon früher Expeditionen zur Dorferkundung
auf dem Balkan und Studienreisen zum Arbeitsdienst der revolutionären
Bauerndiktatur von Stambulijski in Bulgarien durchgeführt (vgl. Greiff u.a.)
mit dem Ziel der Verständigung zwischen Völkern, zwischen Stadt und
Land, Kopf- und Handarbeitern. 1926 bekam er ein Forschungsstipendium
für wirtschaftsgeographische Studien in den USA. Zwei Jahre lang erkundete
er als „Aussteiger", wie man heute sagen würde, die USA, Alaska, Japan,
China und Mexico und schlug sich als Tramper, Landarbeiter, Pelzjäger und
Holzfäller, als Matrose und Junior Officer durch. 1928 wurde er persönlicher Referent des preußischen Kultusministers C.H. Becker und 1930 Professor für Geschichte und Staatsbürgerkunde an der Pädagogischen Akade-
mie in Halle a.d. Saale. Als Mitglied des „Kreisauer Kreises" von Helmuth
Graf von Moltke wurde er 1944 bei der Kontaktaufnahme zur kommuni-
stischen Widerstandsgruppe gegen das 3. Reich verhaftet und noch im Oktober hingerichtet.
5. **Auf die Industrialisierung** antworten drei Formen der Arbeitsschule.
a) Angesichts arbeitsteiliger und großindustrieller Massenproduktion
suchte Georg Kerschensteiner mit der Arbeitsschule (1911) die vorindustrielle Produktionsform zu erneuern. Selbst da, wo er sich nach seiner Vor-
tragsreise durch die USA im Jahre 1910 auf John Dewey beruft, hatte er ihn

nicht begriffen. Denn für Kerschensteiner ist die Werkstatt des Handwerkers
das schulisch nachzuahmende Integrationsmodell für die restaurativ-romantische Erziehung der „großen Volksmassen . . . zu fleißiger, gewissenhaf-
ter, gründlicher, sauberer Arbeit, in der stetigen Gewöhnung zu unbeding-
tem Gehorsam und treuer Pflichterfüllung und in der autoritativen unab-
lässigen Anleitung zum Ausüben der Dienstgefälligkeit" (Kerschensteiner
1931, S. 35).

b)   Die Produktionsschule von Paul Oestreich, der vom Sozialliberalismus
Friedrich Naumanns beeinflußt war, und des von ihm 1919 gegründeten
sozialistischen Bundes der Entschiedenen Schulreformer, war als eine „Elastische Einheitsschule" (1931) gedacht. Sie ist eine Ganztagsschule und
Schulsiedlung am Stadtrand mit Gärtnerei, Viehhaltung und Werkstätten.
Innerhalb dieser Wirtschaftsbetriebe soll gelernt und die Trennung in Kopf-
und Handarbeit aufgehoben werden. Der Produktionsbegriff verlor aber
seine ursprünglich ökonomische Fassung. Übrig blieb das schaffende Tätig-
sein im Rahmen der Lebensgemeinschaft einer Gemeinschaftsschule.

c)   Demgegenüber orientierte der Russe Pawel Petrowitsch Blonskij die
Produktionsschule (1921/28) an der polit-ökonomischen Organisation
industrieller Produktion. In ihr ist die treibende Kraft nicht das Kapital
oder der einzelne Arbeiter, der Werkzeuge benutzt, sondern die gesellschaftlich vermittelte Organisation der Naturaneignung und -kraft, die Industrie-
maschinen antreibt. Im Sinne marxistischer polytechnischer Bildung wird
die Produktionsschule zum Ort der Arbeitserziehung und Arbeitsbildung.

Politik-soziologische Voraussetzungen des Projektunterrichts
Im Jahre 1928 erläuterte William Heard Kilpatrick deutschen Lehrern die
politik-soziologischen Voraussetzungen der „Philosophie der amerikanischen Erziehung" (1928).

Erstens das Leben auf der Grenze in der Pionierzeit. In der Pionierzeit
ergab sich für die Einwanderer „die Notwendigkeit, eine Wildnis ihren
eigenen Bedingungen gemäß zu bezwingen. Für diesen Zweck reichte die
europäische Überlieferung nicht aus. Neue Wege mußten gefunden werden.
Stärkste persönliche Selbstbestimmung war notwendig, Verlaß auf sich
selbst und auf das Zusammenwirken kleiner Gruppen" (a.a.O., S. 136).

Zweitens die Einwanderungswelle in der zweiten Hälfte des 19. Jahrhunderts. „Ströme fremder Einwanderung brachen herein von vielen verschiedenen Richtungen, die alte Gleichmäßigkeit des Äußeren zerstörend
und ein neues Bedürfnis nach gesellschaftlicher Integration weckend"
(a.a.O., S. 137).

Drittens Industrie- und Wissenschaftsaufschwung. „Die Industrialisierung kam beinahe wie eine Flut, mit einer noch nie dagewesenen Massenproduktion. Ein allgemeiner Glauben an wissenschaftliches Denken hat sich
über das ganze Land ausgebreitet, teils als Ursache und teilweise als Folge
der Industrialisierung" (a.a.O.).

„Alles hat zusammengewirkt, um alte Volkswege zu verändern und traditionelle Betrachtungsweisen in Frage zu stellen" (a.a.O.). Die sich daraus
ergebenden „zunehmenden Veränderungen im sozialen Leben (machen) es
mehr und mehr unmöglich, Erziehung zu gestalten, ausgehend von der alten
Grundlage der besonderen Vorbereitung für vorausbestimmbare Lebensverhältnisse. Die Zukunft ist unbekannt. Wir von der älteren Generation müssen

das Fehlen einer zureichenden Voraussicht eingestehen und die heran-
wachsende Generation irgendwie vorbereiten, ihre eigenen Probleme in Angriff zu nehmen, sobald sie auftauchen" (a.a.O., S. 138).

Für den darum notwendigen Wandel der Schul- und Unterrichtsform
galt als beispielhafter Vorreiter die 1896 von John Dewey und seiner Frau
gegründete Laborschule und die Entwicklung des Projektunterrichts. Die
Laborschule war der Fakultät für Philosophie, Psychologie und Pädagogik
der kurz vorher errichteten Universität von Chicago angeschlossen, die sich
besonders um gemeinde- und stadtsoziologische Forschung verdient gemacht hat. Die wissenschaftstheoretisch neuartige Grundlage der Laborschule war der Funktionalismus des Chicago-Pragmatismus von John Dewey und
George Herbert Mead. Auf ihn baute auch die Didaktische Konzeption des
Projektunterrichts auf, die Deweys späterer New Yorker Kollege Kilpatrick
im Jahre 1918 veröffentlichte. „Solch eine Umstellung", erklärte Kilpatrick
in seinem bereits zitierten Vortrag vor deutschen Lehrern, „ist zu vergleichen dem Wandel von der ptolemäischen zur kopernikanischen Weltauffas-
sung. Der Mittelpunkt der Auffassung ist vom Fach verlegt auf das Leben,
von Untätigkeit auf dynamisches Leben und Wiedererleben" (S. 142).

Gemeinsamkeiten und Unterschiede

zwischen den europäisch-nationalen und den nordamerikanisch-kontinenta-
len Schul- und Unterrichtsmodellen können jetzt benannt werden.

Allen gemeinsam ist, daß sie auf den Wandel im Produktions-, Distri-
butions- und Konsumtionsbereich reagieren. Indem dabei aber auf die Überlieferung des je besonderen politikgeschichtlichen Milieus zurückgegriffen
wird, um in Schule und Unterricht Herrschaft und Organisation zu legiti-
mieren und auszuarbeiten, ergeben sich bedeutsame Unterschiede.

Restaurativ-romantisch ist Kerschensteiners Arbeitsschule, mit der er
eine vorindustrielle Idylle in das Industriezeitalter zu transformieren sucht.
Reaktionär ist sein Begriff der staatsbürgerlichen Erziehung, der die freiheit-
liche Errungenschaft des Bürgertums ignoriert und nicht zwischen Staat und
Gesellschaft trennt.

Frühsozialistisch-romantisch ist das organologische Organisationsmuster
der Produktionsschule von Paul Oestreich und des Bundes der Entschiedenen Schulreformer.

In der Organisations- und Legitimationsfrage fortgeschrittener ist die
„Demokratische Pädagogik" (Gansberg) der Bremer und Hamburger Schulreformer, die sich an der gewerkschaftlich und sozialdemokratisch organisierten Arbeiterbewegung orientieren.

Im Gegensatz zum gesellschaftlichen Entwicklungsniveau bürgerlich-
inidvidualistischer Vorstellungen stehen Berthold Otto und seine Hauslehrerschule, aber auch Peter Petersen mit dem Jena-Plan. Was sich seit dem 16.
Jahrhundert in den Bürgerrevolutionen Westeuropas als politische Organisationsform durchgesetzt hat, wird abgelehnt. Von Gesellschaft, Demokratie,
Parlamentarismus, Individualismus und Rationalismus will man nichts
wissen. Sie gehören zur bürgerlichen Nation, die man nicht will, wie umgekehrt die organologische Idee der Volksgemeinschaft, der Gefolgschaftstreue
und des absoluten Geistes zum Reichsgedanken gehören, den man in Erinnerung an das vergangene Heilige Römische Reich Deutscher Nation zu restau-
rieren trachtet. Dieses politikgeschichtliche Milieu ist bei aller Progressivi-

tät in einzelnen Punkten letztlich kleinbürgerlich und restaurativ bis reaktionär

Romantisch-organologische Legitimationen bestimmen den ,,Natür-
lichen Unterricht'' von Johannes Kretschmann. Die natürlichen Bedürfnisse, von denen er ausgeht, werden nicht als geschichtlich und gesellschaftlich Vermittelte gesehen.

Die unter den Bedingungen des politikgeschichtlichen Milieus der
Oktoberrevolution in der Sowjetunion von Blonskij entwickelte Produktionsschule geht von der Vergesellschaftung von Kapital und Arbeit aus. Gegenüber den realsozialistischen Produktionsverhältnissen dieser frühen
Phase wendet er das emanzipatorisch-aufklärerische Prinzip nicht mehr
gegen die Produktionsschule selber an und gefährdet sie durch seinen un-
dialektischen Gebrauch.

Der von Adolf Reichwein unter den erschwerten Bedingungen des 3.
Reiches unternommene Versuch des ,,Schaffenden Schulvolkes'' greift noch
am weitesten in eine unbestimmte Zukunft und sucht sie bestimmbar zu
machen. Wäre Reichwein nicht mit 46 Jahren hingerichtet worden, so wäre
von ihm am ehesten zu erwarten gewesen, durch die Weiterentwicklung
der Vorhaben den Projektunterricht in das deutsche politik-geschichtliche
Milieu zu übersetzen.

Die bürger- und menschenrechtliche Legitimation des Projektunterrichts

Sein besonderes Profil gewinnt der Projektunterricht aus der politik-soziologischen Tradition, die das Gemeinwesen radikal vom Individuum her denkt.
Dabei erheben die Individuen den libertär-sozialistischen Anspruch, die Gestaltung ihrer kulturellen, sozialen, politischen und ökonomischen Verhältnisse selber und in gegenseitiger Hilfe in die Hand zu nehmen. Mit dem
traditionellen Politikverständnis des Abendlandes wird gebrochen und
zwischen Staat und Gesellschaft getrennt. Die Rechte der Gesellschaft werden im Gegensatz zur potestas des Staates und der Staatskirche bestimmt.
Aus Untertanen und Unmündigen, welche in anderen Ländern durch staats-
bürgerliche Erziehung unterworfen oder zumindest angepaßt werden, werden im Projektunterricht Gesellschaftsmitglieder, die durch wechselseitige
Absprache und Verpflichtung ihre Verhältnisse und Beziehungen selber regeln. Ihre Verkehrsform ist nicht die Anordnung von oben, sondern der frei
vereinbarte Vertrag bürgerlichen Rechts. Darum wird im Projektunterricht
noch heute oft zwischen Schülern und Lehrer ein Projektvertrag abgeschlossen. Dieser Paradigmawechsel in der politischen Legitimation war in Europa
schon längst vorgedacht, bevor es zu nennenswerten Einwanderungen in den
USA kam. Die Auswanderung war in vielen Fällen eine Folge des Paradigmawechsels, weil oft nicht nur seine radikale Form an den politischen Gewalt-
verhältnissen in Europa scheiterte. Es waren der niederländische Befreiungs-
kampf um nationale Souveränität für den freien Handel und gegen die
spanische Herrschaft im 16. und erst recht die englische Revolution im 17.
Jahrundert, die neue Kriterien und Maßstäbe der politischen Repräsentation
und Legitimation setzten (vgl. Saage 1981). Die Teile der Cromwellschen
Revolutionsarmee und der True Leveller, die sich Diggers nannten, griffen
dabei am weitesten in die Zukunft, denn sie erhoben auch den Land- und
Besitzlosen zum Rechtssubjekt der bürgerlichen Freiheiten und Verkehrsformen. Unter Berufung auf die natürlichen und unveräußerlichen Geburts-

rechte eines jeden Menschen forderten sie Rechtsverhältnisse, die einem jeden die ungehinderte politische und wirtschaftliche Beteiligung sowie Glaubens- und Gewissenfreiheit zugestehen (vgl. Winstanley).

In diesem politikgeschichtlichen Milieu, das in Amerika durch Einwanderer zur Grundlage der gesellschaftlichen Organisation von Herrschaft und Gewalt erhoben worden war, wurzelt der Projektunterricht.

Dieser radikale politiktheoretische Unterschied zwischen der Projektpädagogik in Schule, Hochschule und Gemeinwesen und den anderen reformpädagogischen Ansätzen erklärt aber auch noch anderes.

Erstens erklärt er, warum Dewey und Kilpatrick von den meisten Re-
formpädagogen und insbesondere von der deutschen geisteswissenschaft-
lichen Pädagogik mißverstanden wurden. Lediglich Rudolf Prantl hat in
seiner 1925 posthum veröffentlichten, unvollendeten Habilitation über
„Dewey als Pädagoge" diesen Unterschied klar gesehen. Von einer neu-
deutschen und römisch-katholischen Position herkommend, kritisiert
er das Verhältnis von Individuum und Gesellschaft in der „Diesseitspädagogik" von Dewey. „Dem Christen ist der diesseitige Staat die Vorstufe zum
Allstaat der Gesamtmenschheit. Dem Christen gibt die Bibel die befriedigende Antwort auf die Frage nach dem Zweck des Individuums und der
Gesellschaft (S. 600). Der „Diesseitspädagogik" von Dewey stellt Prantl
die „Jenseitspädagogik" (S. 600) gegenüber. Denn sonst „geht der Hoch-
wert der Ethik verloren. Die Ethik ist denn auch . . . bei Dewey durch die
Soziologie verdrängt . . . Es gibt kein eigentliches Gutes, sondern nur ein
Nützliches, ein ‚wohlverstandenes Sozial-Interesse' erklärt Prantl (S. 601)[1].

Zweitens erklärt der politiktheoretische Unterschied, warum die nati-
onal-liberale und großbürgerliche Pädagogik die methodischen Aspekte des
Projektunterrichts aufgegriffen, seine politisch-didaktischen Implikationen
aber vernachlässigt hat. Darum war in Deutschland noch bis 1975 der Ge-
schichtsabriß des Projektunterrichts von Nelson L. Bossing (dt. 1952) be-
stimmend, den er 1942 für das Kriegsministerium der USA geschrieben hatte. Danach gehört der Projektunterricht zu den „Progressive Methods of
Teaching" (so der Originaltitel von 1942). Durch diese Verkürzung wird er
der innovativen Qualität seiner politischen Legitimation beraubt.

Drittens erklärt der politiktheoretische Unterschied, warum nicht die
deutsche Reformpädagogik, sondern die Projektpädagogik und mit ihr der
Projektunterricht im letzten Viertel dieses Jahrhunderts in der Bundesrepublik eine Renaissance erleben. Zugleich ergibt sich daraus aber die Notwendigkeit, die Projektpädagogik auf dem veränderten Niveau des politischen und wissenschaftlichen Bewußtseins der Gegenwart weiter zu entwickeln.

Säkularisierungsschub und wissenschaftstheoretischer Paradigmawechsel
Wenn die Sozialordnung auf der Grundlage von Natur- und Menschen-

---

1) Noch heute ist im deutschsprachigen Raum die Habilitation von Prantl die beste
Darstellung und Analyse von Dewey, weil er von der festen Position der römisch-
katholischen Soziallehre her die Unterschiede klar herausstellen konnte und nicht dem
Zwang zur modernistischen Anpassung unterlag. Dieser „Konservatismus" (Prantl
1925, S. 630) sieht in einer „klar schauenden Staatspädagogik den Hebel", um den
„Individualismus In Deutschland" zu bändigen. Er hält der Pädagogik von Dewey vor:
„Das Familienleben wird profaniert, indem ihm das abgenommen wird, was spezifisch
familiär ist, war und stets sein wird. Wenn die Familie ethisch nicht mehr das leistet,
was sie sollte, so ist es in erster Linie nicht Aufgabe der Schule, ersetzend einzusprin-
gen, sondern Sache einer Staatspädagogik, der Familie die Erfüllung ihrer heiligsten
Pflichten zu ermöglichen" (a.a.O., S. 623)

rechten der einzelnen Person vertragsrechtlich (kontraktualistisch) gestaltet wird, dann bewirkt das auch einen Säkularisierungsschub gegenüber den traditionellen religiösen oder sonstigen ontischen Ordnungsvorstellungen. John Dewey hat daraus die wissenschaftstheoretischen Folgerungen gezogen und wurde dadurch zum Begründer des Chicago-Pragmatismus (vgl. Rucker 1969). Zwei Aufsätze aus dem Jahre 1894/95 und 1896 legten den Grundstein. Dewey kritisierte darin den religiösen und philosophischen Dualismus von guten und bösen Weltwesen, von Geist und Materie, von Denken und Handeln, von Herr und Knecht. Ein Beispiel für das dualisitsche Denken in den Wissenschaften war für ihn das Denkmodell des Reflexbogens von Reiz und Reaktion bei William James, in dem die Faktoren Reiz und Reaktion zeitlich und kausal getrennt werden und ihre Verknüpfung durch das Bild vom Bogen nicht hinreichend erklärt werden kann. Die Vorstellung vom Bogen ersetzt Dewey durch das Kreislaufmodell der ständigen, wechselseitigen Definition und Koordination von Organismus und Umwelt. Dieser funktionalistisch verstandene Interaktionsprozeß zwischen Organismus und Umwelt „kann gleichermaßen als immer genauere Definition des Reizes wie als immer bessere Anpassung der Reaktion beschrieben werden; beide bedingen einander. Reiz ist alles, was eine neue Definition und Koordination der Situation notwendig macht, und Reaktion alles, was zu dieser Koordination beiträgt" (Raiser 1971, S. 53).

Diesem wissenschaftstheoretischen Paradigmawechsel ist Dewey sein Leben lang treu geblieben. 1925 erklärt er in „Experience and Natur" (Dewey 1958, S. 435, eigene Übersetzung):

„Wenn der Mensch klar und angemessen begriffen hat, daß er in einer Umwelt lebt und an ihren Interaktionen teilhat, dann erkennt er, daß die Trennungslinie nicht zwischen Handeln und Denken oder Handeln und Urteilen zu ziehen ist, sondern zwischen blindem, sklavischem, bedeutungslosem Handeln und einem solchen, das frei, bedeutsam, gesteuert und verantwortlich geschieht. Wissen ist dann, wie das Wachsen einer Pflanze und die Bewegung der Erde, das Ergebnis einer Interaktion; aber es ist ein Ergebnis, das andere Arten von klarer, wichtiger, wertvoller und gekonnter Steuerung vermittelt, indem Ursachen in Mittel und Wirkungen in Folgen übertragen werden."

Funktionalistischer Ansatz der Unterrichts- und Schultheorie

Mit Hilfe dieses Kreislaufmodells erklärt Dewey, was lernen ist. „Wenn wir etwas erfahren, so wirken wir auf dieses Etwas zugleich ein, so tun wir etwas damit, um dann die Folgen unseres Tuns zu erleiden. Wir wirken auf den Gegenstand ein, und der Gegenstand wirkt auf uns zurück . . . Je enger diese beiden Seiten der Erfahrung miteinander verflochten sind, umso größer wird ihr Wert. Bloße Betätigung stellt noch keine Erfahrung dar . . . Wenn eine Betätigung hineinverfolgt wird in ihre Folgen, wenn die durch unser Handeln hervorgebrachte Veränderung zurückwirkt, dann gewinnt die bloße Abänderung Sinn und Bedeutung, dann lernen wir etwas" (Dewey 1949, S. 186). Die Schule muß darum so organisiert werden, daß das Kind in ihr ein „Gemeinwesen im Kleinen, eine Gesellschaft wie im Keim" (miniature community, an embryonic society, Dewey 1969, S. 18) wiederfindet. Dann kann es seine außerschulischen Erfahrungen einbringen, prüfen, revidieren und das Gelernte in seiner außerschulischen, alltäglichen Lebenswelt unmittelbar gebrauchen.

Im Zentrum des Projektunterrichts stehen darum Probleme, die sich daraus ergeben, daß Situationen neu gedeutet (definiert) und vernetzt (koordiniert) werden müssen, damit erneutes Handeln gelingt. Darum kann Dewey 1931 in der Inglis-Vorlesung von der „Projekt-, Problem- oder Situations-Methode" sprechen (Dewey 1935, S. 97). Im funktionalistischen Begründungszusammenhang von Dewey ergeben sich Probleme nicht aus dem metaphysischen Dualismus von Gut und Böse oder aus dem idealistisch gefaßten Widerspruch zwischen Idee und Wirklichkeit. Für den Chicago-Pragmatismus haben Probleme ihren Sitz im Leben, wo und weil die gewohnte Handlung „zusammenbricht" (Rucker 1969, S. 32). Dann „verliert der Bezugsrahmen der Handlung seine Gültigkeit. Solange die Handlung störungsfrei verläuft, gibt es keine Frage nach der Objektivität der beteiligten Gegenstände. Sie werden aber fragwürdig, wenn die auf sie gerichteten gewohnten Reaktionen versagen und nicht mehr die gewünschten Ergebnisse bringen" (a.a.O., eigene Übersetzung).

Projektunterricht ist also problemformulierendes und problemlösendes Handeln

Projektunterricht als herzhaftes, planvolles Handeln

Bis es zu der eben genannten Definition der Projektpädagogik kam, war es ein langer Weg. Im Jahre 1900 tauchte in den USA zum ersten Mal die Bezeichnung „Projekt" für eine Unterrichtseinheit des Werkunterrichts auf. Acht Jahre später gab es im landwirtschaftlichen Berufsschulwesen der USA das „homeproject", in dem auf dem eigenen Hof das erprobt wurde, was in der Schule gelehrt worden war.

Mit der dreigliedrigen Definition des Projektes im Jahre 1918 eröffnete William Heard Kilpatrick eine kontrovers geführte Debatte. Der Projektunterricht ist, „planvolles Handeln von ganzem Herzen, das in einer sozialen Umgebung stattfindet" (Kilpatrick 1935, S. 163).

Mit dem Hinweis auf geplantes Handeln verweist Kilpatrick auf das politikgeschichtliche Milieu der unveräußerlichen Natur- und Menschenrechte des Schülers, selber tätig zu sein und gerade an und in schwierigen, blockierten oder zusammengebrochenen Handlungen zu lernen, die Handlungssituation neu zu deuten (Deutungswissen) und ihre Vollzüge neu zu koordinieren (Orientierungswissen). Im Gegensatz zum „Dahintreiben" ist planvolles Handeln für Kilpatrick (1935, S. 165) „die typische Einheit des wertvollen Lebens in einer demokratischen Gesellschaft". Sie sollte darum „auch zur typischen Einheit des Schulverfahrens gemacht werden". Um Kin-

der auf eine unbestimmte Zukunft vorzubereiten und dabei gleichzeitig ihr
gegenwärtiges Leben zu berücksichtigen, müssen sie lernen, ihr Handeln sowohl jetzt und hier als auch dann und dort methodisch und systematisch zu
kontrollieren. „Die auf planvolles Handeln gegründete Erziehung bereitet am
besten auf das Leben vor, während sie zur gleichen Zeit das gegenwärtige
wertvolle Leben selbst bildet" (S. 166).

Der sich aus dem Wechselverhältnis von Organismus und Umwelt er-
gebende Sozialbezug („ . . . in einer sozialen Umgebung") schließt nicht nur
das Handlungsumfeld ein, in dem die Schüler sich bewegen, sondern auch
ihren Lehrer. Untereinander und mit ihm schließen sie einen Projektvertrag[2]. Ihm geht der Diskurs und die Konsensfindung voraus. Diese Sozialbindung des Handelns besteht selbst dort noch, wo der Projektvertrag zwischen nur einem Schüler und dem Lehrer abgeschlossen wird, wie im Dal-
tonplan bei Helen Parkhurst (1922). Die Sozialbindung verweist außerdem
darauf, daß Natur und soziale Welt keine ahistorischen und ontischen Vor-
gegebenheiten sind, so daß der Schüler nur zu lernen hätte, sich ihnen zu
unterwerfen oder sie sich beliebig anzueignen. Vielmehr wird ihre Definition und Aneignung gesellschaftlich vermittelt und ist sozial zu verantwor-
ten. Sie sind einerseits veränderbar und leisten andererseits jedem Handeln
Widerstand, das sie zu verändern sucht.

Mit dem Bestimmungsmerkmal, „von ganzem Herzen" zu handeln, spricht
Kilpatrick nicht nur die intrinsische Motivation des Schülers an, sondern
auch die Kritierien und Funktionen einer nicht moralischen Moral. Projektunterricht ist nach allem, was bisher über ihn gesagt wurde, nicht die
Transformation privatwirtschaftlicher Konkurrenzverhältnisse in die Schule,
sondern seine Moral ist eine Funktion verantwortlichen und vernünftigen
Handelns. Das aber kann von ganzem Herzen als wertvolles Leben bejaht
werden.

Auseinandersetzung um die politischen Implikationen

Kilpatricks Definition löste einen heftigen Streit aus. Die Gegenseite ließ nur
die methodischen Aspekte der Projekt-Methode gelten und lehnte den Anspruch der politischen Philosophie ab. Kilpatrick hat dann Anfang der vier-
ziger Jahre sich der Sozialarbeit zugewandt.

John Dewey dagegen wurde gerade wegen der politischen Implikationen
des Projektunterrichts von der frühsowjetischen Reformpädagogik geschätzt.
Nur ging er ihr darin nicht weit genug, weil er dem Individuum verhaftet
blieb. Darum hat die Frau Lenins, Nadeshda Konstantinowa Krupskaja, an
die Stelle individueller Planung und Arbeit das Kollektiv gesetzt. Im Schuljahr 1930/31 wurde sogar der gesamte Schulunterricht in der Sowjetunion
auf Projektunterricht umgestellt. Schon im nächsten Schuljahr wurde dieser
Beschluß zurückgenommen. Die Begründung des Zentralkomitees der
KPDSU läßt erkennen, wie politisch der Projektunterricht ist. Er hätte zu
einer „Zerstörung der Schule" geführt, weil er „auf der anti-leninistischen
Theorie vom ‚Absterben der Schule' beruht" (Krupskaja 1971, S. 414, An-
hang d.Hg.). Im Klartext heißt das: Die zentrale und staatliche Kontrolle

2) Muster solcher Projektverträge in Suin 1973, S. 119 f.; Suin 1976, S. 152; Suin
1983, S. 398. An den angeführten Stellen auch Hinweise auf Projekt-Planungsentwürfe,
Projekt-Tagebücher, Projekt-Erfahrungsbericht und Projekt-Ausweise.

der Entstehung und Verteilung von Wissen ist nicht gewährleistet, wenn die bürgerliche Errungenschaft der Trennung von Staat und Gesellschaft zur Grundlage von Schule und Unterricht erhoben wird. Schüler und Lehrer kommen dabei auf nicht nur politisch abweichende Gedanken.

Neudefinition der Projektpädagogik

Die Renaissance des Projektunterrichts konnte an die Definition von W.H. Kilpatrick anknüpfen und sie reformulieren. Die Projektpädagogik lehrt problemformulierendes und problemlösendes Handeln. Diese Neudefinition verändert die bisherigen Unterrichtsziele und -verfahren von Grund auf und vermittelt der pädagogischen Forschung neue Impulse. Im Projektunterricht geht man von der natürlichen und unveräußerlichen Kompetenz eines jeden gesundgeborenen Individuums aus zu handeln. Diese angeborene Handlungskompetenz wird unterrichtlich ausgebildet zu Kapazitäten der Planung, der Durchführung, der Kundgabe und der Wissensapperzeption. Der Schüler lernt
durch Vollzüge (Performanz), sein Handeln zu planen, indem die Handlung als bereits abgelaufen vorgestellt (antizipiert) wird und wohl abgegrenzte Einheiten, Figuren und Schritte ihres Ablaufes festgestellt werden. Er lernt durch Vollzüge, Handlungen in einer tatsächlichen empirischen Umwelt durchzuführen. Er lernt, über gelungene oder mißlungene Handlungen zu berichten. Und schließlich lernt er, das neu erworbene Wissen in den bisher vorhandenen Wissensbestand zu integrieren, was zu seiner Revision Anlaß geben kann[3].

Verunsicherung der Lehrer

Viele Lehrer sind verunsichert, wenn sie Projektunterricht machen sollen. Manche behaupten, im Projektunterricht lernen die Schüler nichts oder zu wenig, zu langsam und zu zeitaufwendig. Das stimmt, weil es vieles gibt, was in einem Paukkursus schneller gelernt werden kann. Der eigentliche Grund für die Unsicherheit ist aber ein politischer und ein wissenschaftlicher.

Für deutsche politische Verhältnisse sind die Vorstellungen noch zu jung, Schule und Unterricht von den Natürlichen und Menschenrechten des Individuums in einer Gesellschaft her zu denken und zu organisieren. Der Lehrer ist darin ungeübt und wenn er sich nach den Menschenrechten richtet, muß er sich ängstigen, als politisch abweichend verdächtigt zu werden. Traditionell ausgebildete Lehrer und auch ihre Ausbilder wissen nichts oder viel zu wenig über die wissenschaftstheoretische Grundlegung des Projektunterrichts bei John Dewey, aber auch bei dem Philosophen und Soziologen George Herbert Mead und seinem Identitätskonzept. Dasselbe gilt auch für die über den Chicago-Pragmatismus hinausgehenden Ansätze der neueren Wissenssoziologie und der Phänomenologischen Soziologie (vgl. Suin 1975). Mit Projektunterricht wird Lehrern zugemutet zu lehren, was sie weder gelernt noch selber als Schüler erfahren haben.

Trotzdem könnte der Projektunterricht gesellschaftspolitische Bedeutung gewinnen, weil er nicht nur den engen Zusammenhang von Ausbil-

---

3) Vgl. hierzu die „Heurisitische Matrix für eine Strategie zur Ausbildung der Kapazität sozialer Handlungsperformanz durch Projektunterricht" bei Suin 1975, S. 360.

Projektir öffnen der Schüle

dungs- und Beschäftigungssystem berücksichtigt, sondern zusätzlich kann im Projektunterricht gelernt werden, die Zeit außerhalb bezahlter Arbeit selbstbestimmt und planvoll zu gestalten, wenn es künftig mehr Arbeit gibt, als bezahlt werden kann, und wenn die sozial verfügbare freie Zeit größer wird. Der Projektunterricht leitet an, die destruktiven, demoralisierenden, Apathie und Lethargie verursachenden Wirkungen von Konsumterror, Arbeitslosigkeit und Frührentnerdasein zu überwinden (vgl. Suin 1984).

Außerschulische Projektpädagogik

Theorie und Praxis der Projektpädagogik sind heute längst nicht mehr auf den Schulunterricht beschränkt. Als Projektstudium haben sie seit den „Materialien zum Projektstudium" der Bundesassistentenkonferenz von 1973 in den Hochschulen, besonders den Fachhochschulen für Sozialwesen, Eingang gefunden. Aus diesem Bereich stammt ein praktisches Handbuch der Niederländer Dick de Bie und Cees Louwerse (1977).

Unter der Bezeichnung Projektarbeit wird in der Erwachsenenbildung, bei Bürgerinitiativen (vgl. Suin 1979a; hier auch eine Grammatik der Projektarbeit) und in selbstorganisierten Netzwerken (vgl. Suin 1977 ff.) das Handeln pädagogisch organisiert. Dabei werden überlieferungsgeschichtliche Zusammenhänge freigelegt, die über Comenius und die Böhmische Brüderunität (vgl. Suin 1980) zurückverweisen auf die Grundkultur, die sich im Alten Testament gegen die Gegenkultur des zentralistischen Königtums wehrt (vgl. Suin 1979b und Suin 1984, S. 149 – 156).

Literatur

Bie, Dick de und Louwerse, Cees, (1972 holländisch) 1977 dt, Projektorientierung im pädagogischen und sozialen Feld. Freiburg
Blonskij, Pawel Petrowitsch, 1921/28, Die Arbeitsschule, Bd. 1/1921, Bd. 2/1928. Berlin
Bossing, Nelson L., 1942, Progressive Methods of Teaching. In: War Department Education Manual. EM 932, Vol. 2, S. 555 ff. Boston: Mifflin.
(dt. 1952), 1967, Die Projekt-Methode. In: Geissler, Georg. Hg., Das Problem der Unterrichtsmethode, S. 115-143. Weinheim
Bundesassistentenkonferenz, Hg., 1973, Materialien zum Projektstudium. Bonn
Dewey, John, (1900) 1969, The School and Society. Phoenix Edition, Chicago, London: The University of Chicago Press
— 1916, Democracy and Education. New York: Macmillan, (dt. 1930) 1965^3, Demokratie und Erziehung. Hamburg
— (1925), Experience and Natur. Chicago, London. 1958^2 New York: Dover
— (1931) dt. 1935, Der Ausweg aus dem pädagogischen Wirrwar. In: Dewey/Kilpatrick, 1935, S. 85-101.
Dewey, John und Kilpatrick, William Heard, 1935, Der Projektplan. Grundlegung und Praxis. Eine von Peter Petersen besorgte Auswahl. Weimar.
Gansberg, Fritz, 1911, Demokratische Pädagogik. Ein Weckruf zur Selbstbetätigung im Unterricht. Leipzig
Greiff, Walter u.a., Hg., 1970, Gespräch und Aktion in Gruppe und Gesellschaft 1919-1969. Freundesgabe für Hans Dehmel. Frankfurt: dipa-Verlag
Kurt Werner Hesse
Kerschensteiner, Georg, (1901) 1919^4, 1931, Der Begriff der staatsbürgerlichen Erziehung. Leipzig, Berlin

— (1911) 1959[13], Begriff der Arbeitsschule. Stuttgart
Kilpatrick, William Heard, 1918, (in: Teachers College Record, Vol. XIX,
No. 4, Sept. 1981), dt. 1935, Die Projekt-Methode. Die Anwendung des
zweckvollen Handelns im pädagogischen Prozeß. In: Dewey/Kilpatrick,
1935, S. 161-179
— 1928, Philosophie der amerikanischen Erziehung. In: Päd. Zentralblatt,
8. Jg., 1928, S. 578-587, Langensalza; und in: Röhrs, Hermann, Hg., 1965,
Die Reformpädagogik des Auslandes, S. 136-144. Düsseldorf
Kretschmann, Johannes und Haase, Otto, 1948, Natürlicher Unterricht.
Wolfenbüttel, Hannover
Krupskaja, Nadeshda Konstantinowa, 1971, Sozialistische Pädagogik.
Bd. 2. Berlin-Ost
Odenbach, Karl, (1961) 1970[4], Studien zur Didaktik der Gegenwart. Braun-
schweig
Oestreich, Paul, 1931, Die elastische Einheitsschule. Lebens- und Pro-
duktionsschule. Berlin
Otto, Berthold, 1913, Gesamtunterricht. Berlin
— , Hg., 1901-1933, Der Hauslehrer. Wochenschrift für den geistigen Ver-
kehr mit Kindern.
Parkhurst, Helen, 1922, Education on the Dalton Plan. London
Petersen, Peter, (1927) 1968[51], Der kleine Jena-Plan. Weinheim
Plessner, Helmuth, (1959) 1974, Die verspätete Nation. Über die politische
Verführbarkeit bürgerlichen Geistes. Frankfurt
Prantl, Rudolf, 1925, Dewey als Pädagog. In: Vierteljahresschrift f. wiss.
Päd., 1. Jg., 1925, S. 286-300, 387-420, 572-637. Münster
Raiser, Konrad, 1971, Identität und Sozialität. George Herbert Meads
Theorie. München
Reichwein, Adolf, (1937) 1951[2], Schaffendes Schulvolk. Braunschweig
Rucker, Darnell, 1969, The Chicago Pragmatists. Minneapolis: University
of Minnesota Press
Saage, Richard, 1981, Herrschaft, Toleranz, Widerstand. Studien zur poli-
tischen Theorie der Niederländischen und der Englischen Revolution.
Frankfurt
Suin de Botemard, Bernhard, 1973, Projektunterricht — Beispiel Religion.
Düsseldorf
— 1975, Schule, Projektunterricht und soziale Handlungsperformanz.
München
— 1976, Projektunterricht im Primarbereich. In: Halbfas, Hubertus u.a.,,
Hg., Neuorientierung des Primarbereichs, Bd. 6, S. 131 - 155. Stuttgart
— (1977) 1983[6], Alternatives Vorlesungsverzeichnis Freier Nachbar-
schaftsuniversitäten. Lindenfels
— 1979 a, Projektarbeit in Gemeinden. Gelnhausen, Köln
— 1979 b, Ein transnationales, föderatives Netzwerk. In: Gehret, J.,
Hg., Gegenkultur Heute. Die Alternativ-Bewegung von Woodstock bis
Tunix, S. 75-80. Amsterdam
— 1980, Zeichen des Künftigen im Heute. In: Neue Sammlung, Jg.
20, 1980, S. 152-164. Stuttgart
— 1983, Pädagogik und Kinderkrankenhaus. In: Lüders, Dieter, Hg.,
Lehrbuch für Kinderkrankenschwestern, S. 375-402. Stuttgart
— 1984, Bildung und Lernen in der Alternativbewegung. In: Harms, Jens
u.a., Hg., 1984, Alternativökonomie und Gemeinwirtschaft. Arnoldshainer
Texte, Bd. 25, S. 137 — 158. Frankfurt
Winstanley, Gerrard, The Law of Freedom and Other Writings. Hg. von
Hill, Christopher. Pelican Classics. London

PROJEKTUNTERRICHT:

PRAKTISCH

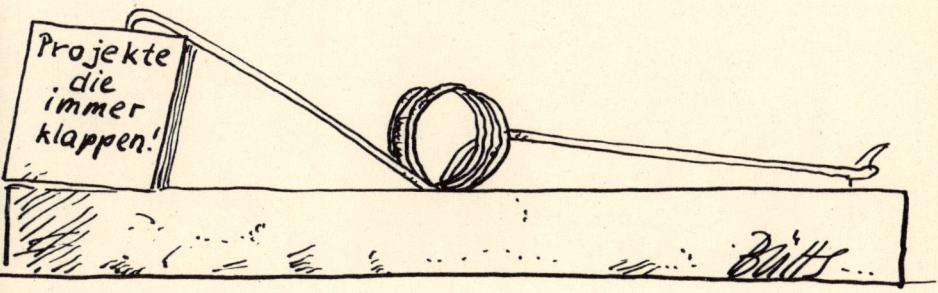

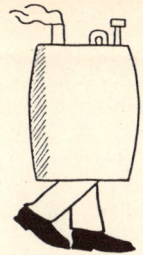

Energie aus Kuhmist und Stroh

Schüler bauen eine Biogas-Anlage

Renate Pieper

Einmal im Jahr findet an unserer Schule, einem Gymnasium, eine Projekt- und Wanderwoche statt: die Oberstufenschüler können zwischen einer Studien- oder Wanderfahrt und einem Projekt am Schulort wählen. Dieses Mal wollte ich ein Projekt anbieten.

Warum wurde es ausgerechnet ein Projekt über Biogas?

Im Rahmen des Physikunterrichts im Kurssystem hatte ich bis dahin Energiethemen vor allem Kernenergie behandelt, womit sich die Schüler immer engagiert auseinandersetzten. Dabei wurde zunehmend ein Interesse der Schüler an alternativen Energiequellen sichtbar. Berichte über Projekte von Lehrern anderer Schulen ermutigen mich, selber den Bau einer Biogasanlage in Angriff zu nehmen. Nachdem ich mich in Literatur eingearbeitet hatte, schaute ich mir bei der Arbeitsgruppe „Sanfte Energie" in Bensheim eine Modell-Biogas-Anlage an und besprach dort meine offfenen Fragen. Nun kündigte ich das Projekt wie folgt an:

Projektwoche!

Bau einer Biogas-Anlage
Kurzbeschreibung des Projekts
In Biogas-Anlagen wird biologischer Abfall (z.B. Kuhmist, Stroh etc.) unter Luftabschluß von Bakterien zersetzt. Dabei entstehen Biogas und Biodung. Biogas ist dem Erdgas vergleichbar und kann z.B. zum Heizen verwendet werden. Biodung ist ein geruchfreier, hochwertiger biologischer Dünger. Biogas-Anlagen können für landwirtschaftliche Betriebe durchaus interessant sein. In der Projektwoche soll versucht werden, eine kleine funktionsfähige Modell-Biogas-Anlage zu bauen. Eine kleine Ausstellung über Biogas-Anlagen ist außerdem geplant. Interessierte Schüler tragen sich hier ein.

Vorbesprechung mit den Schülern

Ca. 30 Schüler hatten sich angemeldet, mehr als ich erwartet hatte, aber zu
viele für eine Gruppe. Da traf es sich gut, daß ein Referendar am Projekt
mitarbeiten und eine Gruppe übernehmen wollte. Wir boten den Schülern
nun drei Untergruppen an:
- Bau einer Biogas-Anlage
- Bau eines Sonnenkollektors
- Erarbeitung einer Ausstellung über Biogas-Anlagen/Sonnenkollektoren

Zum Bau eines Sonnenkollektors waren mehrere Schüler bereit, aber an der
Ausstellungsgruppe hatte niemand Interesse. Die Schüler waren offensichtlich gekommen, um endlich einmal etwas Praktisches zu machen — theoretische Arbeit wird von ihnen ja im Unterricht täglich zur Genüge gefordert!
So gingen wir nach einigen Diskussionen auf die Wünsche der Schüler ein. In
der nächsten Vorbesprechung trugen sie weitere Ideen für umweltfreund-
liche Technologien zusammen, z.B. wurde über die bessere Ausnutzung der
Abluft eines Kamins diskutiert und über den Bau eines Wasserrades. Schließlich bildete sich eine dritte Gruppe, die ein Wasserrad zur Stromerzeugung
bauen wollte. Sie wurde von aktiven Schülern der 13. Klasse getragen und
arbeitete weitgehend selbständig.

Ich berichtete nun über die Gruppe ,,Biogas'', in der ich selber mit-
machte. Dabei gehe ich schwerpunktmäßig auf folgendes ein:
- Arbeitsverlauf — technische Aspekte
- Erfahrungen mit den Schülern
- Auswirkungen des Projektes.

Arbeitsverlauf — technische Aspekte

Neun Schüler der Klassen 11, 12 und 13 arbeiteten jeden Vormittag eine
Woche lang in der Projektgruppe mit. Wir kannten uns nur teilweise aus dem
Unterricht. Zunächst überließen die Schüler mir die Initiative. Als Einstieg
zeigte ich eine Diareihe[1] über die Energiesituation allgemein und über Biogas-Anlagen und ihre Funktionsweise im besonderen. Zu diesem Zeitpunkt
war das Bedürfnis der Schüler, über die Energieproblematik zu diskutieren,
gering; sie wollten lieber gleich mit der praktischen Arbeit anfangen. Wir
schauten uns die von mir bereits besorgten Materialien an:
- 5 Plastikfässer á 50 l und 100 l
- Isolationsmaterial — Styropor
- Verbindungsschläuche
- Dichtungsmaterial
- Bohrmaschine und Handwerkszeug aus der Physiksammlung.

Außerdem standen uns ca. 200 DM der Elternspende zur Verfügung.
Doch bevor wir mit dem Bauen beginnen konnten, brauchten wir ein
Konzept, einen Plan. Wie sollte unsere Anlage aussehen? Da die Zeit von
einer Woche zu kurz gewesen wäre, um ein eigenes Konzept mit den Schü-
lern entwickeln zu können, stützten wir uns auf eine Bauanleitung[2], die wir
gemeinsam durchsprachen.
Verschiedene Probleme ergaben sich, z.B. bei der Heizung der Anlage:
Wenn man eine Heizschlange direkt in den Gärbehälter einbaut, dann müs-

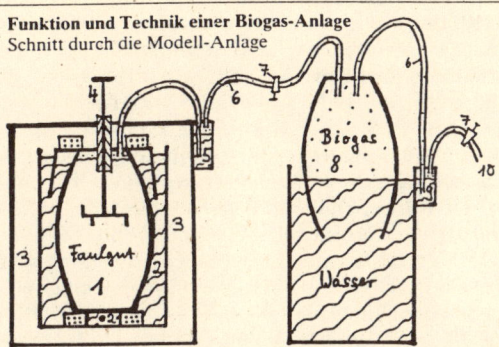

Funktion und Technik einer Biogas-Anlage
Schnitt durch die Modell-Anlage

1. Gärbehälter
O er besteht aus Beton oder Plastik oder Edelstahl und muß luft-
dicht verschlossen werden (große Anlagen haben ein Einfüllrohr
mit Pumpe, um verflüssigten Mist aufzunehmen)
O wir entschieden uns für ein 100 l Faß aus Plastik, das einmal im
Monat gefüllt und entleert wird (zum Vgl. für Bauernhof mit 40 Kühen ca. 40 m³)
2. Heizung
O sie ist für gute Gasausbeute notwendig, da die Aktivität der me-
thanbildenden Bakterien temperaturabhängig ist und der Gärprozeß selber keine Wärme erzeugt (unter Luftabschluß findet keine
Verbrennung statt)
O optimale Temperaturbereiche für die Bakterien sind
30 − 35°C für ca. 30 Tage Gärdauer
55 − 60°C für ca. 10 Tage Gärdauer
O unsere Modell-Anlage haben wir mit einer regelbaren Aquarien-
heizung (30°C) von außen über ein Wasserbad geheizt (in großen
Anlagen wird für die Heizung meist 10 − 20 % des Biogases abge-
zweigt)
3. Isolierung des Gärbehälters
O sie ist notwendig, um den Wärmeaustausch mit der Umgebung
möglichst gering zu halten
4. Rührwerk
O es ist notwendig, um die sich auf dem flüssigen Mist bildende feste Schwimmdecke immer wieder zu zerstören, damit die Gasbla-
sen ungehindert aufsteigen
O es besteht aus einem Quirl oder Mixer oder einer Pumpe
5. Blasenzähler
O er besteht z. B. aus Glas und ist mit Wasser gefüllt
O man erkennt die aufsteigende Gasmenge
O er dient auch der Gasreinigung
6. Gasschläuche
7. Absperrhähne
8. Gasspeicher
O möglich als Naßspeicher, eine unten offene Gasglocke wird in
Wasser getaucht und steigt durch zuströmendes Gas auf
9. Rückschlagventil
O es verhindert ein Rückschlagen der Flamme vom Verbraucher
zum Gasspeicher
10. Verbraucher
O z. B. Bunsenbrenner, Gasherd, Gasheizung, Gasmotor, gasbe-
triebener Generator o. ä.

sen die Anschlüsse herausgeführt werden. Damit wird es aber schwieriger, den Gärbehälter abzudichten und es besteht die Gefahr der Korrosion. Daher entschieden wir uns für die in der Bauanleitung vorgeschlagene Heizung von außen über ein Wasserbad. Doch dafür brauchten wir noch einen extra Wasserbehälter. Woher könnte man den bekommen? Ein altes 200 l Ölfaß? Ein Schüler konnte es von seinen Eltern besorgen.

Gleich das nächste Problem: Wie sollten wir isolieren? Mit Isoliermatten (teuer) oder mit Styropor und Holzkiste? Letzteres war die stabilere Konstruktion. Außerdem hatte ich schon Kontakte zu einem Schreiner aufgenommen, der sich bereit erklärt hatte, zusammen mit drei Schülern aus der Gruppe eine Holzkiste in seiner Werkstatt zu bauen. Das war natürlich toll! Es fanden sich gleich drei Schüler, die gerne schreinern wollten. Jetzt waren wir mitten in der Arbeit, die Sache kam zum Laufen. In den nächsten Tagen bauten die Schüler in wechselnden Gruppen einen Rührer aus Alteisen, einen Blasenzähler und ein Rückschlagventil. Sie präparierten den Gärbehälterdeckel und den Gasspeicher und eichten selbständig den Temperaturregler des Heizstabes auf 30^0 C. Einige Schüler befestigten ein Holzgerüst an der Wassertonne des Gasspeichers, damit der volle Gasspeicher nicht umkippen konnte, andere strichen die Holzkiste mit einer wasserabweisenden Farbe grün an.

Besondere Probleme machte uns dann der gasdichte Einbau des Rührers. Hier konnten wir in Zusammenarbeit mit ortsansässigen Handwerkern, dem Schreiner und einem Schlosser, das Problem lösen. Übrigens hatten wir auch von lokalen Firmen einen Teil des benötigten Materials kostenlos erhalten (Gärbehälter, Gasbehälter und Isoliermaterial).

Die Anlage steht

Nach 5 Tagen war die Biogas-Anlage gerade rechtzeitig fertig geworden! Kuhmist zum Füllen und Jauche konnten wir uns bei einem Landwirt aus dem Ort holen; mit Gummistiefeln, Eimern und Schubkarre war das recht lustig! Damit der Gärprozeß recht schnell in Gang kommen würde, holte ich einen Eimer voll Klärschlamm aus der Kläranlage des Nachbarortes als „Impfmaterial", das wir dem Kuhmist zusetzten. Wir verschlossen die Anlage sorgfältig und stellten sie in einer Ecke des naturwissenschaftlichen Baus auf (nach Absprache mit der Schulleitung). Sie stand dort — gut sichtbar — über ein halbes Jahr — und kein Schüler hat etwas daran kaputt gemacht.

Erfahrungen mit den Schülern

Wir war die Arbeitsatmosphäre während des Projekts? Was war für die Schüler wichtig?

Wir arbeiteten in einem Werkraum der Schule. Die Schüler konnten sich aussuchen, was sie machen wollten, und auch ihre Pausen selbst bestimmen. Wir hatten ein Radio aufgestellt und hörten nebenbei Musik.

Zu Anfang fragten die Schüler häufig: „Was kann ich tun?", sie waren unselbständig, überlegten nicht selber den nächsten Arbeitsschritt. Das wurde im Laufe des Projekts immer besser. Aber warum waren sie zu Anfang so unselbständig? Sie selber meinten dazu, daß sie es vom Unterricht nicht anders gewohnt wären; sie würden meistens aufgefordert, etwas zu tun, Eigeninitiative hätten sie dort kaum entwickelt. Ein Hemmnis für die Schüler war wohl auch, daß ich Ihnen die Bauanleitung vorgegeben hatte, dadurch war ihre Kreativität zunächst nicht herausgefordert sondern eher eingeschränkt. An bestimmten Stellen brach sie aber durch, z.B. beim Abdichten des Gärbehälters, wo sie in Abweichung vom Bauplan eine einfachere Lösung suchten. In solchen Phasen nahmen die Schüler die Arbeit sehr ernst.

Das Handwerken machte ihnen Spaß, so z.B. der Bau der Holzkiste, das Absägen der Deckelschlüssel, das Löcherbohren, das Zurechtsägen des Rührers mit einer Metallsäge, was gar nicht so einfach war. Plötzlich waren solche praktischen Fähigkeiten gefragt und wurden bestaunt, die anderen standen teilweise drum herum und schauten zu. Dabei entwickelte sich zunächst die klassische Rollenverteilung — die Jungen hämmerten und sägten, die Mädchen machten sich an knifflige Feinarbeiten, wie das Zurechtschneiden von Dichtungen und das Einschrauben von Verbindungsröhrchen in Gär- und Gasbehälterdeckel (für den Anschluß der Gasschläuche). Behutsam versuchte ich, mit den Schülern über ihr Rollenverhalten zu sprechen, munterte die Mädchen auf, auch einmal zu bohren und zu sägen. Langsam gingen sie darauf ein und hatten Erfolgserlebnisse.

Wichtig war für die Schüler: wird unsere Anlage funktionieren? Ist sie vorzeigbar? Ferner die Frage, wie groß die Gasausbeute bei Biogas-Anlagen ist. Hier fingen sie das erste Mal an, von sich aus zu rechnen, nahmen die bereitliegende Literatur zur Hand und führten eine Modellrechnung für unsere Anlage durch. Auch beschäftigte sie, wie ein Landwirt Biogas verkaufen könne; sie schlugen vor, es in alte Autoreifen zu pumpen und diese zu verkaufen. Allerdings mußte ich einwenden, daß solch kleine Mengen noch nicht für die Heizung einer Wohnung ausreichen, aber als Treibstoff für landwirtschaftliche Maschinen sicher geeignet wären. Übrigens erzählte mir ein Landwirt, daß in den 50iger Jahren — vor den Zeiten des billigen Öls — Traktoren durchaus mit Biogas fuhren. Angeregt durch diese Informationen, drängte sich für die Schüler die Frage auf, ob Biogas-Anlagen mit Kernkraftwerken konkurrieren könnten. Daß sie auf jeden Fall umweltfreundlicher sind, war unbestritten. Doch von welcher Größenordnung und Anzahl diese sein müßten, oder inwieweit es überhaupt sinnvoll wäre, Biogas ausschließlich zur Stromerzeugung zu nutzen, waren Fragen, die diskutiert wurden. Daß unsere Biogas-Anlage weder mit ,,Biblis'' noch mit einer Großbiogas-Anlage würde konkurrieren können, änderte nichts an dem Engagement der Schüler, die Modell-Biogas-Anlage fertigzustellen.

Als die Anlage fertig war, waren wir natürlich stolz! Wir trafen uns am letzten Projekttag noch einmal nachmittags, feierten und zogen Résumée. Die Schüler hatten gut gefunden, daß sie während der Projektwoche ohne Leistungsdruck und ohne Benotung arbeiten konnten — den Zeitdruck, es in diesen 6 Vormittagen hinzubekommen, hatte ich stärker empfunden als sie. Am letzten Nachmittag und Abend entstand noch eine knappe Bebilderung und Beschriftung unserer Biogas-Anlage. Die Schüler zeichneten ein großes Funktionsschema der Anlage, brachten an verschiedenen Stellen Hinweisschilder an wie — Vorsicht! Explosionsgefahr — Nicht Berühren — Nicht Rauchen — usw. Sie stellten ein Informationsblatt über den Gärprozeß zusammen, gaben den Energieinhalt von 1 m^3 Biogas an und berechneten die zu erwartende Gasmenge. Es war spät geworden, als wir damit fertig waren. Nach ca 7 Tagen setzte die erste Gasproduktion ein. Zu unserer Freude brannte es wirklich! Ein Schüler des Chemie-Leistungskurses analysierte spä-

ter das Biogas und erhielt gute Werte: knapp 70 % Methan, ca. 30 % Kohlendioxyd, Spuren von Schwefelwasserstoff.

Auswirkungen des Projekts

Den Abschluß für die Gruppe bildete, gemeinsam einen Zeitungsartikel über das Biogas-Projekt zu schreiben, der in der Lokalzeitung veröffentlich wurde. Für viele Schüler war das eine gute Erfahrung, auch die, von anderen darauf angesprochen zu werden.

Einzelne verfolgten die Sache noch weiter. Mit dem Gas kochten wir zweimal pro Woche Tee, der in den Pausen an die Mitschüler verkauft wurde.

Ferner führten wir die Anlage vielen Klassen vor, sogar einigen von anderen Schulen. Die meisten Schüler waren sehr interessiert und stellten Fragen, nachdem sie anfangs die Nase etwas gerümpft hatten — man roch aber nicht den Mist, sondern nur Spuren von Schwefelwasserstoff, die im Gas enthalten waren. Jüngere Schüler; z.B. aus den Klassen 7, zeigten schon großes Interesse an der Biogas-Anlage. Sie halfen später beim Entleeren und Füllen des Gärbehälters; man hätte die Anlage sicher auch mit Mittelstufenschülern bauen können. Ich stellte später noch einige Plakate über Biogas-Anlagen zusammen, in denen über Anlagen in Deutschland, Dänemark, Indien und China berichtet wurde; in China gibt es übrigens ca. 3 Millionen Biogas-Anlagen! Außerdem fügte ich eine Amortisationskostenrechnung für Industrie- und Eigenbau-Anlagen hinzu. Im März fand — in Verbindung mit der Volkshochschule — eine Informationsveranstaltung für Landwirte über Biogas-Anlagen in unserer Schule statt. Die Landwirte waren beeindruckt, hätten aber gerne außer der Modell-Anlage auf einem Bauernhof eine größere funktonierende Biogas-Anlage besichtigt. Hier entsteht die Frage, ob oder inwieweit man über Schule einer neuen umweltfreundlichen Technologie zum Durchbruch verhelfen kann?

Anmerkungen

[1] Diareihe, zu leihen bei GFIT mbH, Pfaffenhofenerstr. 2, 7911 Roth, Tel. O7 302/67 94

[2] Bauanleitung aus:
„Biogas", Arbeitsgemeinschaft Sanfte Energie, 3257 Springe-Eldagsen, 2. Aufl. 1981
oder Mönnighoff, Heike: Energie aus Biomasse, in: Naturwisssenschaften im Unterricht Physik/Chemie, H. 8/1981, S. 314 - 321.

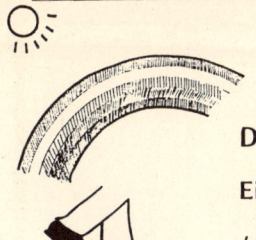

Die Regenbogenkämpfer

Eine Woche auf den Spuren von Greenpeace

Johannes Bastian

Eigentlich war ich schon gar nicht mehr an dieser Schule: Meine Beurlaubung war „durch" und ich sollte nun — nach 6 Jahren Unterricht in einer Haupt- und Realschule — 6 Jahre an der Hamburger Universität arbeiten.

Aber : da war noch die Projektwoche: Thema „Greenpeace"! Genauso, wie sich das anhört, war auch meine Stimmung. Eingebettet zwischen Frühjahrsferien und Osterfeiertagen lag die Projektwoche und mitten drin mein „Dienstantritt" an meinem neuen Arbeitsplatz. Umwelterziehung am Beispiel Greenpeace war für mich also weniger eine „Jahrhundertfrage" als eine Zeitfrage.

Aber — Projekte sollen ja immer wieder (obwohl von der Institution Schule veranstaltet) eine Eigendynamik entfalten, der sich dann weder Lehrer noch Schüler entziehen können.

Ich möchte mit einer Geschichte beginnen, die uns im Laufe des Projektes erzählt wurde: „Es gibt eine Jahrhunderte alte indianische Prophezeiung der Crees, eines Indianerstammes, die besagt, daß die Zeit kommen wird, wo die Vögel von den Bäumen fallen werden, wo die Flüsse vergiftet und die Wölfe in den Wäldern sterben werden, wenn der weiße Mann mit seiner Gier und seiner Technologie die ganze Erde überzogen haben wird. In dieser Zeit werden die indianischen Völker ihren verlorenen Geist wiederfinden und die anderen Völker daran teilhaben lassen. In dieser Zeit werden die Regenbogenkämpfer (rainbow warrior) auftauchen, um die Erde zu retten. Von dem Medizinmann der Crees wurden wir — die Mitglieder der Umweltschutzorganisation ‚Greenpeace' — als die langersehnten Regenbogenkämpfer ausgerufen, und es wurde uns der Totemring überreicht, der seitdem das Symbol von Greenpeace ist."

Aus dieser Geschichte schimmert schon ein wenig die Faszination durch, die das Projekt allmählich für mich bekam.

Aber von alledem wußten wir ja zu Anfang noch nichts. Ich hatte gehört, daß Greenpeace eine Umweltschutz-Organisation ist und in diesem Zusammenhang erfahren, daß diese Gruppe gegen das Abschlachten von Robben-Babys kämpft. Außerdem wußte ich von den Schlauchboot Aktionen gegen Schiffe, die Dünnsäure in die Nordsee einleiten.

Was ich nicht wußte:

● Daß Greepeace schon seit 1971 international gegen die Verseuchung der Umwelt kämpft.

● Daß Greepeace sich der gewaltfreien Aktion verpflichtet hat, d.h. daß ihre Mitglieder in Aktionen unter Einsatz des eigenen Körpers, manchmal in sehr gefährlichen Situationen, gewaltfreien Widerstand leisten.

● Daß Greenpeace nicht nur gegen die Tötung von Robben-Babys kämpft, sondern sich darüber hinaus einsetzt:
— für ein 10-jähriges Fangverbot der vom Aussterben bedrohten Wale,
— für den Stop der weiteren Verschmutzung unserer Gewässer durch Atom- und Chemiemüll und
— für die Reinhaltung der Luft
● Daß das Hauptbüro dieser Organisation nur 20 Minuten von der Schule entfernt liegt.
● Daß diese Organisation vor nicht allzu langer Zeit eine große Aktion gegen die Chemiefrabrik Boehringer in Hamburg durchgeführt hatte.
● Daß Peter Maffey sich öffentlich für Greenpeace engagiert.

Von dem letzen Punkt allerdings wußten einige Schüler meiner Klasse und das war Ausgangspunkt unserer gemeinsamen Planung.
Da ich an anderer Stelle sehr ausführlich dargestellt habe, daß ich den Aspekt der kooperativen Planung für ein entscheidendes Element von Unterricht — besonders von Projektunterricht halte, möchte ich dies auf der argumentativ-konzeptionellen Ebene hier nicht weiter ausführen.[1] Weil es jedoch ein Projekt ‚Greepeace'' nie gegeben hätte, wenn nicht einige Schüler diese Idee gehabt hätten, möchte ich doch ganz kurz und pragmatisch darstellen, wie ein kooperativer Planungsprozeß aussehen kann, der die Ideenvielfalt der Schüler mit in die Themenplanung einbezieht.

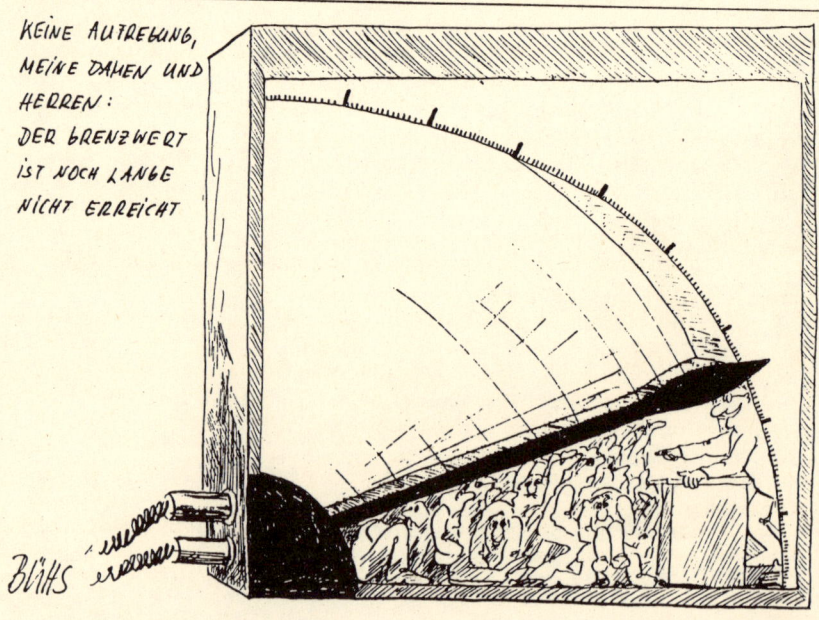

9 SCHRITTE ZU EINER

1. Schritt:

Planungskonferenz aller Kollegen, die gemeinsam eine Projektwoche durchführen wollen. Hier wird das Planungsverfahren entwickelt bzw. diskutiert. Was in diesem konkreten Fall entwickelt wurde, geht aus den folgenden Schritten hervor, kann aber auch Diskussionsgrundlage für andere Projektwochen sein.
Zeitpunkt: ca. 3 Monate vor Beginn der Projektwoche.

2. Schritt:

Die Klassenlehrer entwickeln für ihre Klasse einen Kriterienkatalog, der die Projektkriterien aus der Erziehungswissenschaftlichen Diskussion für die Schüler „übersetzt"[2].

3. Schritt:

Da ein Projekt nicht irgendein Unterricht bzw. Nicht-Unterricht sein soll, diskutieren die Klassen anhand dieses Kriterienkataloges die Fragen: „Was ist Projektunterricht" und „Wie wollen wir ein Projekt durchführen." Ergebnis war in einigen Klassen eine Wandzeitung, auf der in Schülersprache stand, was Projekte kennzeichnet. Beispiel: „Wir wollen in der Projektwoche so oft wie möglich aus der Schule herausgehen."

4. Schritt:

Nach der Kriteriendiskussion sammeln die Klassen Themenvorschläge und schreiben sie auf eine zweite Wandzeitung.

5. Schritt:

Die Klassen diskutieren anhand der Projektkriterien, ob die Themenvorschläge als Projekt-Themen geeignet erscheinen, ob z.B. ein hinreichender Handlungsbezug vorstellbar ist.

6. Schritt:

Die Klassenlehrer tragen die reflektierten Themenwünsche der Schüler auf einer zweiten Projektplanungskonferenz zusammen. Themen, die sich überschneiden, werden zusammengefaßt bzw. gestrichen.

Dann ordnen sich die Kollegen den Projektthemen ihrer Wahl zu. Dabei wurde nach den folgenden Kriterien entschieden.

— Was interessiert mich am stärksten und wozu fühle ich mich kompetent?

— Welches Thema wäre unbedingt „mal dran", z.B. weil es gerade in der Diskussion ist oder weil es eine interessante Ergänzung/Vertiefung zu entsprechenden Unterrichtsthemen wäre.

— Wurde das Thema in vorangegangenen Projektwochen bereits angeboten? Jeder Lehrer hat einen Erst- und einen Zweitwunsch. Aufgrund von Schülerinteresse und Lehrerwahl entsteht so ein überschaubarer Themenkatalog.

7. Schritt:

Eine Klasse fertigt im Kunstunterricht Wandzeitungen an, die in Bild und Text die ausgewählten Themen erläutern. Auf diesen Wandzeitungen tragen sich die Schüler ein. Es hat sich als günstig erwiesen, wenn die Schüler zwei Themenwünsche äußern (Erst- und Zweitwunsch), weil dadurch eine gleichmäßigere Verteilung auf die Themen erreicht wird.

8. Schritt:

Eine Organisationsgruppe kann nach der Schülerwahl die endgültigen Projektthemen zusammenstellen, denen sich nun auch die Lehrer endgültig zuordnen.

9. Schritt

Die Projektgruppen treffen sich ca. 1 Monat vor Projektbeginn, um erste vorbereitende Schritte abzusprechen und erste Aufgaben zu verteilen. Dieses Verfahren ermöglicht, daß die Schüler frühzeitig die notwendigen Außenkontakte aufnehmen. Es verhindert, daß der Lehrer aufgrund von „Sachzwängen" wieder soviel vorplant, daß auch Projekte nur „Fertiggerichte" sind, die die Schüler dann würzen und aufwärmen dürfen.

KOOPERATIVEN PROJEKTPLANUNG

An dieser Stelle möchte ich die Darstellung des Gesamt-Planungsprozesses verlassen und mit der Darstellung des Lernprozesses der Greenpeace-Gruppe beginnen:

Der Vater dieses Projektes war Peter Maffay — obwohl er bei der Zeugung gar nicht anwesend war. Wären nicht Monika, Christine und Regine aus „meiner" R 9 eingeschworene Maffay-Fans und hätten sie nicht zufällig gehört, daß „ihr Peter" demnächst ein Konzert für Greenpeace veranstalten würde, hätte es dieses Projekt nicht gegeben.

„So zufällig entstehen also   Projektthemen", höre ich jetzt so manchen sagen. Ich halte diese Mischung aus „Zufall" und Planung für genau den Boden, aus dem interessante und geeignete Themen sprießen. Immerhin mußte diese Idee drei Hürden überspringen, um Projektthema zu werden:

1.   Die Überprüfung in der R9 anhand der Projektkriterien, um in die Klassenthemenliste zu gelangen.

2.   Die Übernahme durch einen Kollgen, der mit seiner Kompetenz und seiner pädagogischen Verantwortung von diesem Zeitpunkt an für das Thema einsteht.

3.   Die Wahl durch eine hinreichend große Schülergruppe, die sich für dieses Thema entscheidet.

Ergebnis unseres ersten Projektgruppentreffs war:

● eine große Wandzeitung mit 17 Fragen zum Thema Greenpeace.

● ein Entschluß, mit einer Kleingruppe ins Greenpeace Büro zu gehen und „mal sehen, was sich an gemeinsamen Handlungsmöglichkeiten eröffnet".

Greenpeace-Leute kämpfen unter Einsatz ihres Lebens und kleben täglich Briefumschläge

Wir — drei Schülerinnen und ich — gingen ohne Anmeldung gleich nach dem ersten Planungstreffen ins Greenpeace Büro und trafen 4 junge Leute in zwei Räumen eines alten Hauses am Hafen.

Unser Anliegen, gemeinsam über die Gestaltung einer Projektwoche zu reden, wurde interessiert aufgenommen: „Ist das nicht das, was wir schon längst mal vorhatten — über eine Woche mit Schülern zusammenzuarbeiten?" Bei einer Tasse Kaffee erfuhren wir sehr schnell von den Aktionen, die gelaufen waren und gerade vorbereitet wurden. Obwohl wir eigentlich nur Vorabsprachen für eine gemeinsame Planung treffen wollten, waren wir plötzlich „mitten drin":

● Die Regale waren voll mit Informationsmaterial.

● Eine Bergsteigerausrüstung mit Gasmaske lag herum.

Es war die Ausrüstung der Leute, die vor einiger Zeit den Schornstein einer Chemiefabrik in Hamburg besetzt hatten.

In einem gemeinsamen Gespräch entstanden die folgenden Planungsideen:

1.   Vom 9.3. — 17.3. liegt das Aktionsschiff „Sirius" im Hafen. Es kann besichtigt werden.

2.   Es gibt einen Diavortrag: Einführung in die Greenpeace-Arbeit.

3.   Es gibt eine Radiosendung: Greenpeace Mitarbeiter haben sie aufgenommen und können sie uns zur Verfügung stellen.

4.   Am Sonntag, d. 28.3. läuft um 17.45 Uhr im 1. Programm ein Film

über „Greenpeace". Video — Mitschnitt wird von Greenpeace organisiert.
5. Eventuell am Ende der Projektwoche eine Ausstellung mit Verkaufs
stand in der Schule organisieren. (Arbeitsergebnisse, Informationsmate-
rial, Plaketten, Aufkleber)
6. Wir können folgende Aktionen starten;
   — Straßeninterviews
   — Flugblätter verteilen
   — Unterschriften sammeln (gegen Mord an Robbenbabys)
   — Pelzgeschäfte aufsuchen
Nach diesem gemeinsamen Gespräch im Greenpeace Büro fanden wir es fast
normal, daß wir gleich mitarbeiten konnten. Die Greenpeace-Leute hatten
uns ihre Zeit zur Verfügung gestellt, also halfen auch wir bei ihrer Arbeit.
Post mußte gelesen werden und den Anfragen entsprechend wurde dann
Informationsmaterial eingetütet.

    Die Post eines anderen Menschen lesen ist etwas sehr Privates — so
privat, so nah waren wir der Organisation schon in der ersten Projektstunde.
Natürlich lernten wir auch aus den Briefen: Überall im Land interessierten
sich Menschen, wollten mehr wissen über die Arbeit und die Ziele dieser
Gruppe. Das war also unser Projektthema — die Identifikation wurde
stärker. Es wurde allerdings auch noch etwas anderes deutlich: Nach einer
Stunde „eintüten" verlor die Tätigkeit natürlich an Reiz; es wurde Bürger-
initiativen-Alltag. Greenpeace war also nicht nur „Action auf See und auf
Schornsteinen", sondern sehr viel alltägliche Kleinarbeit. Projektlernen vor
Ort war in diesem Fall politisches Lernen: Eine Entscheidung für die Mitarbeit in einer solchen Organisation aus „Abenteuerlust" , diese Illusion wurde
hier auf die einfachste Weise — nämlich durch Mitarbeit — zerstört.

Die Greenpeace Tage im Überblick

Das, was wir gemeinsam erlebt und gelernt haben, kann ich nur an ausgewählten Beispielen darstellen. Damit aber deutlich wird, welche Abschnitte ich aus dem Gesamtprozeß herauslöse, zunächst der Projektverlauf im chronologischen Überblick.
Am Projekt nahmen 10 Schüler und ein Lehrer teil.

Montag

Besuch der gesamten Projektgruppe im Greenpeace Büro.
Wir verbringen den ganzen Vormittag im Büro. 4 Mitglieder stehen uns zur Verfügung.
Wir lernen Geschichte und Arbeit dieser Gruppe anhand einer Diareihe kennen, können nachfragen, diskutieren, Materialien durchsehen, kranke Fische in Spiritus besichtigen.
Wie zufällig geraten wir tief in den Bereich von Chemie und Biologie hinein.
Alle Fragen sind erlaubt: Was ist Atommüll? Was ist Dünnsäure? Warum werden die Robben-Babys getötet? Warum soll es ein Walfangverbot geben?
Erstaunliche Zusammenhänge werden plötzlich deutlich: Der größte Teil der Kosmetik-Produktion beruht auf der Abschlachtung von Walen; Dünnsäure wird nur deshalb ins Meer geschüttet, weil unsere Konsumwelt „Weißmacher" braucht.

„Erst wenn
der letzte Baum gerodet,
der letzte Fluß vergiftet,
der letzte Fisch gefangen,
werdet Ihr feststellen
daß man Geld
nicht essen kann!"

Dienstag

Wir breiten unsere Materialien, die wir aus dem Büro mitgenommen haben aus und sichten sie in Kleingruppen.
— Es bilden sich drei Untergruppen, die erste Kontakte herzustellen versuchen:
• Eine „Robben-Gruppe" will in einer Straßenaktion Leute ansprechen, aufklären und Unterschriften für eine derzeit laufende Greenpeace-Aktion sammeln.
• Eine zweite Gruppe will Kontakt zur Umweltbehörde aufnehmen.
• Eine dritte Gruppe will das Deutsche Hydrographische Institut aufsuchen; die staatliche Genehmigungsbehörde, die u.a. für die Genehmigung der Dünnsäureeinleitung in die Nordsee verantwortlich zeichnet.
Die Untergruppen gehen in ihre „Aktionsfelder".

Mittwoch u. Donnerstag

Mittwoch: Austausch von Erfahrungen der Einzelgruppen über ihre Kontakte und Vorhaben.
Donnerstag: Die gesamte Projektgruppe besucht die Bürgerinitiative Moorfleet, die gemeinsam mit Greenpeace eine Aktion gegen die Chemiefirma Boehringer durchgeführt hat. Wir führen dort ein langes Gespräch mit dem Vorsitzenden der B. I..

Freitag

— Die Untergruppe „Hydrographisches Institut" bereitet zusammen mit zwei Greenpeace Mitgliedern, die uns in der Schule besuchen, ihre Fragen für das geplante Interview vor.
— Die anderen diskutieren die Erlebnisse vom Vortag (Boehringer, B. I. Moorfleet).

Wochenende

2 Schüler werten das Tonband aus, auf dem wir das Gespräch mit dem Vorsitzenden der Bürgerinitiative aufgenommen haben.

Montag

Die Gesamtgruppe bemüht sich um eine Neuformulierung der Fragen an die Experten des Hydrographischen Instituts. Die Untergruppe hat sich von einem Dr. K. „vollquatschen" lassen, nichts verstanden und außerdem hat das Tonband versagt. Sie haben daraufhin einen zweiten Termin vereinbart, der nun besser vorbereitet wird.

Dienstag

Auswertung und Diskussion der Kleingruppenerfahrungen (Hydrographisches Institut/Umweltministerium)
Am Donnerstag wollen alle Projektgruppen ihre Projektergebnisse vorstellen.
Wir haben eine Ausstellung geplant.
— Erste Plakatentwürfe für die Ausstellungen entstehen.
— Plakattexte werden erarbeitet.

Mittwoch

Aufbau der Ausstellung: 5 Stunden malen, zeichnen, schreiben, gestalten, diskutieren. Ein Ergebnis, das stolz macht. Aufregung wegen der Vorstellung der Arbeitsergebnisse am folgenden Tag. Einzelne proben ihre kleinen Vorträge in Rollenspielen.

Donnerstag

Vorstellung der Projektergebnisse. Vier Klassen sitzen dichtgedrängt in unserer Ausstellungsklasse. Wir erläutern unsere Bilder, unsere Texte und bieten in einer Verkaufsausstellung für Greenpeace Informationsmaterialen, Aufkleber, Buttons und T-shirts an.

Malermeister Hausmann und das $C_6H_6Cl_6$

Eines der Hauptaktionsfelder von Greenpeace ist das Hamburger Chemiewerk C. H. Boehringer, gegründet 1923; heute mit der Produktion von Insektiziden (Lindan) und Pflanzenvernichtungsmitteln (2,4,5, T) beschäftigt. Dieses ,,mit Abstand gefährlichste Industrieobjekt im Raum Hamburg" (Sozialsenator J. Ehlers) steht mitten in einem der größten Gemüseanbaugebiete, den Vierlanden.

Ein schönes altes Fabrikgelände — ich würde es beim Kultursenator unter Denkmalschutz stellen lassen — produziert hier Gifte, die beide in der Bundesrepublik nicht verwendet werden dürfen, aber ein Exportschlager für die sog. ,,3. Welt" sind. Bei der Produktion von Lindan, dem Insektenvernichter (9 x giftiger als das berüchtigte DDT) entstehen große Mengen chemischer Abfallstoffe. Aus diesen Abfallstoffen hat man, nachdem man sie jahrelang auf dem Werksgelände auf Halde liegen hatte und vom Winde verwehen ließ, ,,glücklicherweise" dann die Herstellung des Pflanzenvernichtungsmittels 2, 4, 5, T entwickelt (es wurde z.B. bei der Entlaubung der Wälder in Vietnam verwendet). Dabei wiederum entsteht ein neues Abfallprodukt: TCDD, auch bekannt und berühmt geworden als das sogenannte ,,Seveso-Gift".

Als Ausdruck der Betroffenheit über die Haltung des Chemiebetriebs, die mangelnde Kontrolle durch die Behörden und des Mißtrauens gegen die offiziellen Meßergebnisse, bestiegen im Juni 1981 Greenpeace Mitglieder den 30 m hohen Schornstein von Boehringer und harrten dort 26 Stunden aus. Ein gefährliches Unternehmen. Ziel der Aktion war, eigene Messungen der Emissionen durchzuführen und dadurch die offiziellen Ergebnisse zu überprüfen.

Als wir hörten, daß es gleich vor den Toren der Fabrik eine örtliche Bürgeraktion gibt, nahmen wir sofort Kontakt auf und fuhren am übernächsten Tag dorthin.

Den anschaulichsten Chemieunterricht meines Lebens erlebte ich im Wohnzimmer des Malermeisters von Moorfleet, dem Vorsitzenden der Bürgeraktion.

Ein ganz normaler Bürger in Arbeitskleidung, der nicht nur von Hexachlorcyclohexan und Tetrachlordibenzoparadioxin sprach, ohne zu stottern, sondern auch von den Auswirkungen berichtete, die diese Stoffe auf die Umgebung, auf ihn und die Bewohner dieser Gegend haben.

Die Bürgeraktion hatte auf eigene Initiative Kuhmilch, Muttermilch und Fettgewebe und Blut aus den eigenen Körpern von Wissenschaftlern untersuchen lassen. Auf ihr Drängen untersuchten auch die Behörden. In keinem Fall waren sich die Experten einig. Trotzdem wurde wegen Grenzwertüberschreitungen in den letzten Jahren regelmäßig Milch und ganze Jahresproduktionen des Gemüses von der Fa. Boehringer aufgekauft und vernichtet. Es wurde engagiert und kritisch nachgefragt und diskutiert; dabei wurde immer deutlicher;

● Expertenaussagen und wissenschaftliche Gutachten waren in ihrer Aussage immer abhängig vom Auftraggeber.

● Formeln und komplizierte Ausdrücke müssen keine Angst erzeugen. Das notwendige Wissen konnte verständlich vermittelt werden.

● Umweltschutz ist interessengebunden. Auf welcher Seite z.B. die Behörde steht, ist eine Frage des Einflusses, des Drucks, der Inanspruchnahme demokratischer Rechte. Selbst bei jahrelangem Engagement einer Bürgerinitiative und der Gewißheit, täglich HCH einzuatmen, zu essen und zu riechen, wird nicht unbedingt etwas im Interesse der Anwohner geändert.

Auf dem Rückweg durch die Gemüsefelder, das Dorf im Rücken und die Fabrik vor Augen, sahen wir alles ganz anders, als bei der Ankunft.

Es war schwer zu glauben, daß dieses Gemüse wahrscheinlich wieder für die Müllverbrennungsanlage angebaut wurde.

Es war uns unerträglich, daß *wir* jetzt einen Teil der 10 kg HCH, die täglich aus dem Schornstein emittiert werden, einatmeten. Schließlich standen wir sehr klein und ohnmächtig vor dem Werkstor (hier war die Bushaltestelle), stellten uns die Greenpeace-Leute auf dem hohen Schornstein vor, sahen wie das hohe Eisentor automatisch auf und zu ging. Das hohe Tor, die argwöhnischen Augen der Pförtner und einer automatischen Kamera waren Ausdruck dafür, daß die Schüler während des Projekts keinen Zugang zum Werk bekamen. Es bestand weder auf Betriebsrats- noch auf Unternehmerseite ein Gesprächsinteresse.

Wir warteten sehr lange auf den Bus, die Schüler wurden unruhig, einigen wurde schlecht und eine Türkin bekam plötzlich Tränen in die Augen, weil ihr angesichts all dessen ihr schönes Land Anatolien einfiel.

Nun ist all dies sicher nicht so intendiert gewesen und ich könnte es auch nicht in einen Lernzielkatalog für Umwelterziehung einsortieren.

Ich meine nur, daß es nicht schlecht sein kann, wenn − bei all der Entfremdung von der Natur und der Herkunft der eigenen Nahrung − der Widerspruch zwischen der gewinnbringenden Produktion von Giften und den Lebensinteressen der Menschen auch einmal *körperlich* erfahrbar wird. Wahrscheinlich hätte ich als Kind vor 20 Jahren nicht Obst und Gemüse in unserem Garten regelmäßig gespritzt und jede Ameisenstraße vernichtet, wenn ich damals solche Projekte mitgemacht hätte.

Dr. K. und die chemische Fachsprache

Daß die Formulierung chemischer Zusammenhänge auch ganz anders aussehen kann, daß Formeln und Wissenschaftssprache eine Mauer bilden können, durch die keine Information hindurchkommt − das erlebte am darauffolgenden Tag die Gruppe, die zum Deutschen Hydrographischen Institut ging. Hier der Schülerbericht:

„Nachdem wir mit Wolfgang von der Greenpeace Gruppe nochmal die gesamte Problematik der Dünnsäureverklappung durchgesprochen hatten, standen schließlich 7 Fragen auf dem Zettel, mit denen wir den verantwortlichen Herrn im Institut kritisch befragen wollten. Wir wollten vor allem eine Stellungnahme zu der Genehmigung, die diese Behörde erteilt hatte; wollten wissen, wie die Behörde eine weitere Verunreinigung der Nordsee mit Schwermetallen begründen würde. Auf dem Weg dahin waren wir recht aufgeregt, sprachen Reaktionsmöglichkeiten durch und hielten vor allem den Zettel mit den Fragen fest in der Hand. Dr. K., ca. 60 Jahre, empfing uns aber freundlich, fast väterlich. Als er jedoch das Tonband sah, verschwand seine väterliche Freundlichkeit sehr schnell. Zunächst lehnte er eine Aufnahme des Gesprächs ab. Er wurde plötzlich sehr unsicher und dominant. Nach längerem Zureden, bei dem wir ihm versicherten, daß das Interview keiner zu hören bekäme, daß es nur als Gedächtnisstütze be-

nutzt werde, ließ er sich schließlich überzeugen.
Aus den ersten beiden Fragen, die schon sehr präzise auf das Genehmigungs-
verfahren für die Dünnsäureeinleitung zusteuerten, konnte er dann aber
sofort erkennen, daß wir offensichtlich vorbereitet waren. Er holte Bücher
herbei und versuchte möglichst perfekt zu formulieren. Als er nach einigen
Sätzen eine Formulierung rückgängig machen wollte, das Band löschen
wollte, stellten wir fest, daß das Gerät gar nicht funktionierte. Von dem
Moment an redete Dr. K. völlig frei; er ging auf unsere Fragen überhaupt
nicht mehr ein, sondern quatschte uns mit seinem Fachidiotenwissen total
voll.
Anfangs versuchte ich noch einiges mitzuschreiben, nach kurzer Zeit kapitu-
lierten wir. Nach einer 3/4 Stunde, in der wir fast nichts gesagt hatten, ent-
ließ er uns mit einem Stapel Prospekten, die mit dem Thema nichts zu tun
hatten.
Wir hatten den Mut, nach einem zweiten Termin zu fragen, zu dem wir dann
mit einem funktionierenden Gerät kommen wollten; wir sagten einfach, daß
wir einen Bericht schreiben müßten und betonten unser Interesse. Als wir
wieder draußen waren, lachten wir uns erst mal kaputt. War ganz schön
frustrierend, sich nicht wehren zu können.''

Der Ärger und die Frastration über diesen autoritären Einsatz von Fachwis-
sen führte bei der ganzen Projektgruppe nicht zu Resignation: der zweite
Termin sollte noch besser vorbereitet werden:
● die Fragen wurden nach taktischen Gesichtspunkten umgestellt (langsam herantasten)
● die Sachinformationen wurden noch einmal in Diskussionszusammen-
hänge gestellt (,,was sagen wir, wenn er die Ergebnisse des Gutachtens vom
. . . bestreitet?'')
● Gesprächsrollen wurden verabredet.

Schülerbericht über den zweiten Versuch:

,,Zunächst waren wir verunsichert, weil nicht Dr. K., auf den wir uns einge-
stellt hatten, sondern ein anderer, jüngerer Mann als Gesprächspartner zur
Verfügung stand. Er war sehr entgegenkommend und diskutierte die Frage
sehr offen. Wir blieben über eine Stunde. Aber auch hier war interessant,
daß er viel persönlicher wurde, als das Tonband durchgelaufen war. Er gab
zu, daß er die Aktionen von Greenpeace befürwortete, weil sie die Diskus-
sion in der Öffentlichkeit in Gang gebracht hätten. Es wurde deutlich, daß
eine aufgeklärte Öffentlichkeit etwas Bewegung in das Institut gebracht
hatte; gleichzeitig ließ er aber auch durchblicken, daß er Schwierigkeiten mit
seiner Meinung innerhalb des Instituts habe. Er schien uns ein Einzelkämp-
fer zu sein, der Mühe hatte, zwischen den Interessen der Industrie nach
billiger Abfallbeseitigung und seinen Interessen an einer sauberen Umwelt
seinen Standpunkt zu bewahren.''

Die Gruppe legte am folgenden Tag ein sehr selbstbewußt geführtes Interview vor.

In der Diskussion einzelner Abschnitte wurden einzelne Informationen von Greenpeace korrigiert: hier stand dann Aussage gegen Aussage. Die Information von Greenpeace, daß die Firma Kronos-Titan, bereits ein Patent zur Vernichtung von Dünnsäure besitzt, dies aber nicht anwendet, weil das Verklappen in der Nordsee billiger ist, wurde z.B. bestritten. Hier kamen wir nicht weiter. Die meisten kritischen Aussagen von Greenpeace wurden jedoch bestätigt.

Trotzdem war es auch hier wieder interessant, wie sich dieser Experte an einzelnen Stellen hinter komplizierter Expertensprache versteckte, wenn es um harte Kritik an Industrie oder auch an seiner Genehmigungsbehörde ging. Solche Passagen zu „übersetzen" war sehr lehrreich.

Vier Versuche, Unterschriften gegen das Robbenabschlachten zu sammeln

Was die „Robbengruppe" in ihrem Aktionsfeld lernte, läßt sich ohne große Analyse am besten aus dem Erfahrungsprotokoll von Christine entnehmen:

„Monika und ich gingen los, um Leute auf der Straße zu befragen, ob sie schon einmal etwas von Abschlachtung der Jungrobben in Kanada und Neufundland gehört hätten und ob sie bereit wären ihre Unterschrift zu geben für die Umweltorganisation „Greenpeace". Erstmal fiel es uns unheimlich schwer die Leute anzusprechen, da die Leute sehr skeptisch waren und immer gleich dachten, wir wollten ihnen irgendetwas andrehen. Wir wußten nicht, mit welchen Worten wir die Leute zum Zuhören bringen sollten. Die ersten drei Versuche waren ein glatter Reinfall. Der erste, ein Jugendlicher, meinte, er hätte schon etwas von der Robbenvernichtung gehört, aber er wolle jetzt seine Zeitschrift lesen. Der zweite, ein älterer Mann, meinte, er könne die Luft nicht ab, da wir ihm beim Fragen unseren Zigarettenqualm direkte aber ohne Absicht ins Gesicht bliesen. Die dritte, ein alternativ gekleidetes Mädchen sagte nur „keine Zeit". Dann hatten wir Glück: Ein Jugendlicher und ein älterer Herr saßen auf einer Bank. Sie zeigten sich sehr interessiert. Sie meinten, sie hätten schon etwas von der Robbenvernichtung gehört, und auch davon, daß Greenpeace einige Robbenbabys in Kanada mit grüner Farbe angemalt habe, damit das Fell für die Industrie unbrauchbar wird. Die beiden gaben gerne ihre Unterschrift. Dann sprachen wir zwei junge Männer an. Sie hatten auch schon etwas darüber gehört. Sie wußten, daß das europäische Parlament sich gegen die Einfuhr von Robbenfellen ausgesprochen hatte, taten es aber so ab, als sei dies nur geschehen, um mehr Wählerstimmen zu bekommen. Die beiden jungen Männer sagten zum Schluß, man sollte erstmal im eigenen Staat aufräumen. Mit diesen Worten ließen sie uns stehen. Sie gaben nicht ihre Unterschrift. Danach fragten wir ein Mädachen, ob sie schon einmal etwas von der Robbenvernichtung gehört hätte. Sie hatte noch nie etwas darüber gehört. Wir erzählten ihr, daß die Robben zum Teil lebend gehäutet werden. Und wir erzählten ihr von der Greenpeace-Akton. Sie war bestürzt und gab sofort ihre Unterschrift. Dann fragten wir zwei Frauen, die in der naheliegenden Behörde arbeiten. Die Frauen wußten fast alles darüber, interessierten sich aber mehr dafür, woher wir kamen und dachten wohl, wir seien nur auf Unterschriften aus. Daher riefen sie alle ihre Mitarbeiter aus der Behörde zu uns heran. Die Leute

äußerten sich nicht weiter zu dem Thema, unterschrieben aber alle den Auf-
ruf."

Ein letzter Abschnitt für Lehrer und Schüler, die Interesse an Greenpeace
(bekommen) haben. Bei meinem gestrigen Besuch im Greepeace-Büro (seit
der Projektwoche sind inzwischen 4 Monate vergangen) wurde ich zu meinem Erstaunen wieder erkannt als „der Lehrer, der das Projekt gemacht
hat". Das Büro hatte inzwischen keinen Kontakt mehr zu uns gehabt, hatte
allerdings Anfragen nach Unterrichtsmaterial und Unterrichtserfahrungen
erhalten. Ein zweiter Punkt, der mich erstaunte: das Büro-Hamburg (die zentrale Stelle der BR Deutschland) arbeitet seit gut einem Jahr und wir waren
die erste Schulklasse, die zusammen mit Greenpeace ein Projekt durchführ-
te. Deshalb auf Wunsch der Greepeace-Mitarbeiter die folgenden Hinweise
für die Praxis:

- Jeder Lehrer und Schüler, der sich in 2000 Hamburg 11, Hohe
  Brücke 1, meldet, bekommt Informationsmaterial zugeschickt.
- Verteilt über die ganze Bundesrepublik gibt es Kontaktpersonen
  und Arbeitskreise.
  Adressen werden vermittelt.
- Es gibt als neuesten Service einen Greenpeace-Filmverleih.
- Es gibt inzwischen in Hamburg eine Greenpeace-Schülergruppe.
  Auch solche Aktivitäten werden unterstützt.

Und eine letzte Bemerkung: Greenpeace ist überparteilich — freilich partei-
lich für eine gesunde Umwelt — und das ist auch in der Schule erlaubt.

Anmerkungen
1   Vgl. dazu Bastian, J., Schüler und Lehrer lernen Projektunterricht, In:
Westermanns Pädagogische Beiträge Heft 3/80 S. 103 — 109 und Bastian, J.,
Lehrer im Projektunterricht — Plädoyer für eine profilierte Lehrerrolle in
schülerorientierten Lernprozessen, in diesem Buch S. 28 ff.
2   Grundlage für einen solchen Kriterienkatalog kann der Beitrag „Was ist
Projektunterricht?" in diesem Buch sein.

Alternative Ernährung

Öko-Nahrung: Nachdenken, Probieren, Informieren

Wulf Denecke

Die Sache, um die es geht: Öko-Diät

„Die Öko-Diät". Das ist der Titel eines Taschenbuches, das zuerst 1978 in der Reihe „fischer alternativ" erschienen ist[1]. Bei diesem Titel handelt es sich um einen Übersetzungsfehler, der zudem falsche Vorstellungen weckt, was uns in aller Deutlichkeit aber erst im Verlauf des Projekts klar wurde, über das hier berichtet werden soll. Deshalb an späterer Stelle darüber mehr. „Nahrung für einen kleinen Planeten" (Diet for a small planet): so nannte die Autorin Frances Moore-Lappé das Buch, mit dem sie auf die ungeheure Nahrungsverschwendung durch die vorherrschenden Ernährungsgewohnheiten in den Industriestaaten der westlichen Welt aufmerksam machen wollte. Und in der Tat: Die wenigsten von uns wissen, daß sich diese für selbstverständlich gehaltenen, stark verinnerlichten Gewohnheiten in ihrer heutigen Form erst in den letzten 30 Jahren herausgebildet haben, unterstützt durch eine — wie heute immer deutlicher spürbar wird — verfehlte Agrarpolitik. Diese, allein an ökonomischen „Gesetzmäßigkeiten" ausgerichtet, nicht aber ökologisch orientiert — hat sich für die Dritte Welt schon seit langem als verderblich erwiesen; ihre Schattenseiten für die Industriestaaten und insbesondere für die EG dringen erst langsam ins Bewußtsein, obwohl sie uns alle elementar betreffen. Die Intention, der F. Moore-Lappé in ihrem Buch folgte, läßt sich in wenigen Sätzen so zusammenfassen:

— Das Problem der ausreichenden Ernährung aller Menschen hängt mehr an der „gerechten" Verteilung der verfügbaren Proteine als an der Menge der Nahrung, gemessen an der Kalorienzahl.

— Durch den zunehmenden Fleischkonsum in den Industriestaaten wird immer mehr Nahrungsenergie verschwendet; vor allem aber werden pflanzliche Proteine aus der Dritten Welt in der Fleischmast „vernichtet".

— Das hängt biologisch damit zusammen, daß in der Nahrungskette von den Produzenten (grüne Pflanzen) zu den Konsumenten (hier: Masttiere) Nahrungsenergie und Proteine (bzw. in der Form von Proteinen) verbraucht werden, die auf diese Weise für die Ernährung der Menschen großenteils verloren gehen.

— Die Vorstellung, tierische Proteine seien für die menschliche Ernährung unabdingbar, kann als „Mythologie" entlarvt werden.

— Jeder Fleischkonsument ist also an der Verschärfung des Welthungerproblems mitbeteiligt.

— Der Appell an die Konsumenten in den Industrieländern kann nur Erfolg haben, wenn er durch praktische — und schmackhafte! — Beispiele einer fleischarmen Kost unterstrichen wird.

Die Thesen nach Moore-Lappé appellieren also an die Mitverantwortung aller
Bewohner der westlichen Industriestaaten für das Welthungerproblem,
einem wesentlichen Aspekt des sogenannten Nord-Süd-Konflikts (vgl. Bericht der Nord-Süd-Kommission). Mit einer Fülle von Rezepten macht sie
gleichzeitig Vorschläge für eine fleischarme Kost, die „die Natur schont". Es
dürfte deutlich geworden sein, daß der so fundierte Appell an das Ernährungsverhalten viel stärker gesellschaftspolitisch motiviert ist als etwa die
biologisch-dynamischen Ernährungsthesen aus dem breiten Spektrum alternativer Esser.

Daß dieser Aspekt in der letzten Zeit aber auch in der öffentlichen Diskussion bei uns an Boden gewinnt, möchte ich durch ein Zitat belegen, das
einem ganzseitigen Artikel aus der Wochenzeitung DIE ZEIT vom 5.6.1981
entnommen ist[2].

„Die Überproduktion an tierischem Eiweiß ist geradezu eine sündhafte
Vergeudung pflanzlicher Nährstoffe . . .
Die Kuh kann aus dem für Menschen unbrauchbaren Gras 3.000 - 4.000
Kilogramm Milch erzeugen. Für jedes weitere Kilo benötigt sie Getreide. Je
mehr Milch sie also gibt, um so mehr wird sie zum Nahrungsmittelkonkur-
renten für den Menschen und verliert somit ihren unvergleichlichen ökolo-
gisch-ökonomischen Wert . . . Wir verfüttern, um ein Kilo Hühner- oder
Schweinefleisch zu erzeugen, rund fünf bis sieben Kilo Getreide. Allein aus
dem Ausland führen wir für die Fütterung soviel davon ein, daß 20 Millionen
Menschen davon ein Jahr lang leben könnten. Von unserem eigenen Getreide wird ebenfalls der überwiegende Teil verfüttert. 66 Millionen Bundesrepu-
blikaner lassen also den Ernährungswert an Getreide für 85 Millionen Menschen verfüttern, um Fleisch, Butter und Milchpulverberge zu erzeugen, die
teilweise zu einem Viertel ihres ursprünglichen Produktionspreises auf dem
Weltmarkt verschleudert werden."

Die ökologischen und ernährungsphysiologischen Implikationen dieses
Wahnsinns sind damit noch gar nicht aufgezeigt; es ist aber hier nicht der
Ort, das Thema inhaltlich weiter zu vertiefen. Mir schienen in diesem Ansatz
jedenfalls gute Möglichkeiten für schulische Projekte zu liegen.

Das erste Projekt: Wieviel Erdöl ißt der Mensch?

Wenn ich ein mir ergiebig erscheinendes Projektthema zum ersten Mal erproben möchte und im Unterricht vorschlage, neige ich dazu, den Rahmen
nicht allzu groß zu wählen, damit die sich ergebenden, noch unbekannten
Schwierigkeiten eher kalkulierbar bleiben. So ergab sich hierbei, daß — nach
dem Ausscheiden einiger Abiturienten — in einem auf ein Dutzend Teilnehmer geschrumpften Leistungskurs Biologie für die letzten vier Schulwochen
ein attraktives Thema gesucht wurde. Während der vorhergehenden Seme-
sterwochen hatten wir — unter biokybernetischen Aspekten: irgendwie
lassen sich die Kursinteressen mit den Richtlinien immer vermitteln — das
Energieproblem (Grenzen des Wachstums, Versorgungskrise, Umweltbelastung) untersucht. Deshalb machten wir uns das Projektthema unter der
Fragestellung zupaß: Wieviel Erdöl ißt der Mensch? Genauer, nur weniger
anreißerisch: Wie können geänderte Ernährungsgewohnheiten einen Beitrag
zum „Energiesparen" leisten? Den Bericht über dies Projekt möchte ich in
einigen Unterpunkten abhandeln.

Wieviel Erdöl ißt der Mensch?

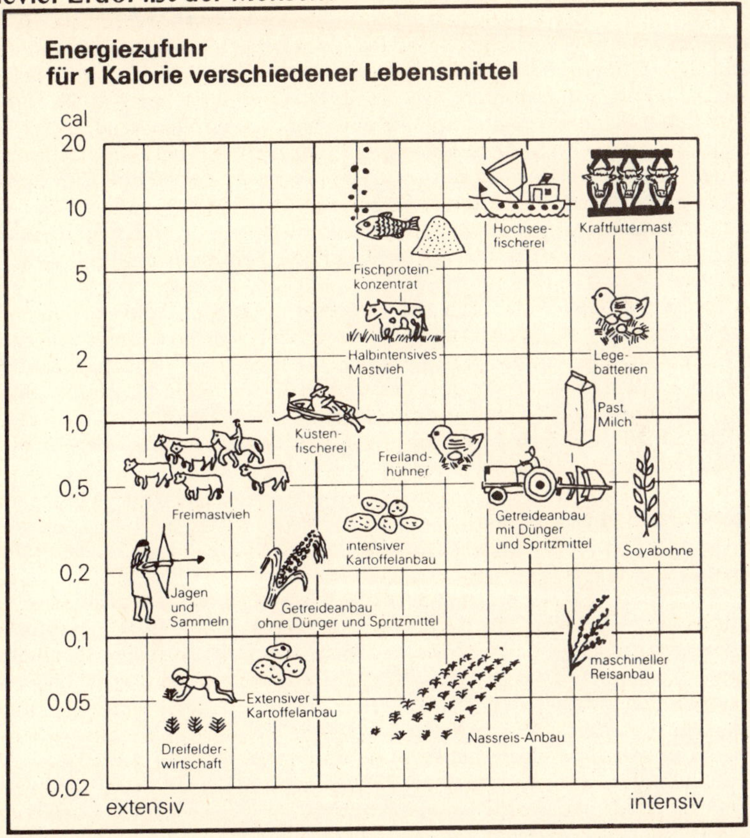

**Energiezufuhr
für 1 Kalorie verschiedener Lebensmittel**

cal

Achse: 20 — 10 — 5 — 2 — 1,0 — 0,5 — 0,2 — 0,1 — 0,05 — 0,02

Hochsee-fischerei

Kraftfuttermast

Fischprotein-konzentrat

Halbintensives Mastvieh

Lege-batterien

Past. Milch

Küsten-fischerei

Freiland-hühner

Freimastvieh

Getreideanbau mit Dünger und Spritzmittel

Soyabohne

intensiver Kartoffelanbau

Jagen und Sammeln

Getreideanbau ohne Dünger und Spritzmittel

maschineller Reisanbau

Extensiver Kartoffelanbau

Dreifelder-wirtschaft

Nassreis-Anbau

extensiv — intensiv

Landwirtschaft und Energie — oder: wieviel Öl und Elektrizität stecken in der Nahrung?
Der gesteigerte Einsatz an Hilfsstoffen und Maschinen in der Landwirtschaft und im Nahrungsmittelsektor hat nicht nur direkte Folgen auf die Umwelt, sondern führt auch zu einem *gesteigerten Bedarf an Fremdenergie.* Und wiederum sind wir in einem Teufelskreis gefangen, denn dieser wachsende Energiebedarf belastet unsere Umwelt.
Wie ist die Landwirtschaft in diese Lage geraten? Die niedrigen Energiepreise ermöglichten eine fortwährende Ersetzung menschlicher Arbeitskräfte durch Maschinen. Eine Treibstoffkalorie ist zehnmal billiger als eine Nahrungskalorie und tausendmal billiger als eine menschliche Arbeitskalorie. Die ökonomische Bilanz kann unter diesen Verhältnissen noch immer Gewinne verzeichnen, wenn die ökologische Bilanz längst schon defizitär ist. Vor allem die immer intensivere Anwendung von Stickstoff-Kunstdüngern und von Bioziden, deren Herstellung außerordentlich energieintensiv ist, trug wesentlich zu dem steigenden Trend des Energieeinsatzes bei.
Bei der Maisproduktion beispielsweise mußte im Zeitraum von 1945 bis 1970 eine 2,4 fache Ertragssteigerung mit dem 3,1fachen Energieaufwand erkauft werden.
Doch auch Verarbeitung und Verteilung der Agrarprodukte „fressen" immer mehr Energie. Und heute haben wir jenen Punkt erreicht, wo diese Zusatzleistungen mehr Energie benötigen als die eigentliche Produktion der Nahrungsmittel.
Die 126 Kilogramm Stickstoffdünger, die die amerikanischen Farmer pro Hektar verwenden (mit einem Energieaufwand von 245 Liter Dieselöl), könnten jährlich erzeugt werden aus drei Kühen, von 24 Schweinen oder 210 Hühnern. Denn: „Jedes Schwein ist eine kleine Düngerfarm" (Mao Tse-tung).
(*Quelle:* NAWU-Report, S. Fischer Verlag GmbH, Frankfurt/M.)

Schmackhafte Information

Wir griffen für unser Projekt die Thesen des einleitend vorgestellten Buches auf, änderten mit der Hauptfragestellung aber die Intention. Das Schwergewicht lag nun nicht mehr auf dem moralischen Appell in bezug auf das Welthungerproblem, sondern mehr auf einem energiepolitischen Appell, verbunden mit der allgemein noch als völlig abwegig anmutenden Vorstellung, eine Ernährungsumstellung könne Beiträge zum aktuellen Programm des Energiesparens liefern. Diese Informationen wollten wir der Schulöffentlichkeit näherbringen. (Mehrere Kursteilnehmer plädierten dafür, mit einem Stand auf dem Wochenmarkt auch ein größeres Publikum anzusprechen; dieser Gedanke mußte aber wegen der näherrückenden Ferien vorerst fallengelassen werden.)

Wir waren uns einig, daß die Informationen nicht nur in papierener Form (gleichsam als ,,graue Theorie") verbreitet werden sollte, sondern mit der Unterstützung schmackhafter Kostproben aus den reichhaltigen Vorschlägen unseres Taschenbuches, das jedem Kursteilnehmer zur Verfügung stand. Nachdem wir einen Tag festgelegt hatten, an dem wir vormittags in der Pausenhalle der Schule einen Stand aufmachen wollten, begannen wir mit den Vorbereitungen.

Probieren geht über studieren!

Der Hauptteil unserer Vorbereitung bestand darin, daß wir die von den Untergruppen ausgesuchten und zubereiteten Speisen (Kleingebäck, Brotsorten, Süßspeisen, Salate, warme Gerichte wie Aufläufe u.a.) probierten und geschmacklich in bezug auf den Projekttag beurteilten. (Dabei mußten wir uns kurzerhand für einen repräsentativen Ausschnitt aus der Bevölkerung halten.) Aber auch andere Kriterien spielten in den jeweils anschließenden Vorgesprächen eine wichtige Rolle: Wie kompliziert hatte sich die Zubereitung gestaltet? Wie lang waren die Kochzeiten? Wo waren Bezugsquellen für die Zutaten, die für die ortsübliche deutsche Küche zum Teil etwas ungewöhnlich waren (Sojabohnen, Sesamsamen, Vollweizenmehl, Sonnenblumenkerne usw.)? Wo wurden diese Produkte am preiswertesten angeboten: in Reformhäusern, Alternativ- oder Dritte-Welt-Läden? Wer konnte was für wen am leichtesten besorgen?

Auf diese Weise stellten wir eine Reihe von Kostproben zusammen, die — im Wortsinn: nach unserem Geschmack — geeignet waren, die Information wirksam zu unterstützen, und die daher am Projekttag feilgeboten werden sollten. Heftige Diskussionen löste im Kurs die Frage aus, ob die Kostproben kostenlos oder kostendeckend angeboten werden sollten. Diese Grundsatzdebatte führte zu einem allgemein vertretbaren Kompromiß; es gelang uns, den Schulverein für die Erstattung der Unkosten zu gewinnen, die nicht durch Einnahmen gedeckt würden.

Anschauliche Theorie

Jede der (sechs) Untergruppen hatte darüber hinaus die Aufgabe übernommen, einen wichtigen Teil der theoretischen Information in die anschauliche Kurzfassung einer Plakatwand umzusetzen. Die Aufgabenverteilung wie auch die jeweiligen Entwürfe für die ,,Plakate" wurden im Plenum besprochen.

Zum Teil lieferten die Abbildungen aus dem Taschenbuch direkte Vorlagen für diesen wichtigen Teil des Projekts. Eine der Gruppen versuchte die Kerninformation in Großaufnahmen fotografisch umzusetzen. Wichtige ergänzende Zusatzinformationen konnten wir aber auch dem NAWU-Report[3] entnehmen.

Zusätzlich bereiteten wir Handzettel vor, die für Interessenten „mitnehmbare" Anregungen enthielten wie z.B. die vervielfältigten Rezepte zu den von uns ausgewählten Kostproben oder die folgenden Textabschnitte und Abbildungen.

Auf diese Weise wurde am Projekttag ein im ganzen recht eindrucksvoller und nicht leicht übersch- und „überriechbarer" Stand aufgestellt: Plakatwände, die mit den wichtigsten Tatsachen über die energievergeudenden Ernährungsgewohnheiten unserer Gesellschaft auf die Tische mit Kostproben zuführten, an denen Maiswaffeln gebacken wurden und an denen es Käse-Auflauf, ein mexikanisches Sojagericht, Sesamcracker u.a. zu probieren gab. Den meisten Zulauf hatte der Stand verständlicherweise in den Pausen; aber mehrere Klassen besuchten ihn auch mit ihren Lehrern während der Unterrichtsstunden dieses Vormittags.

„Kochmütter" kochen Öko-Diät

Unser Projekt hatte eine weitere Dimension, die in dem Bericht nicht übergangen werden soll: an drei von den fünf Schultagen in der Woche kochen einige Mütter ca. 50 Portionen für die Schüler, deren Unterricht sich bis in den Nachmittag erstreckt und die keine Gelegenheit haben, zu Hause warm zu essen. Mit den für den Projekttag eingeteilten „Kochmüttern" verhandelten wir; einmal mußten wir es tun, weil wir selbst an diesem Tag die Küche mitbenutzen wollten, zum anderen wollten wir sie aber auch gewinnen, ihr Kochprogramm für diesen Tag auf „Öko-Diät" umzustellen. Sie waren nicht nur bereit dazu, sondern zeigten darüber hinaus lebhaftes Interesse. Den Menüvorschlag arbeiteten wir aus, wir besorgten auch die Zutaten dafür und übernahmen die Küchenregie, hatten aber den Vorteil, die Kocherfahrung der Mütter nutzen zu können. Für das Gesamtprojekt war dieser Teil insofern wichtig, als er uns über die „Population der Schul-Mittagesser" sehr wichtige Rückmeldungen für die Auswertung des Projekts vermittelte (vgl. unten).

Essen „geht unter die Haut"!

Projekte wie dieses, die durch eine markante „orale Komponente" gekennzeichnet sind, erhalten damit einen nicht zu unterschätzenden affektiven Anteil. Das hat einerseits natürlich den Vorzug, daß die Stellungnahmen zu dem Projekt — ob zustimmend, ablehnend oder wie immer — sehr prägnant ausfallen, daß die Information sehr wirksam „ankommt". Das birgt andererseits aber auch Schwierigkeiten, die nicht übersehen werden dürfen. Für Kursteilnehmer, die sich mit der „Botschaft" des Projekts nicht identifizieren können oder wollen, kann es unter diesen Umständen schwer sein, ihre Distanz deutlich zu markieren. Essen geht eben „unter die Haut", und ein Projekt, das einen Appell enthält, der nicht nur verbal vermittelt wird, kann man sich nicht so leicht „vom Leibe halten". Zwei Schüler aus unserem Kurs hatten ihre Mühe damit, deutlich zu machen, daß für sie die Beteiligung nur „Informieren", aber nicht „Identifizieren" bedeutet: ihnen war — überspitzt gesagt — ihr Steak heilig, und sie wollten es nicht durch den im

ÖKO-DIÄT

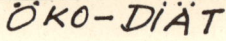

(Information und Kostproben am 2.7.1980 / Pausenhalle Gy Buck)
Wußten Sie, daß Sie mit einem Pfund Fleisch leicht 30 Gäste sättigen könnten, wenn Sie nicht das Fleisch, sondern das zur Fleischproduktion notwendige Getreide in Form pflanzlicher Nahrung – geschmackvoll zubereitet – anbieten würden?
Tatsache ist, daß aufgrund der starken Mästung heutzutage ca. 16 Pfund Getreide, Kraftfutter, Sojaprodukte und anderes zur Erzeugung von einem Pfund Fleisch gebraucht werden. Hinzu kommt noch, daß die verstärkte Produktion der Futterstoffe eine zunehmende Maschinisierung und sehr viel mineralische Düngung erfordert. Unser Fleischkonsum führt also zu einer enormen Verschwendung von Nahrungsmitteln und Energie – und das angesichts des Hungers in der Welt.
Da alle für den Körper wichtigen Stoffe des Fleisches auch durch pflanzliche Nahrung (und Milchprodukte) eingenommen werden können, bedeutet ein teilweiser oder gänzlicher Verzicht auf Fleisch *kein gesundheitliches Problem.*
Wir bitten Sie, den von uns aufgezeigten Beitrag zum Thema *Energiesparen* anhand unserer Schautafeln oder in einem Informationsgespräch zur Kenntnis zu nehmen – was in Anbetracht des wachsenden Hungers auf der Welt wohl keine allzu große Bitte ist.

Projekt vermittelten Inhalt diffamiert wissen. Sie bekundeten das zuletzt noch damit, daß sie sich während der schriftlichen Abitur-Klausur, die sie nach den Großen Ferien über diesen Abschnitt des Kurses schreiben muß-ten, ein Schnitzel servieren ließen.

Projektauswertung als ,,Projekt im Projekt''
Wenn es in einem Projekt darum geht, Informationen zu vermitteln, dann ist wohl ein wichtiger Teil des Projekts, die Wirksamkeit der Vermittlung mög-lichst präzise zu erfassen. Dies und auch die innerschulische ,,Werbung'' (Hinweise auf Zeit und Ort der ,,Veranstaltung'') brauchte in diesem Fall nicht der Biologie-Kurs selbst zu übernehmen. Dieser Aufgabe widmete sich (in 9 dafür zur Verfügung stehenden Schulstunden) ein Psychologie-Grund-kurs zum Semesterthema ,,Erkennen und Verändern'' während des glei-chen Zeitraums. Genaugenommen beteiligte sich daran nur die Hälfte der Kursteilnehmer: Nachdem sie vorher gemeinsam über diagnostische und therapeutische Möglichkeiten der Psychologie gesprochen hatten[4], wollten einige Schüler diese Aspekte unbedingt weiter vertiefen. Sie waren froh, daß ihnen das auch anhand geeigneten Materials selbständig gut gelang. Die übrigen übernahmen die Projektbegleitung — gewissermaßen als ,,Projekt im Projekt'', das damit auch einen fachübergreifenden Anstrich erhielt.

Durch drei Schüler, die Teilnehmer in beiden Kursen waren, war die Querkommunikation gewährleistet. Zu dem empirischen Teil der Projekt-auswertung gehörte eine Fragebogenaktion, zu der mehrere Klassen aus un-terschiedlichen Klassenstufen herangezogen werden konnten. Sie füllten sowohl vor als auch nach dem Projekttag einen Fragebogen aus, der in we-sentlichen Teilen identisch war, so daß der ,,Erfolg'' des Projekts an einem repräsentativen Querschnitt der Schulöffentlichkeit sehr eindeutig ermit-telt werden konnte. Es würde zu weit führen, wenn ich hier Einzelheiten aus dieser recht umfangreichen Erhebung ausbreiten würde. Nur soviel: Die Hauptträger des Projekts aus dem Biologie-Kurs schienen am Projekttag z.T. enttäuscht darüber, daß ihnen zwar die Kostproben quasi aus der Hand ge-rissen wurden, daß jedoch die theoretische Information demgegenüber ihrem Eindruck nach kaum zur Kenntnis genommen worden sei. Nach Auswertung der Fragebogenergebnisse zeigte sich, daß dieser Eindruck wohl trügerisch gewesen war: Es war ein deutlicher bis erstaunlicher Informationszuwachs zu verzeichnen.

Ein wichtiges Ergebnis war weiter, daß ein beträchtlicher Teil der be-fragten Schüler die Information nicht nur verstanden, sondern ausdrücklich zustimmend zur Kenntnis genommen hatte und trotzdem — ehrlich kom-mentierend — zur Sprache brachte: Meine Ernährungsgewohnheiten werde ich wohl trotzdem nicht ändern (können)! Ein deutlicher Hinweis darauf, wie festgefügt diese Gewohnheiten schon bei jungen Menschen sind.

Ein Ergebnis, auf das ich schon einleitend hingewiesen habe, ist die Tat-sache, daß das Wort ,,Diät'' in der deutschen Sprache in bezug auf die ,,Öko-Diät'' falsche Vorstellungen weckt und zu Vorurteilen führt, die schwer ab-zubauen sind. ,,Diät'' ist eng assoziiert mit Vorstellungen wie ,,Kranken-kost'', ,,Schonkost'' o.ä., die alle negativ besetzt sind. Viel richtiger wäre es also, von Öko-Nahrung zu sprechen, um negative Assoziationen nicht erst wachzurufen, gegen die neue Informationen dann einen um so schwereren

Stand haben. Ganz abgesehen davon, daß die Übersetzung mit „Nahrung"
auch dem amerikanischen Wort viel eher entspräche.

Zur inhaltlichen Auswertung gehörte für den Biologie-Kurs natürlich
auch die Frage, in welcher Größenordnung die Energieeinsparung denn
wirklich liegen könnte. Äußerungen in Verlautbarungen interessierter Verbände (Bauernverband, chemische Industrie), die in dieser Richtung inter-
pretiert werden können, den Effekt aber eher zu bagatellisieren versuchen,
führen zur Annahme, es könnte den Energieverbrauch in der Bundesrepublik
bestenfalls um 2 % entlasten. Unsere Berechnungen liegen eher bei 5 %;
aufgrund bisher fehlender Unterlagen mußten wir jedoch verschiedene Werte
schätzen, so daß der Unsicherheitsfaktor groß ist. Trotzdem ist die Größenordnung angesichts der angespannten Lage nicht unbedeutend.

Abschließend soll zum „werbenden" Teil des „Psychologieprojekts im
Projekt" hier nur angefügt werden, daß auch die Entwicklung des „Öko"
-Signets, das dann auf allen Plakatanschlägen u.a. Hinweisen auf den Projekttag, auf den Plakatwänden und Handzetteln wiederkehrte, zu seinen Ergebnissen zu rechnen ist.

Das zweite Projekt: Neue Rezepte

Bei dem Bericht über ein zweites Projekt zu diesem Thema kann ich mich
sehr viel kürzer fassen, zumal es im Rahmen des Unterrichts (Biologie) einer
10. Klasse blieb. Es schließt inhaltlich an das vorstehend dargelegte Projekt
insofern an, als wir dort vor der Schwierigkeit standen, daß manche der von
Moore-Lappé in den Rezepten vorgeschlagenen bzw. angegebenen Zutaten
in der Bundesrepublik nicht oder nur schwer erhältlich sind. Der naheliegen-
de Gedanke, daß energiesparende Öko-Nahrung eigentlich auch billiger sein
müßte, läßt sich z.B. aufgrund dieses Problems nicht realistisch, d.h. markt-
gerecht nachweisen. Deshalb war in dieser Klassse die Aufgabe, neue Rezepte zu erproben und in der Klasse vorzustellen.

An diesem Projekt, neue „heimische" Öko-Nahrung-Rezepte zu entwickeln, beteiligte sich nicht die gesamte Klasse, da einige lieber Referate
über verschiedene Krankheiten u.a. vorbereiten wollten. Nachdem von allen
Arbeitsgruppen das Rezept-Manuskript mit einer Analyse, die besonders
den Proteinanteil nach den Tabellen des Buches zu berücksichtigen hatte,
abgeliefert worden war, wurde ein Tag festgelegt, an dem alle vorgeschlagenen „Speisen" von den Arbeitsgruppen zum Probieren mitgebracht werden sollten. So wurden von den Gruppen selbst Proben ausgeteilt von Buchweizenpfannkuchen, Kartoffelbrot, Hefezopf, Nußbrötchen, einem Reisgericht, Obst-Käse-Salat und einer Quarkspeise.

Aus der Zusammenstellung wird ersichtlich, daß nicht alle „Erfindun-
gen" absolut originell waren. So sind die Buchweizenpfannkuchen z.B. ein
großmütterliches Familienrezept, den meisten aus der „modernen" Küche
unbekannt, das nun unter dem Etikett „Öko-Nahrung" auferstehen durfte.
Das Kartoffelbrot hatten zwei Mädchen nach einem Buch mit Brotrezepten
bereits mehrfach erprobt; es hatte ihnen gefallen, und nun sahen sie es auf
besondere Weise legitimiert.

Aber die meisten Gruppen bemühten sich, die Zutaten auf neue Art so
zusammenstellen, daß ein den menschlichen Bedürfnissen entsprechender
Proteinanteil ausgewogen enthalten war. Das ist eine Bemühung, die bei ver-
schwenderischem Umgang mit Nährstoffen vernachlässigt wird und bei Ver-

wendung vornehmlich tierischer Eiweiße nicht so wichtig ist, weil diese in ihrer Zusammensetzung dem Bedarf des Menschen natürlicherweise mehr entsprechen. Wenn bei der Verwendung pflanzlicher Nahrung die Speisen nicht zu kalorienreich werden sollen, was wiederum „Energie verschwenden" würde, dann muß der Anteil der enthaltenen Proteine gesondert beachtet werden. Auf verständliche und überzeugende Weise regt das Buch von Moore-Lappé dazu an.

Nach der Stunde, in der wir die verschiedenen Proben möglichst sachverständig zu uns genommen hatten, erhoben wir klassenintern auch mit Hilfe eines Fragebogens das „Geschmacksurteil". Zur Beurteilung war eine der Spalten „sehr gut", „gut", „weniger gut" oder „nicht gut" bei jeder Kostprobe anzukreuzen. Den höchsten Grad der Zustimmung aus der Klasse erhielt das „Reisgericht", das zwei Jungen entwickelt hatten und das sich auch besonders gut eignet, um an ihm das Prinzip der Proteinzusammenstellung zu verdeutlichen.

Als Zutaten (pro Person) wurden für dies Reisgericht angegeben:

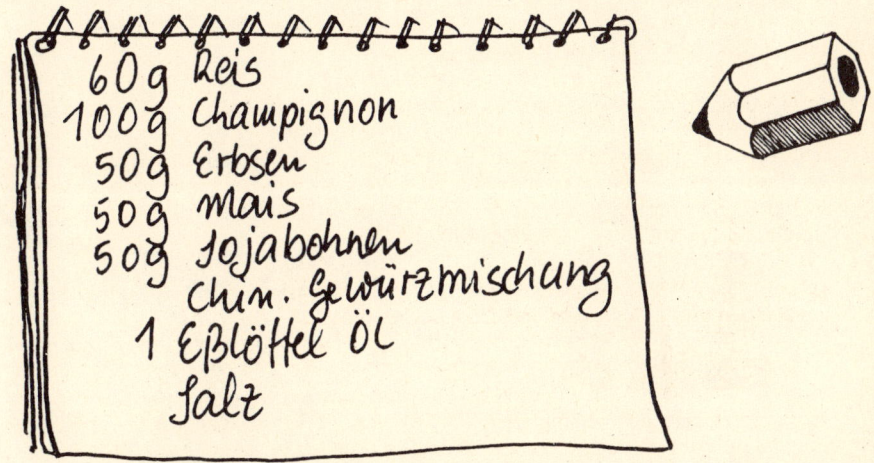

60 g Reis
100 g Champignon
50 g Erbsen
50 g Mais
50 g Sojabohnen
chin. Gewürzmischung
1 Eßlöffel Öl
Salz

Aus den Tabellen des Buches geht nun hervor, daß diese Portion etwa die Hälfte des Tagesbedarfs an Proteinen enthält. Besonders wichtig ist in diesem Zusammenhang, den Gehalt an essentiellen Aminosäuren in den Proteinen zu beachten: das sind die Bestandteile der Eiweiße, die vom Organismus nicht synthetisiert werden können und deshalb in ausreichender Menge unbedingt enthalten sein müssen. Die Analyse zeigt, daß die Gruppe die Zutaten gut zusammengestellt hat: so wird der Mangel an schwefelhaltigen Aminosäuren in Erbsen und Sojabohnen z.B. ausgeglichen durch die Champignons, die diese besonders reichlich enthalten; ein gewisser Mangel an Isoleucin hätte vielleicht durch frische Bohnen (statt der Erbsen) noch besser behoben werden können usw.. Diese Anstrengungen sind vielleicht etwas ungewohnt; aber die Schüler fanden, daß das erforderliche Kombinieren und das „Experimentieren" auch kreative Möglichkeiten freisetze, wodurch sich diese Form des „Energiesparens" besonders abwechslungsreich gestalte. . .

Handlungsperspektiven

Schon bei früheren Gelegenheiten habe ich die wohltuende Erfahrung machen können, daß „gaumenfreundliche" Projekte besonders angenehmes und eindringliches Lernen gestatten. Und die ersten beiden Gelegenheiten, „Öko-Nahrung" im Unterricht und durch ihn kennenzulernen, haben mich erst recht auf diesen Geschmack gebracht. Als nächstes sehe ich die Gelegenheit, das besonders spröde Thema der Zellbiologie auf diesem Wege anzugehen. Damit hängen dann Fragen zusammen wie die, warum es sich so schwierig gestaltet, Algenkulturen für die Versorgung mit Proteinen heranzuzüchten, oder wie Organismen überhaupt Proteine synthetisieren. Aber mir schweben auch noch andere Ökonahrung-Projekte vor:

1. In Verbindung mit dem Fach Religion oder Politik: „Brot für die Welt" — Neue Möglichkeiten für das Diakonische Werk?

2. Im Fach Psychologie: „Ernährungsgewohnheiten" — Wie lernen Menschen essen? Warum haben sie es schwer, ihre Gewohnheiten zu ändern?

3. Auch für das Fach Biologie gibt es weitere Fragestellungen: „Ökonahrung und Gesundheit" — Welche Überschneidungen gibt es mit anderen Initiativen, die sich um das Ernährungsverhalten kümmern?

4. Als fächerübergreifendes Projekt in der Zusammenarbeit mit mehreren Kollegen wäre naheliegend, das Problem der Energieversorgung aufzugreifen. Dabei könnte die „Ökonahrung als Beitrag zum Energiesparen" ein wichtiger Aspekt sein.

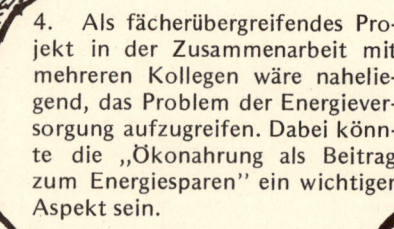

Das Thema eignet sich nach meinen vorläufigen Erfahrungen für recht verschiedenartige Vorhaben: das kursinterne oder Klassenprojekt ebenso wie für andere, die sich an die Eltern, die Schulöffentlickeit oder gar andere Teile der Öffentlichkeit wenden. Es ist geeignet für kleine Projekte, etwa an einem Elternabend, wie für größere, zu deren Vorbereitung und Durchführung erheblich viel mehr Zeit investiert werden muß. Der Oberstufenkurs, der das erste hier beschriebene Projekt gestaltet hat, sah als gute Möglichkeit, sich ähnlich vorzubereiten, dann aber gezielt in die Klassen zu gehen, die sich für eine Informationsveranstaltung zu diesem Thema angemeldet haben. Ich werde der nächsten Gruppe, die sich mit diesem Thema an die Schulöffentlichkeit wenden will, diesen Vorschlag unterbreiten.

Abschließend kann ich sagen, daß ich das Thema von Klassenstufe 8 an für geeignet halte, wenn es auch für diese Stufe mehr Aktivität des Lehrers bei der Einführung und bei den notwendigen Erklärungen nötig machte.

Wer also große Worte liebt, kann getrost auf seine Fahnen schreiben: Öko-Nahrung — eine Strategie für eine humane Zukunft! Ich nehm's gern eine Nummer kleiner und erinnere mich bei Projekten wie diesen bevorzugt an einen Text aus Brechts ,,Me-ti'', in dem ich beim Wort ,,sitzen'' das Wort ,,essen'' mithöre:

,,Tu kam zu Me-ti und sagte: Ich will am Kampf der Klassen teilnehmen. Lehre mich. Me-ti sagte: Setze dich. Tu setzte sich und fragte: Wie soll ich kämpfen? Me-ti lachte und sagte: Sitzt du gut? Ich weiß nicht, sagte Tu erstaunt, wie soll ich anders sitzen? Me-ti erklärte es ihm. Aber, sagte Tu ungeduldig, ich bin nicht gekommen, sitzen zu lernen. Ich weiß, du willst kämpfen lernen, sagte Me-ti geduldig, aber dazu mußt du gut sitzen, da wir jetzt eben sitzen und sitzend lernen wollen. Tu sagte: Wenn man immer danach strebt, die bequemste Lage einzunehmen und aus dem Bestehenden das Beste herauszuholen, kurz, wenn man nach Genuß strebt, wie soll man da kämpfen? Me-ti sagte: Wenn man nicht nach Genuß strebt, nicht das Beste aus dem Bestehenden herausholen will und nicht die beste Lage einnehmen will, warum sollte man da kämpfen?''

Anmerkungen

[1] Frances Moore-Lappé: Die Öko-Diät. Frankfurt/M. 1978. Vgl. dazu auch J. Collins/F. Moore-Lappé: Vom Mythos des Hungers. Die Entlarvung einer Legende: Niemand muß hungern. Frankfurt/M. 1978.
[2] Heiner Sommer: Sind die Bauern an allem schuld? DIE ZEIT Nr. 24 vom 5.6.1981, S. 24.
[3] Binswanger/Geissberger/Ginsburg (Hrsg.): Der NAWU-Report: Wege aus der Wohlstandsfalle. Strategien gegen Arbeitslosigkeit und Umweltkrise. Frankfurt/M. 1978.
[4] Grundlage war Anneliese Ude: Betty. Protokoll einer Kinderpsychotherapie. dtv 1367 und Stuttgart 1975. Wichtige Daten zu Berechnungen dieser Art lassen sich z.B. entnehmen den ,,Agrimenten'', Informationen aus Landwirtschaft und Agrarpolitik, die von der IMA zusammengestellt werden und kostenlos von dort bezogen werden könne: IMA, Alexanderstr. 3, 3000 Hannover.

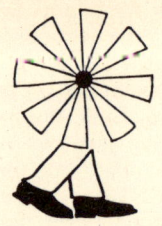

Die Windmühle

Ein Projekt zur alternativen Technologie

Harald Rüsseler

Wie alles anfing
Nicht mehr nur akademisch diskutieren, sondern konkret handeln, nicht nur darüber lesen, sondern selber ausprobieren, nicht nur TVIND bestaunen, sondern selber machen —, das waren die Wünsche am Ende eines von mir an der Marburger Universität durchgeführten Seminars zum Thema „Erwerb von Handlungskompetenz in der Schule". Erstes Ergebnis: die „Reisende Hochschule Marburg", die im Sommer 1980 mit einem selbstumgebauten Reisebus nach Portugal fuhr, um auf einer landwirtschaftlichen Kooperative im Alentejo Erntehilfe zu leisten und das Leben portugiesischer Landarbeiter und deren kollektive Produktionsformen kennenzulernen. — Weitere Anstöße: ein Aufenthalt als Gast der Tvind-Schulen im April 1979 in Dänemark, Besuch in Gorleben, die sich verschärfende Diskussion um die Zukunft unserer Energieversorgung, zunehmende Kritik am herrschenden Schulsystem.

Mein Entschluß, im Rahmen meiner Tätigkeit als Lehrer ein Projekt zur Energiefrage durchzuführen und damit auch ganz andere Unterrichtsformen zu versuchen, verstärkte sich.

Ich stellte daher einen Antrag an die Fachkonferenz Polytechnik der Richtsberg-Gesamtschule in Marburg auf Durchführung eines Projekts im Wahlpflichtbereich des 9. Schuljahres mit dem Inhalt „Alternative Technologien der Energiegewinnung". Dem Antrag wurde stattgegeben. Im Schuljahr 1979/80 (Beginn: 23.8. 1979) wurden mir zwei Stunden Polytechnik im Wahlpflichtbereich eines 9. Schuljahrs übertragen. Das Projekt konnte beginnen.

Projekt-Blow-Up- oder: Wie aus kleinen Brötchen ein großes Brot wurde
Die ursprüngliche Planung sah nun vor, in Arbeitsgruppen kleinere Modelle verschiedener Windkonverter und Sonnenkollektoren zu bauen. Aber schon in den ersten Stunden entstand bei den Schülerinnen und Schülern des Kurses der Wunsch, nur einen größeren Windkonverter mit einer Masthöhe von 3 m zu bauen. Dieser sollte auf einem Gelände unterhalb der Schulgebäude errichtet werden. Da dieses Gelände jedoch von einem ca 15 m hohen Mischwald begrenzt wird, wurden wir gleich zu Beginn des Projekts mit einem Kernproblem konfrontiert: der Frage nach der Windexposition des Standorts. Konsequenz der Schüler: „Dann bauen wir das Ding eben so groß, daß es über die Baumkronen hinausragt!"

Gesagt — beschlossen, und Berge von Problemen und Schwierigkeiten türmten sich schlagartig vor uns auf. Woher den Mast nehmen, die Bauele-

mente für den Maschinenteil, die Werkzeuge, das Geld? Holzmast oder Stahl-
mast? Segelrad oder Propeller? Erhalten wir überhaupt die Genehmigung für
eine Großmaschine? Müssen wir einen Bauantrag stellen? Sind statische Berechnungen notwendig? Wie stehts mit den Sicherheitsbestimmungen?

Gedanken der Undurchführbarkeit eines solchen Vorhabens kamen in
mir auf, da erinnerte ich mich wieder an Tvind: Probleme sind dazu da, gelöst zu werden, und, ‚do it' wurde uns immer wieder gesagt — handelt!!

Das Projekt lernt laufen:

Aus dem

Im **September 1979** bilden wir themenbezogene Arbeitsgruppen. AG 1: Mast, AG 2: Antrieb (Segelrad, Propeller), AG 3: Generator, Energiespeicherung, AG 4: Dokumentation. Wir erstellen gemeinsam eine Material- und Werkzeugliste, beschäftigen uns mit der Theorie der Windenergie und fertigen erste Konstruktionspläne in den Arbeitsgruppen an.

Im **Oktober** fällt die Entscheidung über den Standort unserer Windmaschine. Er befindet sich in etwa 280 m üNN in windgünstiger Lage mit West-Nordwestposition auf dem Gelände des alten Schulgartens. Der Mühlenkopf wird die Baumkronen des das Schulgelände abgrenzenden Waldes um einige Meter überragen. Der Schulleiter teilt uns mit, daß wir einen Bauantrag stellen müssen.

November 1979: Wir besuchen verschiedene Baufirmen in der Hoffnung, einen alten Baukran-Mast oder -Ausleger zu erhalten. Leider vergeblich. Eine Firma hätte uns im Sommer einen Baukran zur Verfügung stellen können, nun ist er leider schon verschrottet. Am 13.11. berichtet Bruno Eidam, daß uns sein Vater, der bei der EAM arbeitet, einen 10 m hohen Stahlgittermast beschaffen könne. Wir freuen uns riesig, die erste Hürde ist genommen! In Radehausen bei Kirchhain besichtigen wir eine kleine, fünf Meter hohe Windkonverteranlage ...

Ende November/Anfang Dezember 1979: Wir inspizieren den uns geschenkten Stahlgittermast an seinem alten Standort, bereiten den Lagerplatz für den Mast auf dem Schulgelände vor und beschaffen uns eine Drehstrom-Lichtmaschine, eine Audi-80-Hinterachse, Keilriemen, Plastikfolien und Abdeckplanen. Alle Marburger Firmen, die wir besucht haben, finden unser Projekt prima und waren sofort bereit, uns mit einer Materialspende zu unterstützen!

Michael, Sigi, Bruno und Herr Rüsseler sind dabei, als am 14. Dezember 1979 der Mast mit dem Schneidbrenner vom Betonsockel getrennt, verladen und von der EAM zum Lagerplatz oberhalb des kleinen Schulgartens transportiert wird.

Anfang Januar 1980 erhalten wir einen Auszug aus dem Katasterplan der Stadt Marburg, der das Schulgelände zeigt. Wir vermesssen den Stahlgittermast und fertigen im Fotolabor maßstabsgetreue Vergrößerungen des Masts an. Wir richten einen Materialsammelraum ein und besorgen uns vom Schrottplatz eine komplette P 404-Hinterachse. Das Bauamt fordert eine statische Berechnung der Windkraftanlage.

Februar '80: Herr Dipl.-Ing. M. Küllmer — Bauplanung, Statik — aus Marburg ist bereit, die statische Berechnung durchzuführen. Herr Rüsseler berichtet uns über sein Gespräch mit Herrn Küllmer und gibt an uns die dort erhaltenen Informationen über die statische Berechnung von Mast und Fundament weiter. Marburger Farbengeschäfte schenken uns Rostschutzfarbe und Lackfarben für den Mast, der Bosch-Dienst erklärt sich bereit, unsere Lichtmaschine kostenlos zu prüfen. Die Maschine ist o.k., Stromabgabe ab 2.000 U/min.

Zweite Februarhälfte: Vom SPD-Ortsverein Marburg-Bauerbach erhalten wir eine Spende von 50,- DM. Durch nochmalige Verhandlungen mit Herrn Förster von der Planungsabteilung des Stadtbauamts Marburg (der später auch den Bauantrag für uns unterschreibt) erreichen wir, daß die Vorlage eines Standsicherheitsnachweises ausreicht, um den Bauantrag stellen zu können.

Tagebuch!

Ein Mitarbeiter der Monette-Kabelfabrik erklärt uns bei einem Besuch, daß wir für eine Leitungsstrecke, die über 10 m lang ist, ein Kabel mit 6 mm Querschnittsfläche benötigen. — Im Anschluß an eine Materialbeschaffungsaktion fahren wir zum Ausflugslokal „Dammühle" Kaffeetrinken.

Im März waren wir wieder mehrmals unterwegs, um Material zu beschaffen, wie immer mit dem PKW unseres Projektleiters. Unter anderem erhalten wir von der Firma Hillgärtner & Pellenat etwa 5 m^2 „Valmex complan Hochglanzplanenstoff" in leuchtend Orange, aus dem wir die Segel herstellen wollen.—

Am 4. März wird der Bauantrag beim Schulleiter abgegeben, der ihn zum Stadtbauamt weiterleiten wird. Ende März wird uns mitgeteilt, daß die Stadt Marburg die Verantwortung für Bauleitung und Planverfassung übernimmt. Damit dürfte einer Baugenehmigung nichts mehr im Wege stehen.

Im Anschluß an unsere nachmittäglichen Aktionen zur Materialbeschaffung treffen wir uns öfter bei Susi Morgenstern aus der 10 a zum Tee.

April 1980: In den Osterferien besucht Herr Rüsseler einen Freund im Institut für Luft- und Raumfahrt Berlin. Dipl.-Ing. Jan Freels arbeitete dort an einem Forschungsprojekt zur Nutzung der Windenergie mit und hat schon viel Erfahrung im Bau von Windgeneratoren. Außer reichlichen Informationen bringt Herr Rüsseler die Zusicherung mit, daß wir gemeinsam mit Jan Freels computerberechnete Rotorblätter in GFK-Technik bauen können.

Der Mai vergeht mit dem Absperren des Bauplatzes durch einen Holzzaun und Ausschachtungsarbeiten für das Mastfundament.

Anfang Juni ist es dann soweit: Wir fahren mit einem VW-Bus, den uns der Vater von Andreas Urff zur Verfügung gestellt hat, vom 3. — 5.6.1980 nach Lichtenborn bei Göttingen. Jan hat aus Berlin die Originalform zum Bau der Rotorblätter mitgebracht. Die etwa zwanzig Arbeitsgänge, die zur Herstellung eines Rotorblatts notwendig sind, haben wir in einem Super-8-Film festgehalten. Am 28. Juni fand in unserer Schule der „Englisch-Französische Tag"[1] statt. Wir nutzen die Gelegenheit, unser Projekt der Schulöffentlichkeit vorzustellen.

September und Oktober 1980 — unterbrochen von Schuljahresende, Schülerwechsel, Klassenfahrten und Krankheit — vergingen damit, die neuen Schüler des 7. Jahrgangs in das Projekt einzuführen und den in den Sommerferien demolierten Bauzaun wiederherzurichten. Nach den Herbstferien, nach langer Zeit des Wartens und der Ungewißheit, wird uns am 4.11.1980 die Baugenehmigung mit Datum vom 14.10.1980 ausgehändigt! Aufgrund vieler Regentage und früher Nachtfröste, die den Betonguß für das Fundament bzw. den Anstrich des Masts mit der frostempfindlichen Rostschutzfarbe nicht mehr möglich machte, beschlossen wir, die Außenarbeiten erst im Frühjahr 1981 fortzusetzen. Während der „Winterpause" arbeiten wir am Mühlenkopf und Segelrad weiter.

Ende Mai: Der Mast ist entrostet und mit Rostschutzfarbe gestrichen, die Baugrube auf ihre vorgeschriebene Größe von 2,25 x 2,25 x 1,50 m gebracht, der Beton bestellt. Anfang Juni kann der Mast aufgestellt und der Mühlenkopf mit Segelrad installiert werden, so daß ein erster Probelauf noch vor den Sommerferien stattfinden kann.

Pädagogische Intentionen und Erfahrungen — oder: Was in so einem Projekt alles drinsteckt

Mit dem Projekt sind eine Reihe von pädagogischen Grundzielen verbunden, die zum großen Teil im traditionellen, durch Lebensferne und Bezugslosigkeit gekennzeichneten Unterricht nicht erreichbar sind. Ich möchte im folgenden die Grundziele aufzeigen, die sich bei der Durchführung des Projekts im Rahmen einer Regelschule verwirklichen ließen.

1 **Zukunftsorientierung**
Die Herstellung einer Windkraftanlage steht im Zusammenhang mit der politisch eminent bedeutsamen Diskussion um die Sicherung der Energieversorgung und Verbesserung der Lebensqualität als aktuelle und zukünftige Problematik mit globaler Reichweite.

2 **Modellcharakter**
Der Bau des Windkonverters hat nicht zum Ziel, etwa einen wesentlichen Beitrag zur Energieversorgung unserer Schule zu leisten. Es soll vielmehr ein grundsätzlich mögliches, alternatives Verfahren zur Energiegewinnung an einer Modellanlage aufgezeigt und dessen Vor- und Nachteile, Möglichkeiten und Grenzen experimentell überprüft werden.

3 **Kopplung von Lernprozessen an eine sinnvolle Tätigkeit**
Unser Projekt bietet die Möglichkeit, Wissen und handwerkliche Fertigkeiten nicht nur abstrakt und losgelöst von einem konkreten Bezug und ohne Einsicht in die Nützlichkeit des zu Lernenden zu vermitteln. Lerninhalte werden vielmehr an die Herstellung eines nützlichen und sinnvollen Objekts gebunden, das von allgemeiner gesellschaftlicher Bedeutung ist und in einer aktuellen öffentlichen Diskussion steht. Damit ist ein konkreter Lebensbezug hergestellt, was eine stark motivierende Wirkung auf die Schüler ausübt.

4 **Langfristige Nutzung**
Die Herstellung der Windmühle ist nicht nur ein einmaliger Handlungsakt, sondern der fertige Windkonverter kann langfristig genutzt, verändert und verbessert sowie durch Folgeprojekte (Druckluft-Produktionsanlage, Energie-Verbund mit Sonnenkollektor, Gewächshaus) in größere Zusammenhänge integriert werden. Weiterhin kann die Anlage sinnvoll von anderen Fachbereichen als Lehrmittel verwendet werden.

5 **Offener Unterricht**
Zu Beginn des Unterrichtsprojekts waren weder Form, Größe, technische Einzelheiten und Konstruktion der Windmaschine, noch Montageverfahren, Material und benötigtes Werkzeug festgelegt. Es gab keine fertige, detaillierte Bauanleitung. Dadurch wird die Durchführung des Projekts zu einem echten kreativen Akt, bei dem Planen und Verwirklichen in wechselseitiger Abhängigkeit stehen. Probleme und deren Lösungen werden nicht vorweg, isoliert vom konkreten Handeln besprochen, sondern auf dem Weg zum Ziel während der Arbeit an Mast, Gene-

rator, Flügel oder Propeller erkannt und gelöst. Die verschiedenen Lösungsvorschläge werden diskutiert, Informationen werden besorgt, Gespräche mit
Kompetenzträgern geführt, um dann Entscheidungen zu treffen. So entwik-
kelt sich Gestalt und Technologie der Maschine sukzessiv, Schritt für Schritt.
Dabei können selbstverständlich auch Irrwege beschritten, Fehlentscheidun-
gen getroffen werden. Aber durch die konkrete Einsicht in die Fehlerhaftig-
keit einer Konstruktion, einer Bemessung oder handwerklichen Ausführung
kann beim Schüler echte Einsicht, wirkliches Verständnis und Motivation
zur Korrektur entstehen.

Eine Schwierigkeit ergab sich bei diesem didaktisch sinnvollen Weg lediglich aus der Notwendigkeit, die für den Bauantrag zu erstellenden Eckdaten sowie Bauauflagen einzuhalten. Von Anfang an festgelegt waren nur die folgenden, grundsätzlichen Konstruktionsprinzipien:

a)   Das Bauwerk muß stabil und sicher sein;

b)   die Betriebsteile (Mühlenkopf, Segelrad, Propeller müssen leicht und schnell zu demontieren sein (d.h. so wenig feste Verbindungen wie möglich, verschrauben anstatt schweißen!);

c)   die Betriebsteile sollen so leicht wie möglich sein;

d)   der Windkonverter als ökologisch sinnvolle Form der Energiegewinnung soll auch als Bauwerk ökologisch vertretbar sein, d.h.

—   er soll sich in das Landschaftsbild einfügen

—   es sollen nach Möglichkeit nur gebrauchte Materialien verwendet werden. (Recycling)

Bauvorhaben
(Auszug aus dem Bauantrag)

Horizontal-Achsen-Windkonverter

Errichtung eines Windenergie-Konverters mit
—   horizontaler Achse
—   3-Blatt-Rotor ohne Blattverstellung aus verzinktem Stahlblech 1,0 mm; Spannten: 1,6 mm
—   5-Blatt-Rotor mit Blattverstellung aus Glasfibergewebe mit Polyurethan-Kern
—   Segelrad mit acht Segeln à 0,35 m^2 Fläche
—   Drehstromgenerator mit Antrieb über Keilriemen (ohne vorgeschaltete Kupplung und Getriebe)
auf einem 9,60 m hohen Stahlgittermast üblicher Konstruktion. Die freie Höhe des Mastes über der Bodenoberfläche beträgt 8,50 m.

Die fertige Anlage soll
a)   als Lehrmittel für den Physik-Unterricht (Erfassung von Abhängigkeiten, Erstellung von Meßreihen und deren Verarbeitung) und
b)   Demonstrationszwecken zur Gewinnung elektrischer Energie aus kinetischer Energie dienen.

Öffnung des Lernorts Schule

6 Das Lernen in der Schule ist gekennzeichnet durch seine Ferne von den konkreten politischen, wirtschaftlichen, sozialen und kulturellen Prozessen. Diese finden außerhalb der Schule statt und werden kontaktlos, ohne echte Betroffenheit auszulösen, medial an die in der ,,Dunkelkammer Schule inhaftierten'' Schüler gefiltert und zensiert vermittelt. Lernen über ,,Stellvertreter'' (Medien), ohne direkten Kontakt zum Geschehen ist aber nicht nur wenig motivierend, sondern meist auch wenig nachhaltig.

So sind auch in der Regel die Aktivitäten zur Unterrichtsvor- und -nachbereitung aus dem Erfahrungs- und Erlebnisbereich der Schüler ausgeklammert: z.B. Material- und Informationsbeschaffung, Zeit- und Terminplanung, Herstellung von Kontakten, Gespräche und Verhandlungen mit Behörden; also jene Aktivitäten, bei denen der Lehrer handelt, Entscheidungen trifft, mit anderen Menschen umgeht. Der Schüler bekommt lediglich das Ergebnis dieser Aktivitäten ,,zum Fraß vorgesetzt''.

Das Projekt bot uns die Möglichkeit, diese Situation zu verändern und den Lernprozeß nicht amputiert von allen dem schulischen Lernen vor- und nachgeordneten Aktivitäten stattfinden zu lassen, sondern den Lernort aus der Schule heraus an den Ort des Geschehens zu legen. Einige Beispiele:
● Gleich zu Beginn des Projekts besichtigten wir eine in der Nähe von Studenten gebaute kleine Windkraftanlage. Bei den Schülern entstand durch den direkten Kontakt und die Erfahrung der Machbarkeit eines solchen Projektes spontan eine hohe Motivation und Zuversichtlichkeit. Sofort wurden Skizzen angefertigt und eigene Ideen zu Konstruktionsdetails entwickelt.
● Die Fahrt nach Lichtenborn bei Göttingen zum Bau der Rotorblätter. Schüler und Lehrer ,,wohnten'' in dem noch im Umbau befindlichen Bauernhof im Stroh. Selbstverpflegung, gemeinsame Arbeit und Freizeit mit den dortigen Bewohnern festigte die Schülergruppe und ließ sie — ganz nebenbei — Erfahrungen mit einer alternativen Lebens- und Arbeitsform machen.
● Besuche bei Dipl.-Ing. M. Küllmer eröffneten einen Einblick in einen mathematisch-technischen Beruf.
● Die Gespräche und Verhandlungen mit dem Bauamt der Stadt Marburg ermöglichten den Schülern, Erfahrungen im Umgang mit Behörden als Teil des öffentlichen Lebens zu sammeln. Sie lernten, Antragsformulare auszufüllen und Nachweisdokumente zu beschaffen. Sie setzten sich mit gesetzlichen Bestimmungen und Verordnungen bezüglich von Baumaßnahmen auseinander und diskutierten kritisch deren Sinnhaftigkeit. Vor allem aber lernten sie, vor auftretenden Schwierigkeiten (z.B. Wer unterschreibt den Bauantrag?) nicht zu kapitulieren, sondern Wege zu finden, diese zu bewältigen.
● Die nachmittäglichen Exkursionen zur Materialbeschaffung ermöglichten den Schülern Teileinblicke in die Erwerbsstruktur ihres Lebensraumes. Sie lernten verschiedene Arbeitsplätze kennen und konnten sich mehrfach beim Besuch von Firmen darin üben, ihre Anliegen sachgemäß darzulegen. Dabei machten sie die Erfahrung, daß kleinere Firmen eher bereit waren, uns Material zur Verfügung zu stellen, als die größeren. Sie entwickelten selbständig Ideen, von wem oder woher man das benötigte Material bekommen könnte. Insbesondere im Hinblick auf das gesetzte ökologische Ziel, möglichst viel gebrauchtes Material wiederzuverwenden, führten wir Materialsammelaktionen auf Schrottplätzen und an Sperrmüllabfuhrtagen durch. Die dabei gemachten Beobachtungen führten ihnen die Verschwendungssucht unserer Konsum- und Wegwerfgesellschaft vor Augen, was bei vielen beteiligten Schülern Betroffenheit in Form von Empörung und Ablehnung auslöste.

Das wichtigste Ergebnis all dieser außerschulischen Aktivitäten ist die Entwicklung und Förderung von Selbstvertrauen und Selbstbewußtsein seitens der Schüler. Im Verlauf des Projekts wurden sie mehr und mehr initiativ, hatten immer weniger Angst vor auftretenden Schwierigkeiten, soziale Kontaktsperren wurden abgebaut und sie lernten, offen auf andere zuzugehen und zu sagen, was sie wollten.

7 Gemeinsames Lernen von Lehrer und Schülern/ Hinzuziehen von Experten

Der fächerübergreifende Ansatz des Projekts beinhaltet eine nur partielle Qualifikation des Lehrers. Den großen Alleskönner gibt es nur in den Hirnen einiger größenwahnsinniger „Universal-Pädagogen''.

Bei mir selbst war zu Beginn des Projekts lediglich eine große Begeisterung für den Bau einer Windkraftanlage vorhanden, die ich von meinem Besuch bei den TVIND-Schulen aus Dänemark mitgebracht hatte. Ich hatte weder Kenntnisse über die physikalischen und technischen Grundlagen der Windenergienutzung noch wußte ich, welche baurechtlichen Voraussetzungen zu erfüllen waren, welches Material zu verwenden war, wie man Rotorblätter in GFK-Technik herstellt, woher wir die notwendigen Gelder bekommen sollten, wie ein Stahlbetonfundament auszusehen hat und wie man mit Winkelschleifer und Schweißgerät umzugehen hat (ich war — auf eigenen Wunsch — fachfremd in Polytechnik eingesetzt). Kurz: Ich hatte genausoviel Ahnung wie meine Schüler, nämlich keine.

Dadurch war eine gemeinsame Lernbasis gegeben. Die Schüler konnten sich also nicht wie gewohnt darauf verlassen, alle aufkommenden Fragen vom Fachlehrer beantwortet zu bekommen. Diese völlig ungewohnte Situation, mit dem Lehrer auf derselben Kenntnisstufe zu stehen, führte anfangs zu einer gewissen Unsicherheit, die aber schnell abgebaut wurde: die Schüler entwickelten mehr und mehr Eigeninitiative, beschafften sich selbst Informationen und versuchten, durch Experimentieren eine Lösung für ein bestimmtes Problem zu finden. (Zum Beispiel: Welche Materialien eignen sich am besten für die Herstellung eines Segels? Mit Hilfe welcher Werkzeuge läßt sich am günstigsten der Stahlgittermast entrosten: Drahtbürsten, Schleifpapier, Rotorschrupper?)

Meine Aufgabe bestand im wesentlichen darin, Anregungen zu geben, bei der Beschaffung von Literatur und deren Verständnis zu helfen, für Werkzeug zu sorgen, die Arbeitsgruppen zu koordinieren, den Arbeitsprozeß zu organisieren sowie Kontakte mit Behörden und Experten herzustellen.

Die Hinzuziehung von Spezialisten, wie z.B. einem Dipl.Ing. für Windenergietechnik, einem Dipl.-Ing. für Bauplanung und Statik, Kollegen von der Berufsschule oder eines Elektroingenieurs, schuf eine Situation, in der die Schüler den Lehrer als Lernenden erleben konnten. Dies ließ bei ihnen die Erkenntnis reifen, daß Lernen ein lebenslanger Prozeß ist.

Das Erlebnis gemeinsamen Lernens und gemeinsamen Lösens von Problemen führte zu einer positiven Veränderung im Lehrer-Schüler-Verhältnis: das üblicherweise vorhandene Autoritätsgefälle wurde abgebaut, ohne daß es dadurch — wie viele Kollegen befürchten — zu einem abwertenden, geringschätzenden, frechen oder übermütigen, den Lehrer nicht ernst nehmenden Verhalten der Schüler kam. Im Gegenteil: Schüler, mit denen ich im Kernunterricht große Schwierigkeiten hatte, waren im Projekt wie ausgewechselt: sie wurden zugänglich, offener und zeigten eine große Arbeitsbereitschaft, die zuvor nicht vorhanden war.

Widerstand und Aufsässigkeit von Schülern gegenüber Lehrern resultieren — seien wir doch mal ehrlich — meist aus einer nicht zu begründenden oder für die Schüler nicht einzusehenden, grundsätzlich nicht zu diskutierenden, unumstößlichen, als „heiliges Schaf" betrachteten, rein formalen und oft nur aufgrund der Amtsautorität bestehenden Macht- und Herrschaftsposition des Lehrers, die bei vielen Kollegen — es sei mal deutlich gesagt — weder durch ihre Qualifikation noch ihre Persönlichkeit zu rechtfertigen ist. Die so gegebene Ohnmacht der Schüler gegenüber vielen Lehrern produziert nur Aggressionen, Wut und Ablehnung. Kollegen, Hierachieabbau ist kein Thronsturz!

Im Verlauf unseres Projekts stellte ich ein sehr kameradschaftliches Verhältnis zwischen den Schülern und mir ein, indem jeder den anderen achtete, dessen Persönlichkeit und Fähigkeiten anerkannte und bereit war, Kritik und Lob anzunehmen. Disziplinschwierigkeiten gab es weder im theoretischen Unterricht, noch während der praktischen Arbeit, noch auf den Exkursionen.

Soziales Lernen

8 Im Unterschied zur normalen, alltäglichen Unterrichtssituation wird den Schülern durch ihre Teilnahme am Projekt ermöglicht, sich bei konkreter Arbeit näher kennenzulernen. Das gemeinsam gesetzte Ziel hat eine integrierende, solidarisierende und die Bereitschaft zur Kooperation schaffende Wirkung. Durch die Teilnahme jüngerer und älterer Schüler (beteiligt waren Schüler der Jahrgangsstufen 7 — 10) kam es häufig zu Lernprozessen innerhalb der Schülergruppe, ohne daß der Lehrer herangezogen wurde: jüngere Schüler wurden von älteren angeleitet, aber auch die älteren Schüler waren bereit, von ihren jüngeren Kameraden Anweisungen und Kritik entgegenzunehmen. Durch häufige Gespräche nicht nur über projektbezogene, sondern auch den außerschulischen Bereich der Schüler betreffende Themen entwickelte sich nach und nach ein Verständnis für die unterschiedlichen, altersbezogenen Interessen. Jahrgangsübergreifende Arbeitsgemeinschaften tragen somit auch zu einer Verbesserung des Schulklimas bei.

Durch gemeinsames Feiern und Kaffeetrinken wurde die Kontakte gefestigt und die Erfahrung gemacht, daß Arbeiten, Lernen und Leben zusammengehören!

Verbindung von Hand- und Kopfarbeit, Theorie und Praxis

9 Das dialektische Grundkonzept von Planen und Verwirklichen bewirkt eine enge Verbindung von Hand- und Kopfarbeit, der theoretische Unterricht ist eng mit der Praxis verschränkt. Fragestellungen und Themen ergeben sich meist aus den Problemen, die uns in der praktischen Arbeit entgegentraten. Das bewirkt eine hohe Motivation der Schüler für theoretische Zusammenhänge, für das Lernen bestimmter mathematischer Verfahren, für die Beschäftigung mit den physikalischen Grundlagen der Energiegewinnung, der Windkraft, behördlichen Vorschriften, z.B. zur Betonart und den zu verwendenden Stahlmatten. .

10 Arbeitsteilung und Ganzheitlichkeit der Arbeit

Die Arbeitsteilung vollzog sich in Form der themenbezogenen Arbeitsgruppen (Mast, Antrieb, Generator, Dokumentation), in denen unabhängig von der Art der praktischen Arbeitsanteile Jungen und Mädchen gleichberechtigt und gleichverpflichtet mitarbeiteten. Die traditionelle, tätigkeitsbezogene Arbeitsteilung zwischen Mann und Frau war im Projekt aufgehoben. Die Arbeit in den Kleingruppen fand nicht getrennt voneinander statt: alle AGs arbeiteten in einem Raum, so daß jeder Schüler den Fortgang aller Teilarbeiten ständig beobachten konnte. Die Ergebnisse der Arbeitsgruppen wurden von Zeit zu Zeit im Plenum vorgestellt und diskutiert, so daß alle Schüler immer über den Stand des Gesamtprojekts informiert waren. Auftretende Probleme, die in einer AG nicht gelöst werden konnten, wurden im Plenum vorgestellt und es wurde gemeinsam nach einer Lösung gesucht. Auch im theoretischen Unterricht wurde die Arbeitsteilung aufgehoben, indem die Gruppenergebnisse in den Gesamtzusammenhang integriert wurden. Darüber hinaus wurden viele praktische Arbeiten gemeinsam durchgeführt, z.B. die Bauplatzabsperrung, die Ausschachtungsarbeiten, das Entrosten, Streichen und das Aufstellen des Stahlgittermasts. Durch eine solche Arbeitsweise war die Ganzheitlichkeit der Arbeit und des Lernens gewährleistet: d.h. jeder Schüler wurde in jede Phase und jede Teilarbeit des Projekts von der Idee über die Planung bis zur Fertigstellung des konkreten Bauwerks mit einbezogen.

11 Vielfalt handwerklicher Tätigkeiten — Berufskunde und Allgemeinbildung

Die Arbeit im Projekt ermöglicht jedem Schüler die Ausübung und das Erlernen einer Vielfalt handwerklicher Tätigkeiten, z.B.:
— Bearbeitung und Verarbeitung von Holz (trennen, Oberflächenbearbeitung), Metall (trennen, schleifen, bohren, schweißen, verschrauben, Stahlmatten biegen), Kunststoff und Segeltuch (zuschneiden, nähen, Ösen anbringen)
— Tiefbauarbeiten
— Arbeiten im Fotolabor
— Rekultivierungsarbeiten an Boden und Wegen nach Errichten des Windkonverters.
Darüber hinaus werden im Projekt allgemeinbildende und berufskundliche Lerninhalte verknüpft, das Erkennen sozioökonomischer Zusammenhänge und wirtschaftlicher Interessen, die Auseinandersetzung mit technischen Fragestellungen, das Kennenlernen verschiedener Werkstoffe und die Entwicklung von Lösungswegen und deren Überprüfung (allgemeinbildende Aspekte) in Verbindung mit Einblicken in verschiedene Berufe bei den schulexternen Arbeitsphasen ermöglicht.

12 Verbindung von Ästhetik und Technik

Die ästhetische Gestaltung einer Maschine und deren harmonische Einpassung in die Umwelt (unzumutbare Störungen und Belästigungen, nachteiliger Einfluß auf das Orts- und Landschaftsbild) war für viele Schüler keine Selbstverständlichkeit. Von Anfang an

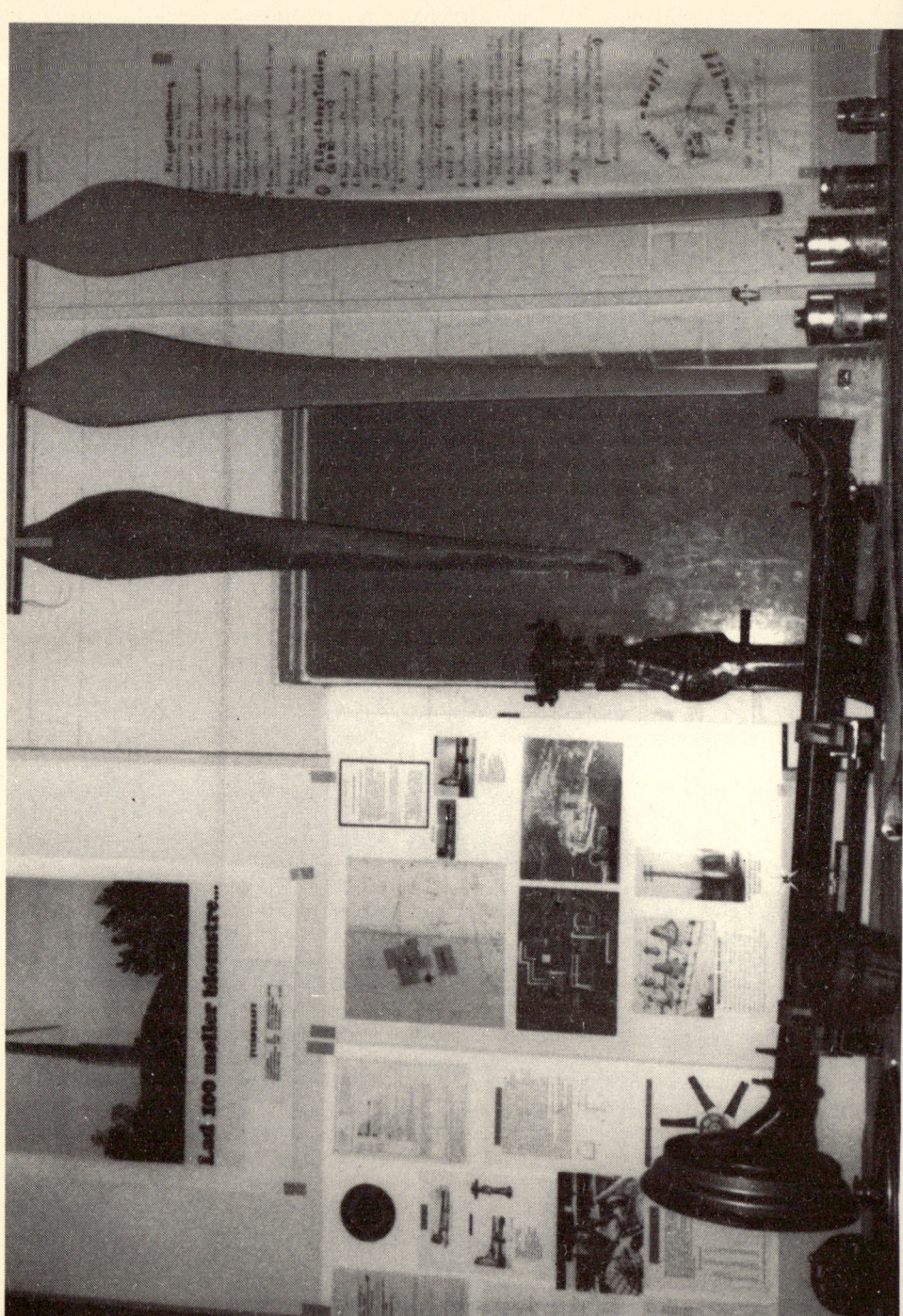

galt uns deshalb die Windmühle nicht nur als ein technisches, sondern auch als ein ästhetisches Objekt.

Wir entschieden uns z.B. für einen weißen Anstrich der Innenseiten des Stahlgittermasts, für die Außenflächen wählten wir wiesengrün, für die Segel des Windrads leuchtend orange und für die fünf Rotorblätter des Propellers hellblau. Die Gesamtanlage wird, umgeben von niedrigen Sträuchern und Nadelhölzern, in einem windexponierten Winkel zwischen Schulgebäude und Turnhalle, beide aus grauem Beton, errichtet.

Dokumentation der eigenen Arbeit

13 Durch die schon im Bauvorhaben beschriebene Bestimmung der fertigen Anlage, u.a. als Demonstrationsobjekt zu dienen, ist die Herstellung von Öffentlichkeit implizit gegeben. Dies ist aber nicht nur auf die fertige Windmühle, sondern auch auf deren gesamten Entstehungsprozeß zu beziehen. So wurde von Anfang an der Fortgang der Arbeit und des Lernens durch sukzessiv erstellte Großplakate, die im Lehrerzimmer und Pausenbereich aufgehängt wurden, Film- und Dianachmittag für Schüler und Lehrer, Informationsstand u.ä. dokumentiert. Solche Veranstaltungen boten die Möglichkeit, den Lernprozeß transparent zu machen, andere an der eigenen Arbeit, am eigenen Lernen und Erleben teilhaben zu lassen, Gelerntes weiterzugeben, sich und seine Arbeit zur Diskussion zu stellen, Ideen, Kritik und Anregungen Dritter aufzugreifen und weitere Mitarbeiter zu gewinnen (Offenheit der Lerngruppe). Das Verfassen von Presseartikeln gibt den Schülern die Möglichkeit, Verfahren alternativer Energieproduktion nicht nur zur Kenntnis zu nehmen, sondern sich als Multiplikatoren der Wissensvermittlung zu verstehen, sich aktiv in die öffentliche Auseinandersetzung um die Sicherung der Energieversorgung einzumischen. Die Schüler mit Qualifikationen auszustatten, die sie in die Lage versetzen, sich öffentlich zu Wort zu melden in Angelegenheiten, die uns alle betreffen, ist die zentrale Aufgabe einer Erziehung zur aktiven Teilnahme an der Gestaltung und Entwicklung der Demokratie, ist Voraussetzung für den Erwerb von Handlungskompetenz.

Erwerb von Handlungskompetenz

14 Durch die Verbindung von Hand- und Kopfarbeit, durch die Erfahrung, Probleme erkennen und gemeinsam lösen zu können, etwas verwirklichen zu können, das man sich vorgenommen hat, durch die Entdeckung der eigenen Fähigkeiten, durch eine konkrete und sinnvolle Arbeit entwickelt sich Selbstvertrauen in die eigenen Kräfte als Grundlage für aktives Handeln. Denn: nicht nur reden, sondern auch machen muß gelernt werden! Ein Lernprozeß ist erst dann erfolgreich gewesen, wenn Konsequenzen aus dem Gelernten gezogen werden, die eine Verhaltensänderung mit sich bringen.

Schwierigkeiten bei der Durchführung des Projekts im Rahmen der Regelschule

Die institutionellen Rahmenbedingungen der Regelschule bestimmen Möglichkeiten und Grenzen der Durchführungsmodalitäten eines Projekts dieser Größenordnung. Die Richtsbergschule in Marburg ist eine integrierte Ge-

128

samtschule bis einschließlich Klasse 10, die sich hinsichtlich ihrer Organisationsstrukturen wie Jahrgangsklassen-Prinzip, 45-Minuten-Stunden, Stundentafel, Bänderplan, Facherkanon, Rahmenrichtlinien und Lehrereinsatz usw. nicht von anderen Schulen dieser Art unterscheidet. Dies sind aber alles Konstanten, die die für die Durchführung eines größeren Projekts notwendige Mobilität und Flexibilität nicht gerade fördern.

Eine wesentliche Behinderung ergab sich daraus, daß das Projekt im regulären Unterricht durchgeführt wurde, d.h. daß jede Woche nur eine Doppelstunde zur Verfügung stand. Diese Zeit reicht jedoch bei weitem nicht aus, ein gleichmäßiges Fortschreiten sicherzustellen. Viele aufkommende Fragen konnten erst in der nächsten Stunde, d.h. eine Woche später bearbeitet werden. Praktische Arbeiten mußten weitgehend auf zusätzliche Nachmittage verlegt werden, was aber den Vorteil mit sich brachte, Schülern anderer Lerngruppen bzw. Jahrgänge die Mitarbeit am Projekt zu ermöglichen.

Diese nur zweistündige Verankerung des Projekts im Stundenplan, die Diskontinuität der Schülergruppe, Unterbrechungen durch Ferien, Klassenfahrten, Krankheit und das lange Warten auf die Baugenehmigung begründen die fast zweijährige Dauer des Projekts und das zwischenzeitliche Nachlassen der Motivation bei Projektleiter und Schülern. Erst in der Endphase im Mai/Juni 1981 stellt sich bei allen Beteiligten wieder die anfängliche Begeisterung und Motivation ein.

Trotz dieser ungünstigen Bedingungen erfuhren wir auch viel Hilfe: durch unseren Schulleiter, Elternbeirat, Firmen usw. Die Windmühle läßt sich eben auch in der Regelschule zum Drehen bringen ... —
Dreht sich die Schule mit?

Anmerkung
[1] Vgl. Rüsseler, H.: ,,Der Aufbau von Arbeitsbeziehungen — Wege aus der Isolation'', WPB 10/80, S. 402 f.

AIRPORT

Ein Projekt im Englischunterricht

Wolfgang Thiel / Michael Legutke

Real Language Activities in Klasse 6

Was kann man vom Projekt Airport erwarten? Vor allen Dingen soll es allen denen Mut machen, die Neues ausprobieren wollen. Es kann ab der zweiten Hälfte der 6. Klasse in allen Schulformen durchgeführt werden. Die fremde Sprache Englisch wird als wirkliches Kommunikationsmittel erfahren, als Schlüssel zur Erweiterung des Erfahrungshorizonts der Schüler, das Angebot authentischer Texte kann genutzt und Kontakt zu Englisch sprechenden Menschen hergestellt werden.

Mit Airport kann man auf Forscherdrang und Spontaneität dieser Altersgruppe eingehen und die Faszination nutzen, die von einem internationalen Großflughafen ausgeht.

Wesentliche Elemente des Projektunterrichts kommen zur Anwendung: Airport kann und sollte fächerübergreifend durchgeführt werden. Inhalte und Zwecke fremdsprachlicher Kommunikation werden offengelegt. Planung, Durchführung und Auswertung des Projekts werden von den Schülern selbst in Gruppen vorgenommen.

In der Vorbereitungsphase werden Interviews unter den Aspekten der Kommunikationssituation simuliert, werden Sach- und Wortfelder erschlossen.

Während der Durchführung interviewen die Schüler Passagiere oder Flugpersonal, sie sammeln Material und dokumentieren ihre Aktivitäten mittels Polaroid-Kamera, Projektbuch, Videoaufzeichnungen und Kassettenrecordern. Nach ersten Interviews auf dem Flughafen kommt es in einer Zwischenreflexion darauf an, über die neuen Erfahrungen zu sprechen, sprachliche Hemmnisse zu diskutieren und auf Gruppenprozesse einzugehen.

In der Auswertung gibt die Lerngruppe mündliche und schriftliche Berichte über das beste Interview ab. Hier können sinnvoll u.a. einfache Reports und Past Tense geübt werden.

Als zeitlicher Rahmen haben sich für die die Vorbereitungs- und Auswertungsphase je eine Woche und für die Durchführung am Flughafen ein oder zwei Vormittage bewährt. Der gesamte Projektverlauf wurde vom Fernsehen aufgezeichnet und wird über das FWU, bzw. die Landesbildstellen auszuleihen sein. Lehrerkommentar und Schülermaterial sind bei dem Hessichen Institut für Bildungsplanung in Wiesbaden erhältlich.

Planning the Project

,,Words, words, words . . .''

Der Lehrer öffnet die Tafel, auf der zunächst nur steht

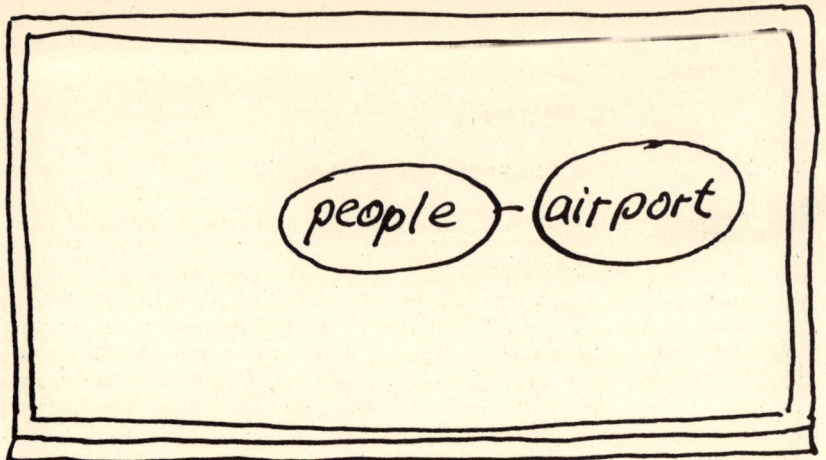

Das Vorwissen und die Vorerfahrungen der Schüler werden aktualisiert, dokumentiert und für die gemeinsame Planung verfügbar gemacht.
„I think a pilot has something to do with planes . . ."
So können Schüler zu dem „explosiogramme" ihre Vermutungen äußern. In einem weiteren Schritt verarbeiten sie diese Beziehungen, indem sie ihren Vermutungen Tätigkeiten zuordnen und entsprechende Verben bei den Personen auf der Tafel eintragen.

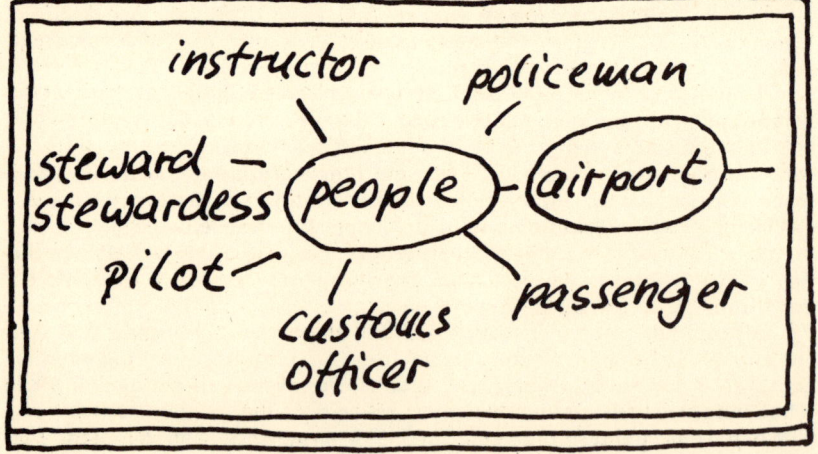

Mit dem Impuls *„what can we do at the airport?"* werden „places" näher erschlossen. Die Assoziationen verknüpfen sich miteinander zu einem immer dichteren Gewebe von Vorwissen, das sowohl Erfahrung als auch Phantasien und Erwartungen der ganzen Lerngruppe ausdrückt. Deshalb „explosiogramme".

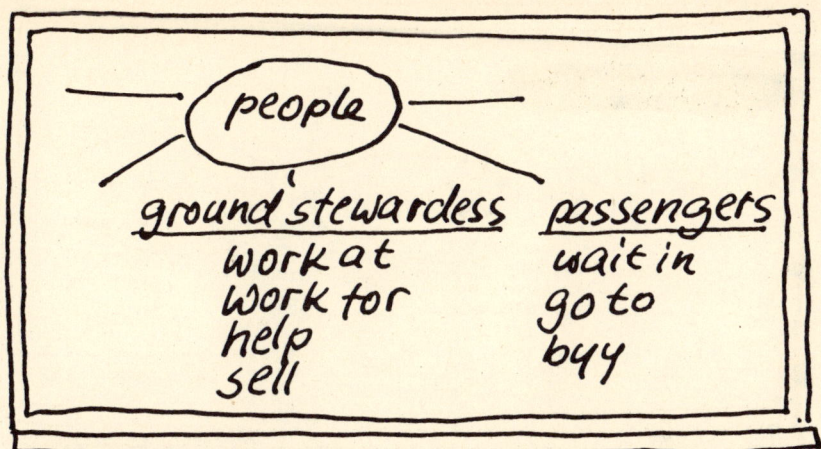

I'd like to make interviews with ...
I want to take photos of ...
I'd rather collect ...
Diese und ähnliche Redemittel sollten den Schüler jetzt gegeben werden, damit sie Neigungen und Wünsche äußern können. Zusätzlich erhalten die Schüler jetzt ein Arbeitsblatt, mit dessen Hilfe sie für sich und in der Gruppe Klarheit über ihre Wünsche gewinnen und diese formulieren können.
What's your number one?
I think 'collect material' is our number two.
Is it alright?
Alle Beiträge der Partnerteams und der Gruppen werden zu einem gemeinsamen Projektplan zusammengefaßt. So sind Arbeitsaufträge zusammengefaßt, und so ist auch eine gezielte Reflexion des Projekts möglich.

Die Anforderungen des Ernstfalls und die Schülergruppe
Die Interviewsituation stellt an den einzelnen Schüler Anforderungen, die in vielem weit über das hinausgehen, was im gesicherten Raum der Klasse erwartet wird. Die Vorbereitung muß die besondere Situation berücksichtigen, den Ernstfall quasi vorwegnehmen und ihn in der Simulation, soweit das möglich ist, erfahrbar machen. Für einzelne Schwierigkeiten müssen besonder Übungen und Verfahren bereitgestellt werden.

Die Anforderungen und damit auch die Schwierigkeiten sind:
● Die Schüler müssen einen Interviewpartner finden.
● die Schüler müssen mögliche Partner ansprechen und deshalb über Verhaltensmöglichkeiten verfügen, die die Bereitschaft des Partners im Sinne ihres Vorhabens wecken.
● Sie müssen ihr Vorhaben auf Englisch beschreiben.
● Sie müssen die eigene sprachliche Kompetenz signalisieren, so daß sich der Partner auf die Verstehensmöglichkeiten der Schüler einstellen kann.
● Sie müssen in der Lage sein, während des Interviews auftretende Schwierigkeiten zu signalisieren und um Verstehenshilfen zu bitten, wie Wiederho-

airport   CHAIN B

Step 5: We would like to . . .

	indi-vidual	partner	group	hithist
... COLLECT — MATERIAL at the airport: Timetables, brochures, posters. Buy English newspapers and books. ▢▢▢				
... STUDY — SIGNS and SIGN LANGUAGE. Copy as many signs as you can. ▢▢▢				
... LISTEN — to LOUDSPEAKER ANNOUNCEMENTS. Find out what they say. Take notes. ▢▢				
... TAPE — LOUDSPEAKER ANNOUNCEMENTS. ▢				
... FIND OUT — how to explain in English TELEPHONING in Germany. Copy the information in a telephone box. ▢▢▢				
... FIND OUT — how to explain in English GOING BY F V V (Frankfurter Verkehrsverbund). Collect information material. ▢▢▢				
... COLLECT — information material about a FLIGHT TO LONDON, USA, ... Ask at the BA, PAN AM, ... counter. ▢▢▢				
... INTERVIEW — PASSENGERS at the airport. Use the tape. ▢▢▢				
... INTERVIEW — FOREIGNERS. Find out what they are doing at the airport. ▢▢▢				

Other activities

take photos   collect material   take notes   use the tape recorder

lung, Verdeutlichung, Verlangsamung des Sprechtempos, usw.
● Sie müssen sich auf je verschiedene Varianten des Englischen einstellen,
● sie müssen das Interview führen, wieder in Gang bringen;
● vor allem müssen sie über Strategien verfügen, den Partner zum Erzählen zu bringen.

Diese komplexen Ansprüche sind von dem einzelnen Schüler, der erst eineinhalb bis zwei Jahre Englisch gelerht hat, kaum einzulösen. Deshalb kommt der Gruppe (drei bis fünf Schüler) während des ganzen Projekts eine entscheidende Funktion zu. Die Gruppe hilft sicher zuerst einmal, die Ängste zu überwinden, die von der Aufgabe ausgehen, fremde Menschen zu befragen. Die Schüler lernen daher schon in der Phase der Simulation der Interviews das Prinzip des ,,Doubling'' kennen und anwenden. Kommt der Interviewer nicht weiter, geben die anderen Gruppenmitglieder ein neues Stichwort oder übernehmen zeitweise stellvertretend das Interview. Oftmals übernehmen in solchen Situationen schüchterne Schüler im Schutz der Gruppe die Initiative, was sie sich als vereinzelte nicht trauen würden. Gruppen können durchaus ein Feld für Probehandeln abgeben, das Selbstbewußtsein wachsen läßt und Bereitschaft steigert, in neuen Situationen auch ohne die Gruppe aktiv zu werden. Andererseits kann nur in der Gruppe die gemeinsame Erfahrung sinnvoll dokumentiert werden. Nur durch flexible Arbeitsteilung kann dies geschehen, z.B. so:
Zwei Schüler führen das Interview, einer bedient das Tonbandgerät, ein anderer führt das Stichwortprotokoll. Besser noch, wenn alle Schüler am Interview beteiligt sind und danach gemeinsam die Stichwortliste ausfüllen.
    Doch die Gruppen sind auch andere Wege gegangen. Da sie wissen, daß sie später einen möglichst interessanten Bericht über ihre Erlebnisse abgeben sollen, werden sie auch immer darauf achten, was sie wie weitergeben.

Vorbereitung von Interviews
Zunächst überlegen Lehrer und Schüler am Projektplan, welche Aktivitäten besonderer Vorbereitung bedürfen. Erfahrungsgemäß sind dies die Interviews auf dem Flughafen. Im Klassengespräch wird erörtert, wie man sich beim Ansprechen der Partner verhält, wie man auf Englisch ein Interview beginnt, wie man seine Absichten verdeutlichen kann. Zur Realisierung der Redeabsichten hilft das folgende Arbeitsblatt:

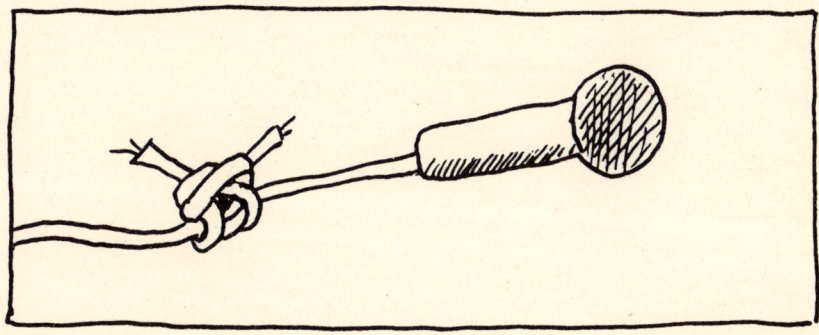

airport   CHAIN C

·▢· **Preparing Interviews**

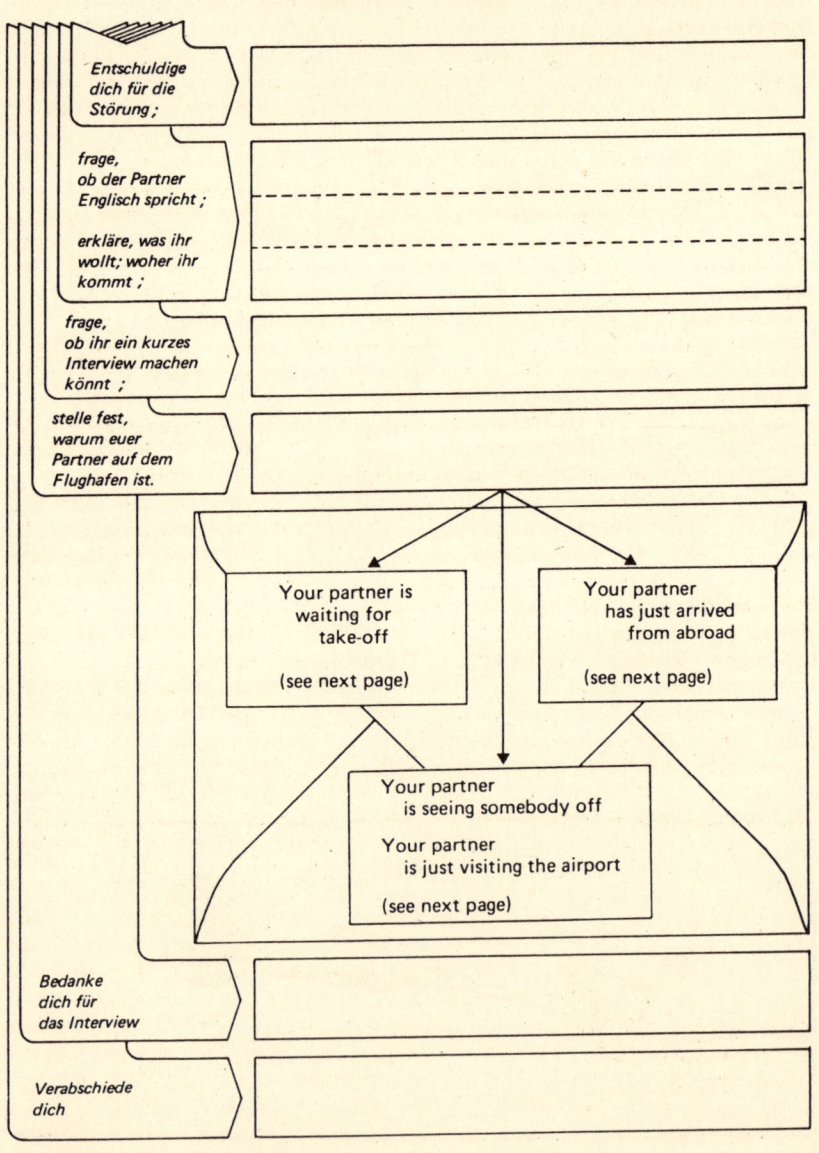

Entschuldige
dich für die
Störung ;

frage,
ob der Partner
Englisch spricht ;

erkläre, was ihr
wollt; woher ihr
kommt ;

frage,
ob ihr ein kurzes
Interview machen
könnt ;

stelle fest,
warum euer
Partner auf dem
Flughafen ist.

Your partner is
waiting for
take-off

(see next page)

Your partner
has just arrived
from abroad

(see next page)

Your partner
is seeing somebody off

Your partner
is just visiting the airport

(see next page)

Bedanke
dich für
das Interview

Verabschiede
dich

Nach kurzer Kontrolle besprechen Schüler und Lehrer, welche Interview-partner auf dem Flughafen anzutreffen sind, nämlich die, die abfliegen, solche die angekommen sind, solche, die jemanden abholen und schließlich Leute, die auf dem Flughafen arbeiten.

Dementsprechend werden Fragen erarbeitet und zum Schluß auf verschiedenfarbige Karteikarten übertragen, die im Ernstfall als Spickzettel dienen. Die Kärtchen können in einen Briefumschlag gesteckt werden, der auf dem Arbeitsblatt Platz hat.

chain c: Preparing Interviews (2)

● ⟶ ?	your partner has just arrived from abroad
flight? +/-	
nationality?	
home town?	
job?	
languages?	
plans in Germany?	
Germany?	
likes/hobbies?	
dislikes?	
family?	

Simulation und Dokumentation von Interviews

Während der Simulation der Interviews kommt es darauf an, die eben erworbenen Sprachkenntnisse im Zusammenhang mit den anzuwendenden Techniken des Fragens und des Doubling auszuprobieren und zu üben. Daneben sollten sich die Schüler wenigstens ahnungsweise mit der Rolle des Interviewpartners vertraut machen. Sie verwenden dabei Rollenkarten und erfinden in Gruppen eine Phantasierolle für neue Probeinterviews. Im Unterricht kann sich dies so abspielen:

Die Schüler interviewen Lehrer oder ältere Schüler oder Fremdsprachenassistenten. Sie benutzen dabei die Stichwortkarten und agieren in ihren Kleingruppen. Der Lehrer gibt Feedback.

Danach interviewt eine Schülergruppe den Lehrer in anderer Rolle. Die Schüler üben nun das Übertragen der Informationen in die Checklisten. Eine andere Gruppe macht dasselbe mit einer vorbereiteten Overheadfolie. Dies Verfahren läßt sich auch mit der Tafel durchführen. Anschließend kann die ganze Klasse die Notizen mit Hilfe der Tafel bzw. des Overheadprojektors überprüfen. Damit das Interviewen flüssiger wird, erhalten die Gruppen vorbereitete Rollenkarten. Je zwei Schüler übernehmen eine Rolle und lassen sich von anderen ihrer Gruppe interviewen, die auch Stichworte machen. Neben das Note Taking in vorbereitete Checklisten treten weitere Techniken der Dokumentation, die in dieser Phase gelernt und geübt werden. Es sind die Verwendung von Kassettenrecordern und Sofortbildkameras, möglicherweise der Einsatz von tragbaren Videoaufzeichnungsgeräten. Schüler bringen zu solchen Anlässen ihre eigenen Geräte gerne mit, falls sie an der Schule nicht vorhanden sind. Fotos der interessantesten Interview-

airport   CHAIN D   Step 1: check list

	_ Partner	Counter No.	_ Partner	Counter No.
Why at the airport?				
- - - - - - - ?				
- - - - - - - ?				
Home town?				
Home country?				
Flight? +/-				
Languages?				
Job?				
Plans in Germany?				
Likes/hobbies?				
Opinions about Germany? Airport?				
Dislikes?				
Family?				
Other interesting points				

partner macht die Präsentation im Klassenraum später besonders anschaulich.

Im Rahmen der Dokumentation und Reflexion von individueller und gemeinsamer Erfahrung hat das Projektbuch einen herausragenden Stellenwert. Hierin kommen sowohl der Lernprozeß der gesamten Klasse und der jeweiligen Kleingruppe als auch der individuelle Lernprozeß zum Ausdruck. Es hat für den Schüler eine wichtige Funktion: neben den Erfahrungen, die oft nur im gemeinsamen Erleben bestehen, ist das Projektbuch sein eigenes, sichtbares Produkt — fixierte Erfahrung. Es ist Materialquelle, Scrap-Book, Tagebuch, das sich ständig verändernd das ganze Projekt begleitet.

Schüler sammeln Texte für Unterricht

Von dem Ausflug zum Flughafen können die Schülergruppen neben den auf-
gezeichneten Interviews eine Vielzahl von englischen Texten in die Klasse
zurückbringen, die dann Ausgangspunkt für neue Lernschritte darstellen.
Somit haben Schüler die Chance, selbst Texte für Sprachunterricht bereit-
zustellen, was traditionell das Monopol des Lehrers oder des eingeführten
Textbuches ist. Die einzelnen Lernergruppen erhalten dafür unterschiedliche Suchaufgaben, die etwa folgende Form annehmen können:

— *Plan a familiy outing to the airport with an English or American pen-
friend. You can spend the whole day there. How do you get to the airport?
How do you spend your time there? Could you write a letter to your pen-
friend in which you tell him about the plans for the outing.*

— *Can you explain to a foreigner how to travel by FVV (Frankfurter
Verkehrsverbund)? Your partner speaks only English.*

Für diese Aufgabe etwa müssen die Schüler die englischen Beschriftungen
der Fahrkartenautomaten studieren und abschreiben.

— *Find a restaurant/cafeteria. Do they have a menu in English? Copy the
names of interesting dishes, don't forget the prices. Do they serve special
meals for children? Which ones?*

— *Can you buy English children's books at the airport? Where? Which
ones? How much are they? See whether you can find any books that
interest you.*

— *Which English newspapers can you buy at the Airport? Where do they
come from? How much are they in the country they come from? How
much do you have to pay for them in Germany?*

Dies sind nur ein paar Beispiele.

Airport: Exploration

Die Aufregung ist riesengroß, als wir am Donnerstag um 9.00 Uhr am Flughafen eintreffen, um hier einen ganzen Vormittag zu verbringen. Eine tote
Ecke in der Abflughalle dient uns als Stützpunkt. Anoraks, Taschen und
Kassettenrecorder werden hier abgelegt. Hierher kommen auch die Gruppen
immer wieder zurück, um dem Lehrer zu berichten, um sich Rat und Hilfe
zu holen. Verschiedene Airporterprobungen haben gezeigt, daß die Schüler
einerseits die Freiheit, selbständig zu erkunden und erproben genießen und
brauchen, andererseits die Sicherheit da sein muß, den Lehrer jederzeit am
Stützpunkt erreichen zu können.

Wir vereinbaren, uns nach 50 Minuten wieder am Treffpunkt einzufin-
den. Dann schwärmen die Gruppen zu einer gezielten Erkundung des Flughafens aus. Alle haben den gemeinsamen Auftrag, die englischen Bezeich-
nungen für die auf dem Flughafen gebräuchlichen Piktogramme zu finden.

Airport: Interviews

Die Spannung kann nicht länger ertragen werden. Nach dem vielen Üben im
Klassenraum möchten die Schüler jetzt endlich probieren. Sie wissen längst,
wo sie Interviews machen wollen, haben schon Partner im Auge, die sie
interviewen wollen. Mit den vorbereiteten Medien ausgestattet (Kassettenrecorder, Sofortbildkamera, Schreibzeug, Protokollisten und vor allem
ihren Spickzetteln (Cue-cards) stürmen sie davon. Am Stützpunkt haben wir

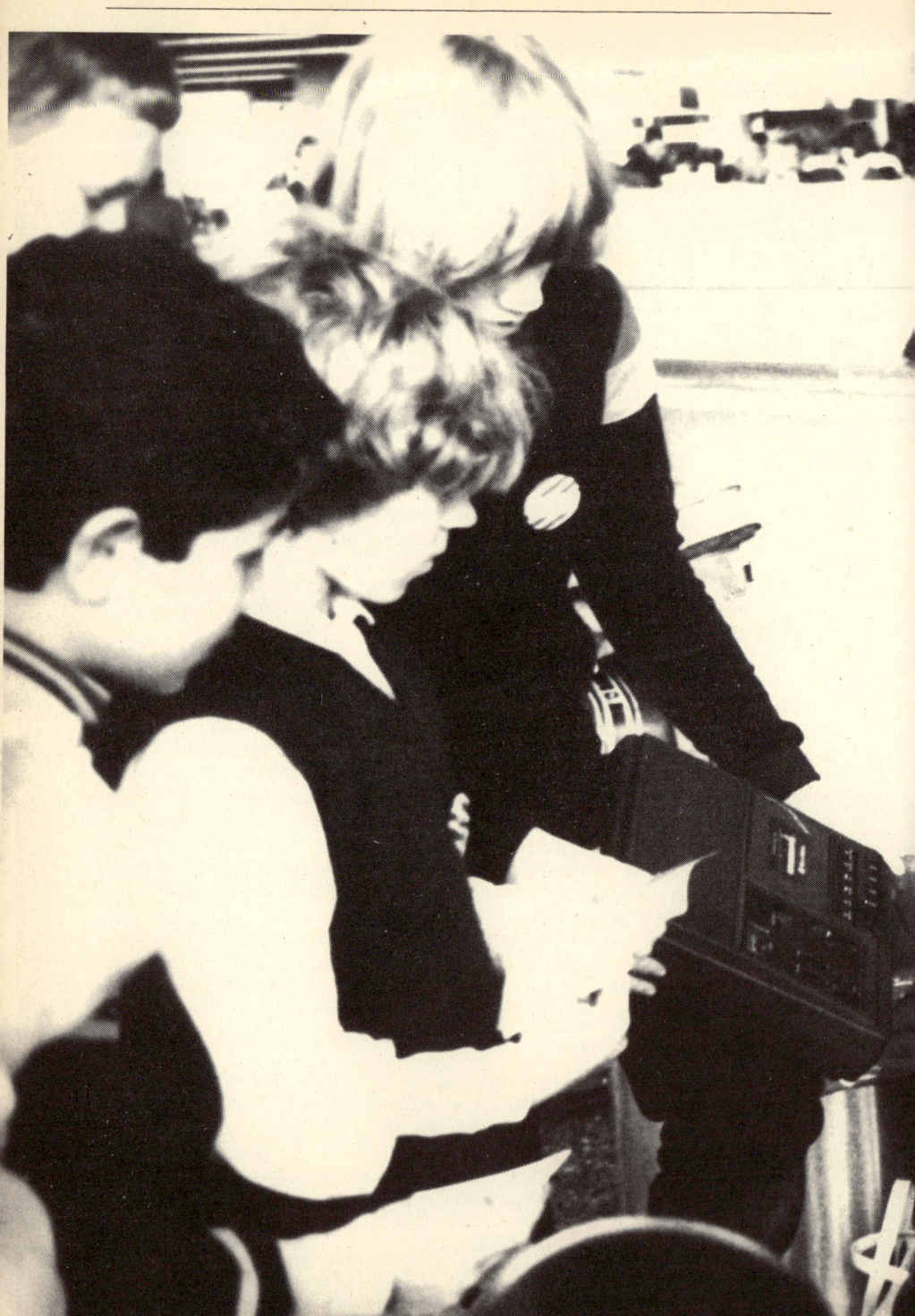

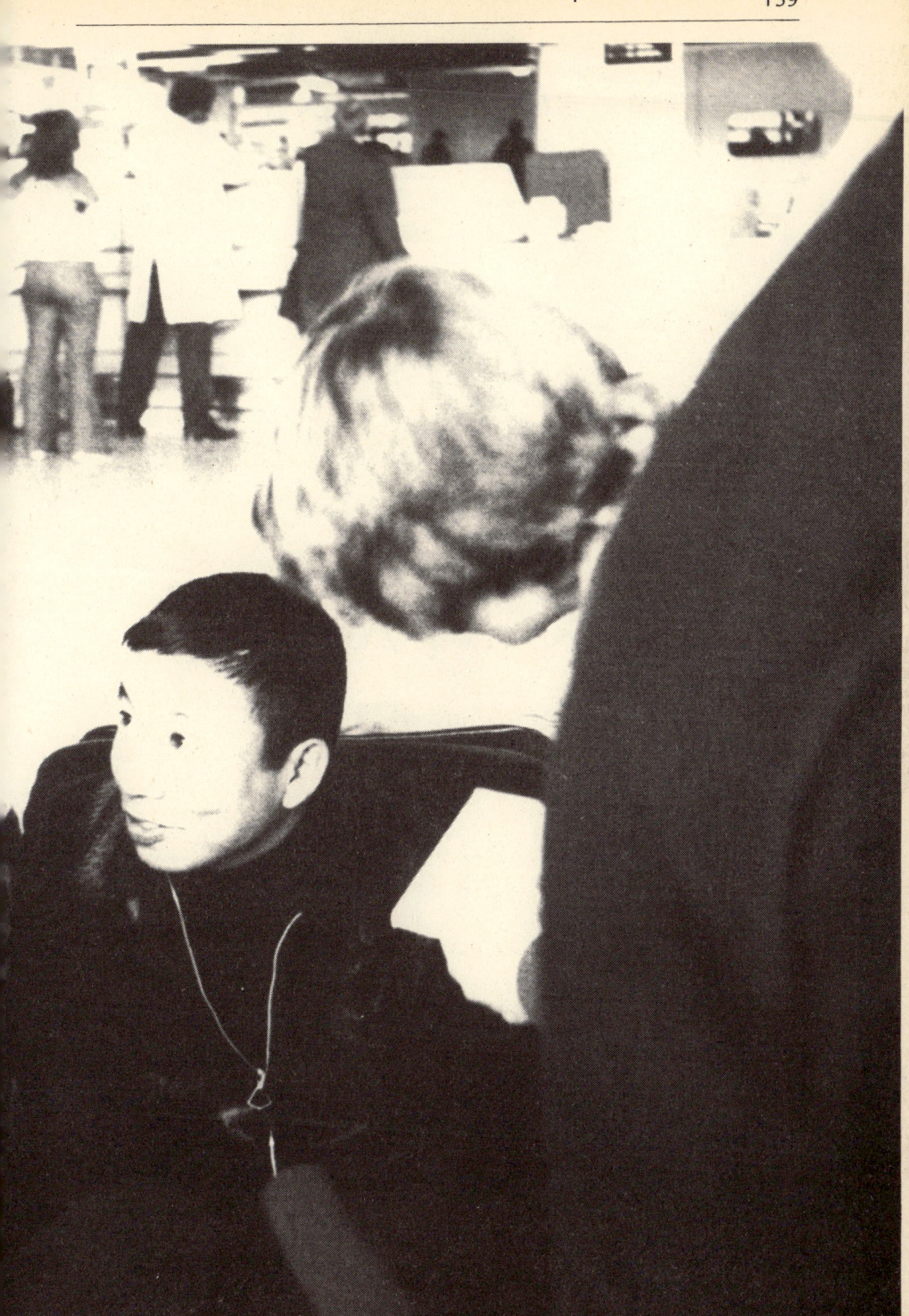

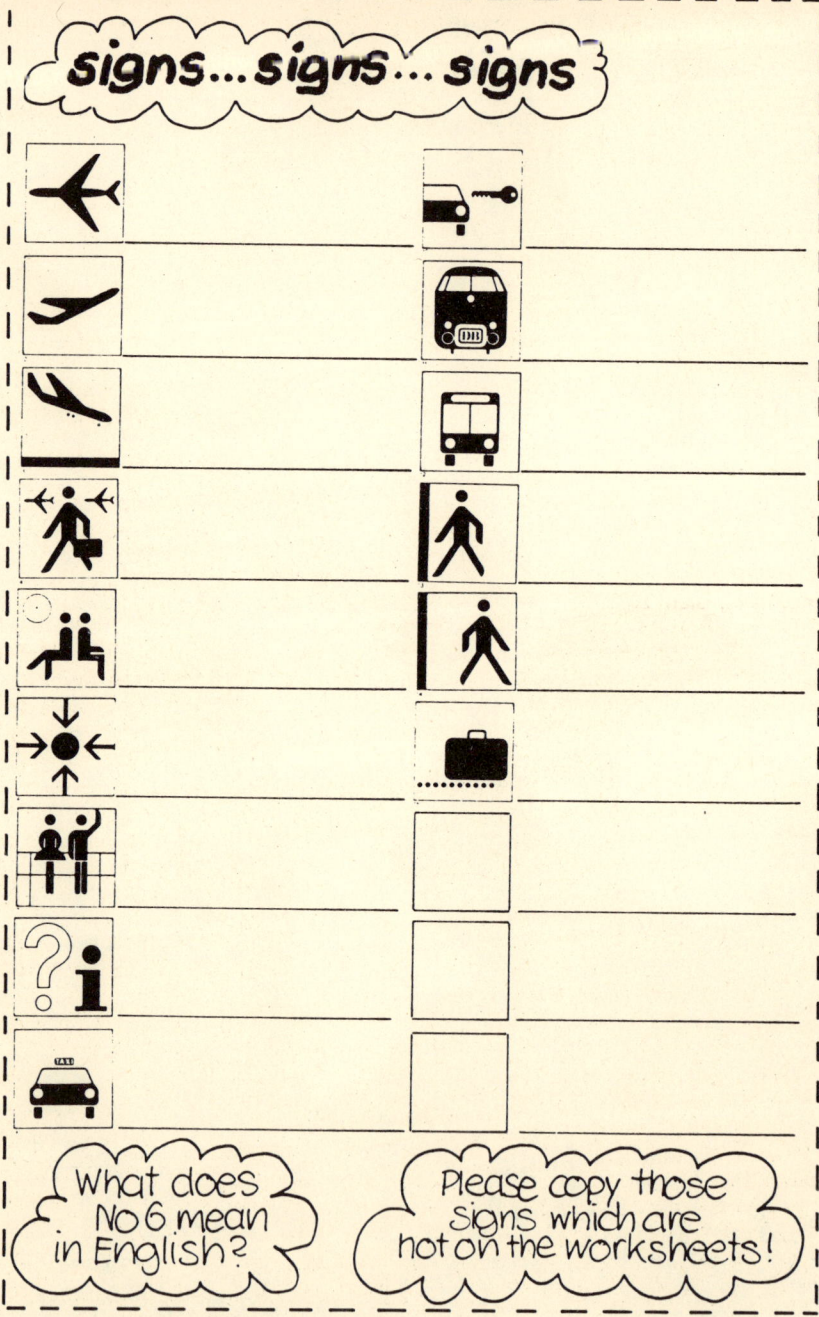

außerdem eine Videokamera postiert. Wer bringt seine Partner vor die Kamera?

Die Gruppen, die dann zurückkommen, haben hochrote Köpfe, sprudeln über beim Bericht über ihre Erfolgs- und Mißerfolgserlebnisse. Der Eindruck überwiegt, daß viele Partner sehr freundlich sind und gerne auf die Fragen antworten, daß es mit dem Verstehen besser klappt als angenommen. „Ich habe die ganze Nacht kaum geschlafen, weil ich gedacht habe', ich kann niemand ansprechen", sagt Bernd. „Aber das ist gar nicht so schwer". Und sie erzählen.

Nur kurz. Dann sind sie wieder unterwegs. Diesmal in den Ankunftsbereich, weil dort gleich eine Maschine aus Chicago eintrifft. Eine Gruppe berichtet von einem Janpaner, der viel schlechter Englisch sprach als sie — sie mußten ihm auf englisch mehrfach erklären, was sie wollten, bis er auf ihre Fragen antwortete.

Schwierigkeiten: Wir bemerken, daß eine Gruppe, die bei der Simulation im Klassenraum sehr überzeugend auftrat, noch kein Interview zustande brachte. Die Gruppe hat massive Konflikte durchgemacht, weil Peter und Jessica um die Führung rivalisieren, was sie insgesamt entscheidungsunfähig macht. Hier greift der Lehrer gezielt ein, indem er die Gruppe begleitet und das erste Interview ermöglicht. Er weist auf einen amerikanischen Offizier hin, der schon seit einiger Zeit aus seinem Wartesaal heraus das Treiben interessiert beobachtet. Das Interview kommt sofort zustande, was den Lehrer veranlaßt, sich zurückzuziehen. Aus der Ferne ist zu sehen, daß sich ein längeres Gespräch entwickelt. Die Gruppe macht ein Foto ihres ersten Partners. Beflügelt vom offensichtlichen Erfolg, kommt sie nicht mehr zum Stützpunkt, sondern zieht gleich weiter. Später wird bei dieser Gruppe eine weitere Intervention nötig, weil sie sich nicht einigen kann, welches ihrer sieben Interviews sie der ganzen Klasse präsentieren will.

Mit Kassettenrecordern: Probieren/Überprüfen/Verbessern

Eine Gruppe von fünf Mädchen, allesamt im Unterricht sehr zurückhaltend, fast gehemmt, haben die Popgruppe „Hornettes" in der Cafeteria ausfindig gemacht, die aus Kalifornien kommend auf den Weiterflug nach München wartet. Die Mädchen erreichen ein Interview, bekommen Autogramme und Fan-Postkarten. Es gelingt aber nicht, die Sängerinnen vor die Videokamera zu bringen. Eine halbe Stunde umstreichen die Mädchen die Cafeteria, machen sich bemerkbar, fragen nochmals schüchtern nach — und dann ist es endlich doch gelungen. Die Sängerin kommt vor die Kamera. Die Spannung der Situation ist in dem Arrangement eingefangen. Der medienerfahrene Star steht da. Ein Meter von den fünf Mädchen, die sich dicht zusammendrängen, um gemeinsam über die Runden zu kommen. Ungewohnt die Fragen, die von unten hergestellt werden und wenig Möglichkeit bieten, sich darzustellen.

Mit anderen Schülern, die zu diesem Zeitpunkt am Stützpunkt sind und das Interview mit dem Star verfolgt haben, und der Interviewgruppe geht der Lehrer folgende Passage nochmals durch:

Petra: Why are you in Germany?
Star: I sing. I'm with a group called Hornettes. I'm in the show-business.
Petra: And where in Germany do you sing?
Star: All over, everywhere.

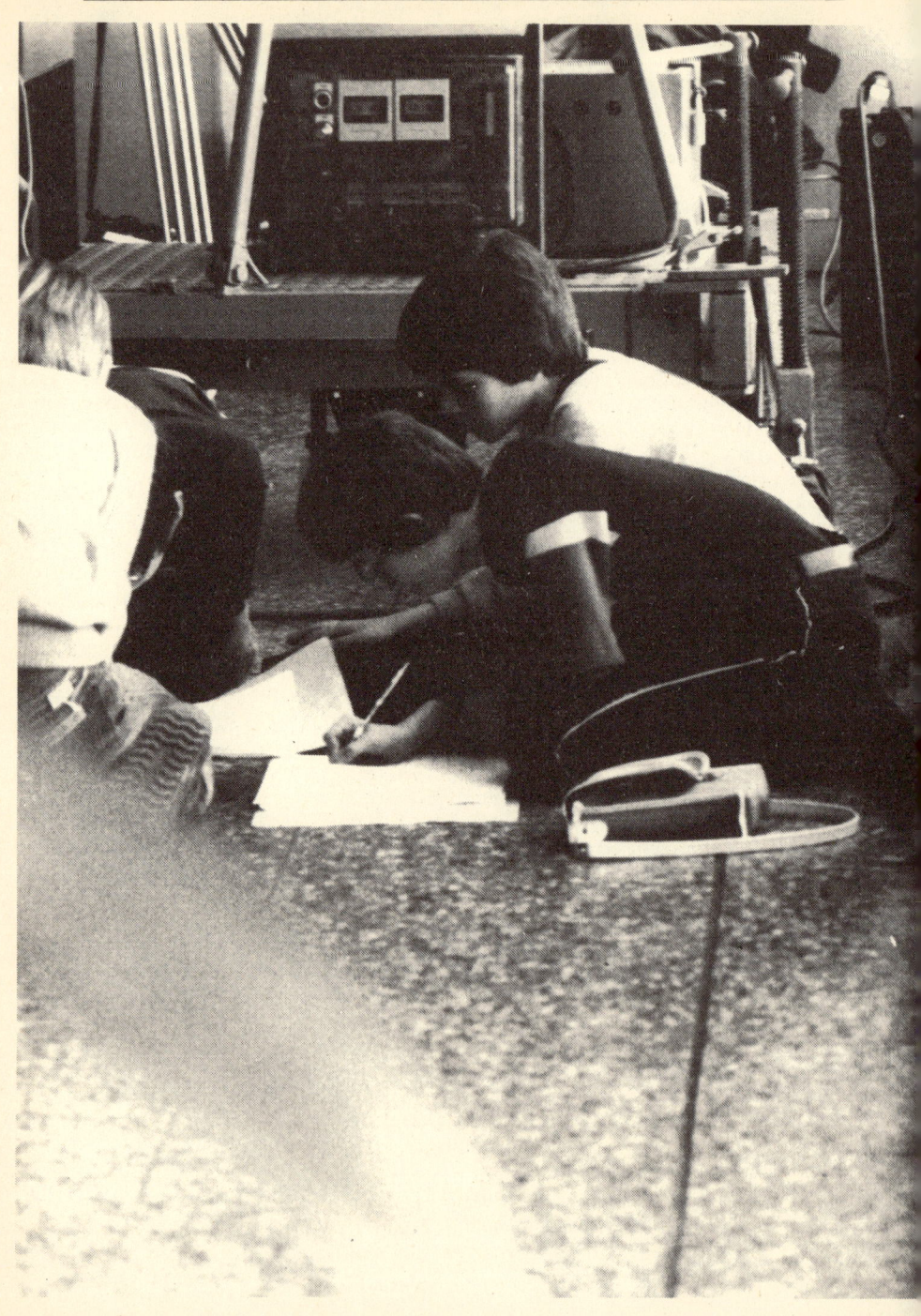

Stella: And what are your hobbies?
Star: I've got a pet-snake and I like to ride. — Pause —
Jessica: Have you got horses?
Star: No . . . .

„Pet-snake" wurde offensichtlich nicht verstanden, allerdings gelingt es Jessica mit der Frage nach den Pferden, das Interview weiterzuführen. Jetzt, wo alle das Tonband nochmals hören, kommt diese Reaktion:
Jens: Was hat die? — Pause —
Lehrer: She's got a pet-snake?
Stella: What's a pet-snake?
Lehrer: You know what a pet is?
Jessica: A dog, a cat.
Lehrer: A snake is a long thin animal. It can be dangerous.
Petra: Iiih, 'ne Schlange.
Die Schüler begreifen, daß ihnen hier ein interessantes Detail entgangen ist.
Lehrer: What could you have asked in that situation?
Stella: Sorry, what's a pet-snake?
Jens: Tell me something about your pet-snake. What is it?

Solche und ähnliche Hilfen werden des öfteren am Stützpunkt gegeben, wenn Schülergruppen hierherkommen, um ihre Interviews anzuhören und in vorbereitete Stichwortlisten übertragen.

Sie hocken oder liegen — die Köpfe dicht zusammen — um ihre Recorder und lauschen angestrengt den Interviews, versuchen auch das zu verstehen, was ihnen in der Hitze des Ernstfalls entgangen ist. Sie realisieren, daß sie Fragen zu mechanisch stellen, sich nicht vergewissern oder keine Erklärungen verlangen, manchmal überhaupt nicht auf den Partner eingehen. Der Lernerfolg solcher durch den Lehrer unterstützten Selbstkontrollen mit Hilfe des Tonträgers ist beachtlich. Gegen Mittag werden die Interviews gezielter geführt. Die Schüler setzten interessanten Details nach:
Peter: What's your home town?
Pilot: Nassau, Bahamas.
Peter: Tell me more about your home town.
Pilot: Well, it's in the tropics . . .
Die bereits erwähnte Mädchengruppe wird im Laufe dieses Vormittags über sich hinauswachsen. Auf der Jagd nach neuen interessanten Partnern werden sie kurz vor der Rückreise besonders fündig.

Sie sprechen den Bürgermeister von Nairobi an, der mit seinem ersten Staatsanwalt auf der Durchreise nach Paris ist. Sie verwickeln ihn in ein Gespräch über seine Arbeit und seine große Familie. Mit handsignierten Postkarten und einer Farbbroschüre über die Tätigkeit des gewichtigen Mannes kommen sie stolz zurück.

Überhaupt ist erstaunlich, wie selbstbewußt und unabhängig die Gruppen agieren, wie die Erfahrung, mit der fremden Sprache doch schon ganz gut umgehen zu können, selbst die Schüchternen beflügelt.

Seit 9.00 Uhr sind wir auf dem Flughafen, um 12.45 Uhr sind immer noch einige Gruppen unermüdlich unterwegs, zücken ihre Spickzettel, schalten den Recorder ein, hören zu, stellen Fragen. Wir haben Situationen beobachtet, in denen die Interviewpartner die Rollen veränderten und ihrer-

seits die kleinen Reporter befragten:
Jörg: We come from the Comprehensive School in Oberursel/Stierstadt.
Partner: O.k. That's here near Frankfurt?
Alle: Yes.
Partner: How old are you?
Jörg: 11
Peter: 11
Ingo: I'm twelve.
Partner: How long have you been learning English?
Ingo: Two years.
Jörg: No, one and a half.

Von Anfang an betreiben die Schüler parallel zu den Interviews das Sammeln von Material. Blitzschnell hat sich herumgesprochen, wo es gute Badges gibt: ,,Bei Panam", Umhängetaschen: ,,Bei Lufthansa", Posters dort, Broschüren in englischer Sprache. Name tags, baggage tags.
Beflügelt vom offensichtlichen Erfolg, kommt sie nicht mehr zum Spielmaterial für Follow-up activities und Gestaltungselemente für den Klassenraum und die Projektbücher. Es gibt momentane Streitigkeiten, Konkurrenz zwischen den Gruppen, doch die Fülle des Angebots läßt keinen leer ausgehen. Alle fahren am Ende befriedigt nach Hause.

Zurück in die Schule
Was tun?
Im Bus auf der Rückfahrt sind wir ziemlich erschöpft, doch die Begeisterung und Befriedigung ist überall zu spüren.
Was tun? Wie können die Erfahrungen dieses Ausflugs weitergeführt und verarbeitet werden, so daß zumindest ein Teil der Lust am Lernen anhält, auch wenn der nächste Test schon bald auf dem Programm steht. Im folgenden ein paar Hinweise für die systematische Nacharbeit unter den Leitgedanken:
Auswertung und Veröffentlichung von Erfahrungen.
Die Blockstunde am Freitag nach dem Besuch auf dem Flughafen beginnt mit einem auf deutsch geführten Erfahrungsaustausch. Was habt ihr erlebt? Wie habt ihr euch gefühlt, als ihr auf eure Partner zugingt? Gab es Schwierigkeiten? . . .
Die Schüler sitzen in ihren Gruppen, haben Recorder mitgebracht, ihre Stichwortprotokolle, ihr gesammeltes Material. Bevor wir uns den besten Interviews zuwenden, wiederholen wir die Ländernamen, Sprachen und Nationalitätenbezeichnungen.
Lehrer: ,,The people you interviewed came form different countries, spoke different languages . . .''

country	inhabitant	language
Japan	Japanese	Japanese
Turkey	Türk	Turkish
Norway	Norwegian	Norwegian

unser Tafelbild

Unterstützt von Stichwortprotokollen, Fotos und den Tonkassetten wählt nun jede Gruppe die besten zwei Interviews aus, über die sie den anderen Gruppen berichten. Zum Bericht teilen sich die Gruppen und mischen sich mit anderen Teilgruppen. Die Berichtsphase, wie alle weiteren Phasen, läuft auf Englisch. Sie wird durch folgenden Tafelanschrieb eingeleitet (Klapptafel innen)

Dieses Berichten, wobei sie auch das gesammelte Material zeigen und auch Ausschnitte aus den Tonkassetten vorspielen, läuft simultan im Klassenraum ab. Die konsequente Verwendung der englischen Sprache macht keine Schwierigkeiten. Beim Zuhören registriert der Lehrer außerdem, daß viele Schüler bereits beim Berichten ins Past Tense verfallen.

Die Transformation des Tapes bzw. der Stichwortlisten in einen zusammenhängenden schriftlichen Bericht als Zeitungsartikel oder Wandzeitung ist nächster Schritt der Nacharbeit.

Hierzu wird eine Stichwortliste an die Wand projiziert und gemeinsam verschriftlicht.

Der Modellbericht wird auf der Tafelmitte fixiert:
„Yesterday we interviewed a captain pilot. He workes for Turkish Airlines. He said that he liked his job but it was hard work ..."

Auf dem linken Flügel der Klapptafel werden zusätzlich nochmal die Vergangenheitsformen der Verben notiert, die wahrscheinlich benutzt werden müssen. Diesem Modell folgend formulieren nun alle Gruppen einen möglichst ausführlichen Bericht über das beste Interview. Nach der Überprüfung durch den Lehrer werden die Berichte auf eine Plakatwand übertragen, künstlerisch gestaltet und anderen Klassen, den Eltern usw. präsentiert.

Auf der Ebene der Grammatik geht es hier um die richtige Verwendung des Past Tense und um Reported Speech, der inhaltliche Kontext aber ist entscheidend: es geht um die sprachlichen Möglichkeiten, das eigene Erleben auf dem Flughafen, die Erfahrungen festzuhalten und anderen mitzuteilen. Ohne Zweifel, Airport ist eine einmalige Angelegenheit. Sicher für manche Schulen schon aufgrund ihrer geografischen Lage nur schwer adaptierbar. Obwohl zu bedenken bleibt, daß er Einzugsbereich eines internationalen Flughafens weit über den Rhein-Main-Raum oder München oder

chain d: note making

check-list

	3 rd partner	
Why at the airport?	flight from Istanbul	
- - - - - - - ?	next flight is to New York	
- - - - - - - ?		
Home town?	Istanbul	
Home country?	Turkey	
Flight? +/-	weather was very nice	
Languages?	2 languages Turkish, English	
Job?	captain pilot	
Plans in Germany?	no special plans	
Likes/hobbies?	diving deep-sea diving	
Opinions about Germany? Airport?	Many Germans dislike foreigners	
Dislikes?		
Family?		
Other interesting points	Special training with Canadian Air Force	

Hamburg hinausreicht. Warum sollte man nicht anstatt ins Phantasia-Land nach Brühl einen Klassenausflug zum nächsten internationalen Flughafen planen?

Eine Grundidee von Airport läßt sich in vielen deutschen Regionen für Projektunterricht konkretisieren, nämlich die Erkenntnis, daß Englisch in authentischen Verwendungszusammenhängen um uns herum zu finden ist. Keinesfalls müssen Schüler auf „später" vertröstet werden, auf die Fahrt nach England oder Amerika, die in vielen Fällen nie stattfindet. Britische und amerikanische Institutionen mit ihren Schulen, Kindergärten, Kultureinrichtungen, Sportvereinen und Wohnbezirken bieten ein weites Feld für Unterrichtsprojekte. In ähnlichen „Ernstfällen" können Schüler die eigenen sprachlichen Möglichkeiten erkunden, indem sich sich mit dem Fremden, vor allem den englischsprachigen Menschen in ihrer Umgebung vertraut machen.

Diese oft erstaunlich nahen Angebote zu Kontakt und Austausch im Medium der englischen Sprache sind von Lehrer bisher kaum entdeckt worden. Dabei könnten von den Entdeckungen in der Umgebung belebenden Impulse für den grauen Schulbuchalltag ausgehen.

Airport: fächerübergreifend

Airport kann sinnvoll fächerübergreifend organisiert werden. Für die Koordination mit dem Biologie-, Deutsch-, Sozialkunde- und Geographieunterricht durften folgende Aspekte von Interesse sein:

1. Die ökologische Seite des High-speed Jet Travel
Fragen des Energieaufwandes angesichts sich verknappender Energiesources.
Fragen der Umweltbelastung durch Abgase, Lärm, Beeinträchtigung der Ozonschicht.
Überschallflugzeuge: Irrsinn oder Alternative?
Alternativen zum Jet-Travel. Zurück zum Luftschiff?
Infrastrukturelle Folgen des expandierenden Luftverkehrs (Veränderung geografischer Räume, Verkehrssysteme).
2. Flughafen als Arbeitsplatz
3. Politische Entscheidungen
Entscheidungsprozesse. Mit oder gegen den Willen der Bürger. Zum Problem des Ausbaus internationaler Flughäfen.
Argumente: Gegner und Befürworter.
4. Airport und das Versprechen vom Glück
Reisetraum und Alltag
4 Wochen Utopie: Airport als Tor zur Welt der Träume aus Palmen und Sex.
Das Geschäft mit der Sehnsucht (Reisebroschüren)
5. This is Germany
Das Deutschlandbild in den Broschüren der Reise- und Fluggesellschaften.
Reklame und Wirklichkeit
Alternative Broschüren entwerfen/schreiben. Wie würdet ihr Deutschland/ Frankfurt usw. vorstellen?

Literatur

Bundesarbeitsgemeinschaft Englisch an Gesamtschulen (Hrsg.): Kommunikativer Englischunterricht. Prinzipien und Übungstypologie. München 1978.
Edelhoff, Christoph u.a.: Lehrerhandreichungen zu Issues I. Baukästen für den Englischunterricht im 8. Schuljahr. München o.J.
Der Hessische Kultusminister (Hrsg.): Rahmenrichtlinien Sekundarstufe I. Neue Sprachen. 1981.
Keim, Wolfgang: „Projektunterricht in der Gesamtschule". In: Edelhoff, Christoph und Mittelberg, Ekkehard (Hrsg.): Kritische Stichwörter Gesamtschule. München 1979. S. 184 - 190.
Legutke, Michael und Thiel, Wolfgang: Airport. Ein Projekt für den Englischunterricht in Klasse 6. Hessisches Institut für Bildungsplanung und Schulentwicklung (Hrsg.). Wiesbaden 1983.
Piepho, Hans-Eberhard: Contacts. 50 Stichwörter von A-Z. Bochum 1981.
Thiel, Wolfgang und Legutke, Michael. Airport. Unterrichtsdokumentation. Film. 30 Minuten. Westdeutscher Rundfunk (WDR), Schulfernsehen, Köln 1982. Erhältlich beim Institut für Film und Bild in Wissenschaft und Unterricht (F), FWU, Nr. 420379.
Thiel, Wolfgang. Wir haben die Schmetterlinge im Bauch gespürt. Was Lehrer und Schüler bei der Verfilmung des Airport-Projekts wahrnehmen. In: Schratz, Michael (Hrsg.): Englischunterricht im Gespräch, Probleme und Praxishilfen. Bochum 1984.

Masken – Image – Selbstdarstellung

Christel Heine/ Peter Koch:

Einleitung

Das Projekt „Masken-Image-Selbstdarstellung" fand statt im Rahmen einer Projektwoche, bei der die Hauptphase in den letzten beiden Wochen vor den Sommerferien lief.

Angekündigt wurden die unterschiedlichen Themen in einer kleinen Broschüre, so daß die Schüler und Schülerinnen aus 26 Themen wählen konnten.

Werbetext:

Masken-Image-Selbstdarstellung
— Wo und wie werden Masken verwendet, wozu?
(Bücher sichten, Museumsbesuch)
bei Völkern, Theater, Karneval
Masken selbst bauen
— Masken verändern:
Einmal ganz jemand anders sein
(Schminken, Verkleiden, Spielen, Fotographieren)
Was bin ich für ein Typ?
Wie reagieren andere auf mein verändertes Image?
vorher nachher
— Rolle der Kleidung für mein Selbstbild.
(Klassenstufe 8-9)

Die Hauptphase des Projektes wurde vorbereitet und geplant auf drei Vorbereitungssitzungen von je 45 Minuten Dauer.
Teilnehmer·
6 Schüler aus der 8. Klasse, die sich sehr gut kannten, ebenso die 5 Mädchen aus der 7. Klasse; also zwei ,,verschworene'' Cliquen! Außerdem nahm noch ein Mädchen aus der 9. Klasse teil.

Vorstellungen der Lehrenden vor dem Projekt

Wie auch schon aus dem oben angeführten ,,Werbetext'' ersichtlich, stand zu Beginn der Überlegungen der *Inhalt* des Themas im Mittelpunkt. Eine fast alltägliche Erfahrung, nämlich die Begegnung mit geschminkten, ,,verschönten'' Gesichtern und den dazugehörigen Modeerscheinungen sollten den Schülern bewußt werden. Klassifizierungen wie Popper, Punker und Prolos sind ja nicht zuletzt auch wegen der äußerlichen Erscheinung (Frisur, Klamotten) zum Tagesgespräch geworden.

Ausgangspunkt sollte die Maske als solche sein, eingebracht von den Anbietern in Form von Beschreibungen, Masken und Bildern:
— Wer trägt Masken, wozu, warum und wann?
— Was sollen Masken ausdrücken und wer stellt sie her?
— Wie werden sie gebaut?
— Was haben Masken mit dem Schminken zu tun?

Ziel war es, im Laufe der Woche immer mehr auf die Erfahrungen und Vorerfahrungen der Teilnehmer bauen zu können; es sollte Interesse für das Thema geweckt werden. Die oben im Text aufgelisteten Fragen sind nur ein Bruchteil dessen, was uns, den Anbietern, innerhalb kürzester Zeit einfiel. Durch das Bauen der Maske, durch das Schminken der Gesichter und durch das Befragen der Passanten sollten Vorurteile abgebaut und Positionen aufgebaut werden. Ein zweiter Schwerpunkt lag auf der *Selbstplanung* der Schüler. Der grobe Rahmen sollte, falls erforderlich und erwünscht, umstoßbar und veränderbar sein. Innerhalb eines vorgegebenen Leitthemas sollte es möglich sein, einzelne Unterthemen etwas ausführlicher und problemorientiert zu behandeln; insbesondere deswegen, weil wir 3 Kleingruppen anbieten konnten (mögliche Schwerpunkte: a) Schminken, b) Theorie, c) Aktionen). Zur Koordination und zur Orientierung waren dann tägliche gemeinsame Besprechungen notwendig, auf denen über die Aktivitäten der Gruppen berichtet und der folgende Tag geplant werden konnte.
Den Teilnehmern sollte bewußt werden, daß es auch ihr Projekt ist und nicht nur ein von den ,,Lehrern'' partout durchzusetzendes Thema; dieses schließt nicht aus, daß auch die Lehrenden neue Erfahrungen mit und im Projektunterricht machen wollten. Der Abbau des althergebrachten Rollenverhaltens und die gegenseitige Anerkennung auch als Mensch und nicht nur als Schüler, der etwas lernen soll und als Lehrer, der etwas lehren soll, war für uns eine Vorbedingung für bessere Sozialkontakte. Unseren Informations- und Wissensvorsprung können und wollen wir nicht leugnen; aber gerade der Projektunterricht bietet die Möglichkeit, ,,Barrieren'' aufzulockern, ,,Traditionen'' zu hinterfragen und zu lernen, was Schule sein kann.

Planungsphase

1. Vorbereitungsstunde

Um überhaupt sinnvollen Projektunterricht zu ermöglichen, sind wir mit einem Karton voll Rhythmusinstrumenten und Theaterschminke ausgerüstet zum ersten Treffen mit den Schülern gegangen. Unser Ziel war es, eine lockere und offene Atmosphäre zu schaffen, in der sich alle Beteiligten kennenlernen konnten und das typische Lehrer-Schüler-Verhältnis (Lehrer kaut vor, die Schüler kauen nach) abgebaut werden sollte. Die Jungen machten sofort Gebrauch von den Geräten, die Mädchen dagegen mußten mehrfach aufgefordert werden, auch Instrumente oder Schminke zu benutzen. Während der ganzen Stunde blieben die Schüler skeptisch gegenüber der ungewohnten Unterrichtsform; sie wehrten sich gegen eine „gemischte" Sitzordnung und blieben nach Geschlechtern getrennt auf ihren Stühlen kleben. Tuscheleien innerhalb der Cliquen und Äußerungen wie „Ihr seid doch die Lehrer, wir machen nur das, was ihr wollt" begleiteten den Ablauf.

Ergebnis: Eine für beide „Parteien" unbefriedigende Stunde, da erstens unsere Erwartungen nur sehr unzureichend erfüllt wurden und zweitens bei den Teilnehmern wohl kaum mehr als die Frage: Was soll denn das alles? hängengeblieben ist!

2. Vorbereitungsstunde

Wir wollten den Unterschied zwischen Projektunterricht und normalen Unterricht verdeutlichen und unsere Absicht der ersten Stunde offenlegen. Dabei stießen wir sehr schnell auf eine Konsumentenhaltung der Schüler: Wir sollten Inahlte und Arbeitsform vorgeben, dazu wären wir schließlich da. Von der neuen und bis dahin unbekannten Möglichkeit, eigene Vorstellungen und Wünsche mit in die Unterrichtsplanung mit eingeben zu können, konnten sie so plötzlich keinen Gebrauch machen. Zudem stellte sich heraus, daß sie kein Interesse für das Thema hatten, da sie alle in anderen Projekten arbeiten wollten und sich nun — aus Ärger darüber, daß ihre erste und zweite Wahl nicht berücksichtigt wurde — gegen eine Mitarbeit sträubten.

Ergebnis: Die Lage war verzweifelt, aber nicht hoffnungslos. Die Tatsache, daß 11 von 12 Teilnehmern nicht freiwillig, sondern mehr oder weniger mit gutem Zureden zu dem Thema fanden, erklärte für uns z.B. auch das abwartende und leicht aggressive Verhalten in der ersten Vorbereitungsstunde (zumindest teilweise). Auf die Frage, was wir denn nun machen sollten, machten sie nur Vorschläge, die für das vorgegebene Projektthema nicht verwertbar waren; sie waren fast ausschließlich auf ihre Freizeitinteressen wie Reiten und Fußball bezogen.

Wir standen also vor dem Problem, daß eine selbstgeplante Unterrichtsgestaltung nicht möglich war, auf Anregungen, was wir so alles machen könnten, reagierten sie erst gar nicht.

Wir sahen zwei Wege aus dieser widerspüchlichen Lage:

a) Wir suchen ein neues Thema, das die Schüler interessiert und beginnen noch einmal mit der Planungsphase.

Schwierigkeiten: Objektive Schülerinteressen zu finden; den Schülern unsere Schwierigkeiten zu verdeutlichen (Projekt*woche*, fehlende Zeit für die Vorbereitung eines neuen Themas)

b)   Wir versuchen, die Schüler für das Thema zu begeistern, indem wir ihnen Anregungen geben, was unter dem Oberthema „Masken" alles behandelt
werden könnte.

Nach eingehender Diskussion dieses Problems auch mit nicht direkt betroffenen Lehrern entschieden wir uns für die zweite Möglichkeit. Mitbeein-
flußt hat diese Entscheidung leider auch der institutionelle Rahmen; wir
hätten den normalen Weg der Projektwoche verlassen müssen. (Ankündigung aller Themen, Erst- und Zweitwahl der Schüler usw.)

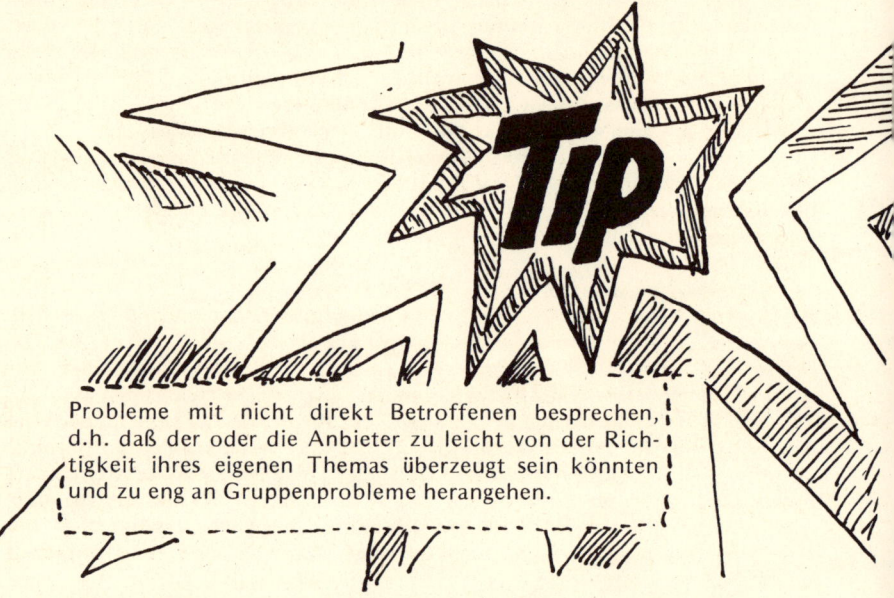

Probleme mit nicht direkt Betroffenen besprechen,
d.h. daß der oder die Anbieter zu leicht von der Rich-
tigkeit ihres eigenen Themas überzeugt sein könnten
und zu eng an Gruppenprobleme herangehen.

3.   Vorbereitungsstunde

Trotz Aufforderung in der letzten Stunde hatten sich die Schüler keine Gedanken zum Thema „Masken" gemacht. Unsere Aufgabe war es daher, zunächst Bereitschaft und Motivation bei den Schülern zu wecken. Es wurden 3
Kleingruppen gebildet, und jede Gruppe erhielt einen Stapel Karteikarten,
auf denen wir die verschiedensten Vorschläge zum Thema Masken formuliert hatten. Aufgabe war es nun, eine Rangfolge der Vorschläge zu erarbeiten und dann das Ergebnis auf eine große Pappe zu kleben. Nach heftiger
und lebhafter Diskussion in den Kleingruppen verglichen wir die drei Pappen
und stellten eine vierte her, auf der das Gesamtergebnis festgehalten wurde.
Zur Erklärung einiger Karten:
„Wir machen eine Ausstellung": Diese Karte war festgelegt, da jede Projektgruppe nach Abschluß der Woche ihre „Ergebnisse" den Eltern und den
anderen Schüler zeigen mußte.
    „Joker": Diese Karte konnte mit einem Wunsch beschrieben werden; es
wurden aber nur sehr unkonkrete Vorschläge gemacht.

Gesamtplan

Dieses Vorgehen hatte zwei Vorteile: erstens konnten die Schüler aktiv mit dem Thema in Kontakt kommen, was ihnen gegenüber der rein theoretischen Behandlung („immer nur Gerede") viel leichter fiel. Zweitens lagen am Ende der Stunde greifbare Ergebnisse vor, die zwar nicht die uneingeschränkte Begeisterung der Schüler fanden, aber doch ihre Arbeit dokumentierten und ein kleines Erfolgserlebnis brachten.

Ergebnis: Trotz aufgesetzter Aktion hatten wir etwas Richtungsweisendes für den Projektwochenanfang. Die Schüler waren zur Weiterarbeit motiviert, die Lehrenden um eine Erfahrung reicher.

Zur Themenfindung und Planung
— Schon im Laufe eines Schuljahres Themen vorschlagen oder vorschlagen lassen, wenn noch keine Prowo in Sicht!
— Eine möglichst genaue Beschreibung des Themas!
— Keine Inhaltsüberfrachtung!
— Möglichkeiten der Veränderung gleich mitaufzeigen

Verlauf
Die Projektwoche dauerte mit der Ausstellung 7 Werktage. Schon am ersten Tag bildeten sich zwei Gruppen: eine mit den Mädchen, die Masken bauen wollten und die andere mit den Schülern, die den Schwerpunkt mehr auf das Theaterspielen legen wollten. Diese Gruppen blieben während der ganzen Prowo zusammen und arbeiteten (leider) völlig unabhängig voneinander; nur bei zwei gemeinsamen Unternehmungen waren alle Schüler beteiligt. Wir beschlossen, zwei Teile unserer Tagespläne von vornherein festzulegen: ein gemeinsames Frühstück, bei dem wir uns aufeinandereinstellen konnten, und eine Abschlußbesprechung am Ende eines Tages, auf der Probleme und Ergebnisse angesprochen werden konnten. Außerdem wurde der Arbeitsplan für den folgenden Vormittag aufgestellt.

Montag und Dienstag
Nachdem im Plenum die allgemeinen und organisatorischen Fragen geklärt worden waren, zogen sich die beiden Gruppen zurück und überlegten, wie sie nun am gescheitesten an die Arbeit gehen könnten. Da die Mädchen Masken aus Gips formen wollten, gingen sie gemeinsam einkaufen und machten erste Versuche an einem Luftballon. Nach langem hin und her entschloß sich ein Mädchen, ein Gipsabdruck von ihrem Gesicht zu machen. Reaktion der Übrigen: „bist du aber mutig"; Reaktion der „Leidenden": „das bringt ja Spaß!".

Kurze Zeit später waren 2-er Gruppen gebildet und das Maskenbauen begann!

Die Theatergruppe versuchte, Stehgreif-Theater zu spielen. Sie begann mit der Szene „Im Aufzug stecken geblieben", wobei zunehmend lauter und wilder gespielt und gestikuliert wurde. Anschließend machte ein Schüler den Vorschlag, die Situation „Popper und Punker in der Disco" zu spielen, was offensichtlich sehr aktuell für sie war. Beim Spielen schaukelten sich Agressionen und Brutalität hoch, Prügelszenen und Machtkämpfe wurden ausgetragen. Da sie anfingen, nach Kostümen und Requisiten zu suchen und einige von ihnen alte Bundeswehrklamotten anhatten, kamen sie auf die Idee, „Fliegeralarm" zu proben. Durch Fragen und Gespräche mit den Lehrenden wurde diese Szene problematisiert. Mitgebrachte Armeeuniformen und beängstigende Sprüche bezüglich der Gewaltanwendung und Berufswünsche veranlaßten die Lehrenden, eine Diskussion zum Thema „Gewalt" zu initiieren. Ergebnis: eine Ausstellung zum Thema „Erziehung zur Gewalt" sollte erstellt werden. Die Schüler begannen, Material über Fernsehen, Kriegsspielzeug und Bücher/Comics zu sammeln.
Plan für Mittwoch:
— Weiterarbeit in den Gruppen
— Besuch bei der Projektgruppe „Spiele"

Mittwoch
Anfangs arbeiteten die Schüler in ihren Gruppen weiter. Dann bereiteten sie sich alle auf die gemeinsame Aktion vor: sie schminkten sich so, daß ihre Gesichter möglichst nicht mehr zu erkennen waren und nachdem von jedem ein Sofortbild gemacht worden war, kam die Probe aufs' Exempel: Wir gingen zur Spielegruppe (größtenteils Klassenfreunde) in die Turnhalle und machten dort Spiele mit. Es war das erste Mal, daß sich die Schüler „unter die Leute" wagten und die Reaktion auf die bemalten Gesichter selbst erfahren konnten. Es lief alles harmlos ab, vorher eingeredete Äußerungen der Mitschüler blieben aus!

Hans teilte mit, daß am Freitag die Teilnehmer eines Studienseminars die Prowo der Schule besuchen würden und auch unsere Gruppe von 3-4 Referendaren Besuch bekäme.
Plan für Donnerstag:
— Museumsbesuch „Klaubauf" im HH-Völkerkundemuseum

Donnerstag
Teilweise geschminkt fuhren wir mit dem Bus in das Museum, wobei die
Schüler die Reaktion „fremder" Leute auf Masken feststellen konnten. Einige hatten Fragen vorbereitet und interviewten Passanten:
Was halten sie vom Schminken? Haben Sie etwas gegen bemalte Gesichter?
Die Antworten waren fast durchweg positiv, über vereinzelte „Meckereien" wurde gelacht.
Die Führung durch die Ausstellung war ohne Bezug zu den Erfahrungen der
Schüler und daher für sie sehr langweilig. „Was soll denn der Kram hier?"
„Die spinnen hier wohl".
Plan für Freitag:
— wir schminken die Referendare

Freitag
Dadurch, daß zwei Referendare zuhörten, wurde auf das Projekt ein indirekter Rechtfertigungszwang ausgeübt. Die Besucher fragten, was wir bis dahin
gemacht hätten und Hans versuchte, bis dato nicht geleistete Theoriearbeit
innerhalb von zwei Stunden nachzuholen. Das wurde in dem plötzlich abgehaltenen Frontalunterricht über Masken und Religion deutlich spürbar. Es
entstand eine gespannte Atmosphäre und (nachdem die Referendare wieder
weg waren) wurde im Gespräch Unmut über den Druck und die Arbeitsform
geäußert. Beteuerungen von den Lehrenden, daß es nicht nach Leistung gehe,
wurden in Zweifel gezogen und die schon stattgefundenen Rollenveränderungen bezüglich gemeinsamer Aktionen mit dem anderen Geschlecht drohten
durch rigide Maßnahmen zerstört zu werden.
Plan für Montag:
— endlich mal raus aus der Schule
— Besuch der Spielegruppe, die Spiele im Freien machen wollte.

Montag
Gespräch im Plenum: Da die Spielegruppe nicht unterwegs war, konnten wir
sie auch nicht besuchen. Die Lust wegzufahren war vielen vergangen, und wir
kamen zunächst auf die Notengebung zu sprechen. Auf unsere Frage hin, wie
wir dieses Problem denn nun lösen sollten, meinten die Schüler, daß nur
sichtbare Leistungen wie angefertigte Mappen, Masken, Arbeitsbögen und
Wandzeitungen bewertet werden sollten. Auch die Mitarbeit und den Gesprächen wollten sie berücksichtigen, aber soziales Verhalten, die Fähigkeit
zu kooperieren oder zu organisieren und auf andere einzugehen sollte ihrer
Meinung nach nicht in die Note eingehen. Unsere Argumente wurden auf
grund ihrer schlechten Erfahrungen weggefegt; „etwas anderes als die Projektmappe ist doch noch nie zensiert worden!". Erschwerend kam für uns
hinzu, daß die Schule Beurteilungsbögen entworfen hatte, auf denen ein
„Produkt" der Projektarbeit weit höher bewertet wurde als ein Lernzuwachs
im Sozialverhalten. Durch dieses Gespräch baute sich bei den Schülern der
Druck auf, eine „meßbare" Leistung zu erbringen, was die Entscheidung der
meisten prägte, doch noch in der Schule weiterzuarbeiten, statt außerhalb
Interviews oder ähnliches durchzuführen. Sie begannen Wandzeitungen zu
bemalen.
Plan für Dienstag:
— Vorbereitung der Ausstellung

Dienstag

Wir besprachen zunächst genau, wie unser Stand bei der Ausstellung aussehen sollte. Da sich die Schüler kaum verantwortlich dafür fühlten, mußte das Gespräch stark von den Lehrenden geleitet und strukturiert werden, und es wurde ein ganz normales Unterrichtsgespräch. Die Vorschläge wurden an der Tafel gesammelt; heraus kam, daß wir 5 Wandzeitungen und die fertiggestellten Masken ausstellen (8 Stück) und daneben einen Schminktisch anbieten wollten.

Der Inhalt der 5 Wandzeitungen:
1. Wie stelle ich eine Gipsmaske her?
2. Arbeitsatmosphäre (mit Hilfe von Fotos)
3. Ein Schüler wird geschminkt!
4. „Erziehung zur Gewalt"
5. Klaubauf-Ausstellung (mit Hilfe von Prospekten)

Die Vorbereitungen verliefen wegen des Zeitdrucks und der fehlenden Motivation äußerst hektisch.

Beim eigentlichen Aufbau spitzte sich die Lage so zu, daß alles so, wie Hans es wollte, gemacht werden sollte; die Schüler reagierten verärgert, da sie nur noch Anweisungen ausführen sollten. Als es darum ging, immer zwei Schüler zu finden, die sich ein wenig um den Stand kümmerten, war keiner bereit, auch nur einen Finger zu krümmen; also mußten wir losen.

Plan für Mittwoch:
— Ausstellung

Mittwoch

Während der Ausstellung wurde der Tisch vor allem durch den Schminktisch zum Erfolg und die Schüler distanzierten sich nicht mehr wie beim Aufbau von dem Projekt. Nachdem sich zwei Lehrerinnen haben schminken lassen und sehr viele Eltern und Schüler interessiert die Fotos betrachteten, verloren die Projektteilnehmer ihre Scheu bzw. Angst, sich zu blamieren (wahrscheinlich hervorgerufen durch teilweise sehr aufwendige Stände anderer Projekte). Nach kurzer Zeit liefen überall geschminkte Schüler durch das Gebäude und die Schüler demonstrierten stolz ihre Masken.

Fazit

Wir möchten hier am Schluß unserers Projektberichtes ein kurzes Resümee ziehen, welches sich im wesentlichen auf 3 Punkte konzentriert: Erstens: Was haben die Schüler nun eigentlich gelernt? Was hat es ihnen „gebracht"? Hat sich der Aufwand überhaupt gelohnt? Zweitens: Woran haperte es bei unserem Projekt? Was kann man alles ohne viel Aufwand besser machen? Und drittens: Was haben wir, die Lehrenden, gelernt?

Zum ersten:

Es hat allen Schülern Spaß gemacht! „Meinetwegen können wir so etwas bald noch einmal machen!"
„Schade, daß nur einmal im Jahr Projektwochen sind!" Solche und ähnliche Äußerungen während der Ausstellung haben uns doch ein wenig überrascht, sah es doch während der Woche zeitweise ganz anders aus. Es ist schwer, nach diesem Projekt den Lernzuwachs der Schüler zu messen! Sicherlich, sie haben gelernt, Masken aus Gipsbinden herzustellen oder mit Theaterschminke umzugehen; aber unsere Vorstellungen gingen ja weiter: Was ist mit der Selbstplanung; was mit der Bewußtseinserweiterung bezüglich des „Verkleidens"? Wir hätten diese Dinge kontrollieren können, Lernkontrollen gibt es ja unzählige; aber gleitet dann der Projektunterricht nicht wieder ab zum normalen Unterricht? Wird dann ein Projekt nicht degradiert zum projektorientiertem Unterricht? „Spaß" haben" ist zwar nicht das Maß aller Dinge, aber gerade solche Äußerungen zeigen doch, daß es möglich ist, auch in der herkömmlichen Schule Unterricht so zu gestalten, daß Frust, Langeweile und Streß vor der Tür bleiben. Und die Schüler und Schülerinnen haben ja etwas gelernt: die Kommunikations- und Kooperationsbereitschaft haben sich erheblich verbessert, sie haben Formen des Arbeitens gesehen, die sie bis dahin nicht kannten und sie haben erfahren, daß Vorurteile nicht gleich Urteile sind (beim Schminken und bei der Ausstellung).

Ein Produkt am Ende eines Projektes zu haben, ist ein sehr sinnvolles Kriterium, die Frage bleibt aber, ob es dann auch unbedingt ausgestellt werden muß. Und führt nicht der Notenzwang die Schüler und die Lehrer wieder zum herkömmlichen Rollenverhalten? Natürlich haben wir keine Wunder erwartet und es sind auch keine eingetreten; soziales Lernen bzw. Arbeitsformen, die soziales Lernen ermöglichen wie Kleingruppenarbeit, werden nicht in einer Woche realisiert!

Sozialformen wie Kleingruppenarbeit schon lange vorher im Schulalltag einführen:
Projektorientierter Unterricht! !

Auch das Verantwortungsgefühl der Schüler für ihr Projekt ließ zu wünschen übrig, es zeigte sich aber, das die Teilnehmer sich mehr und mehr mit dem Thema identifizierten; Höhepunkt war sicherlich der gelungene Stand auf der Ausstellung. Die Bedürfnisse der Lernenden sollen im Mittelpunkt des

Projektes stehen, sie lösen es aus und treiben es voran. Es reicht also nicht aus, wenn der Lehrer sein Hobby zum Thema eines Projektes macht; es ist wohl oft gut gemeint, „bietet man dem Schüler doch mal etwas anderes", aber es läuft eben häufig an den Interessen der Schüler vorbei und das Projekt bietet kaum Gelegenheit zur Selbstplanung und Selbstbestimmung (eben weil es ein Thema des Lehrers ist).

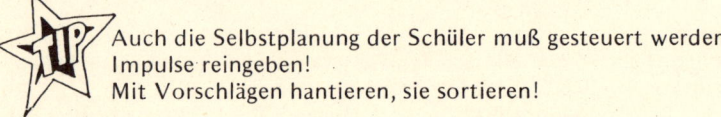

Auch die Selbstplanung der Schüler muß gesteuert werden!
Impulse reingeben!
Mit Vorschlägen hantieren, sie sortieren!

Zum zweiten:
Um eben ein möglichst großes Verantwortungsgefühl der Schüler zu erreichen, ist eine längere Vorbereitungsphase notwendig. Die drei Stunden reichen im Normalfalle noch nicht einmal für organisatorische Sachen. Auch als Orientierungsgrundlage für die Schüler dient eine ausführliche Diskussion vor Beginn der eigentlichen Projektwoche, denn auch die Übersicht und Einsichtigkeit über Verlauf und Inhalt des Themas unterscheidet das Projekt von den Inhalten des normalen Fachunterrichtes. In einem ausführlichem und umfangreichem Gespräch zu Beginn können Unklarheiten und Verständnisschwierigkeiten ausgeräumt werden; Anbieter und Teilnehmer können sich während der Projektwoche auf den eigentlichen Inhalt konzentrieren! Eine gute Planung ist schon das halbe Projekt! !
Zum dritten:
Auch uns hat es viel Spaß gemacht, obwohl wir einige Dämpfer und Rückschläge hinnehmen mußten! Aus den schon genannten Gründen, der familiären und schulischen Sozialisation der Schüler lassen sich einige Lösungen für unsere Probleme ableiten; auch hat sich gezeigt, daß wir zu idealistisch, zu theoretisch an den Projektunterricht herangegangen sind. Wir haben gelernt, daß nicht nur die optimale Vorbereitung ein gutes Projekt garantiert, sondern das auch der institutionelle Rahmen innerhalb einer Schule Erfolg oder Mißerfolg vorprogrammieren kann! Notengebung, Ausstellungszwang, Themenzuweisung und Dauer der Prowo haben ganz entscheidenden Einfluß auf Methode und Inhalt. Es wäre falsch, mit der Prowo eine kleine Oase in dem ansonst so tristem und eintönigem Schulalltag einzurichten; richtig wäre, Erfahrungen und Ideen aus der Projektwoche mit hineinzunehmen in den Fachunterricht.

Schlußbemerkung:
Dieser Projektbericht kann nicht all die Fragen beantworten, die Lehrer/innen bei der Planung und Durchführung eines Projektes haben; er soll vielmehr Mut machen, sich auch einmal in unbekannte Gewässer hineinzutrauen. Es fehlen auch viele Dinge, z.B. die Interdisziplinarität. Dieses aufzuarbeiten überlassen wir anderen Autoren.

Der Mörder von Bergedorf-Süd

Ein Filmprojekt

Wolfgang Allerkamp

„Unsere Filmarbeit war überhaupt nicht zu vergleichen mit dem normalen Schulunterricht. Das Arbeitsklima in der Schule ist total anders. Da geht es nur um Leistung. Man wird so richtig zu leistungsbezogenen Menschen gedrillt. Dabei gibt es eine klare Trennungslinie zwischen Lehrern und Schülern. Es geht eben immer nur um die sooo wichtigen Noten. — In unserer Filmgruppe war das ganz anders. Es war für uns alle eine neue Erfahrung, daß man so eng zusammenarbeiten kann. Jeder hatte das gleiche Recht mitzubestimmen. Wir hatten alle das gleiche Ziel. Dadurch hatten wir zu unseren Lehrern ein ganz anderes Verhältnis. Und die Gemeinschaft der Schüler untereinander war so gut, wie ich es bisher noch nie erlebt hatte.” (Bettina, Klasse R 10b)

12 Schüler einer 10. Realschulklasse in Hamburg-Bergedorf haben in Zusammenarbeit mit ihrem Lehrer in einjähriger Projekt-Arbeit einen 20 minütigen Kriminalfilm auf Super-8 gedreht. — So könnte man das Ergebnis unserer Bemühungen protokollieren. „Der Mörder von Bergedorf-Süd” ist aber das Produkt eines mühevollen Prozesses, der im Spannungsfeld zwischen der sachlichen Herausforderung und einer überaus lustbetonten Zusammenarbeit aller Beteiligten abgelaufen ist. Mein Bericht wird deshalb neben einer produktbezogenen Darstellung auch solche Aspekte beinhalten, die diesen Prozeß von anderer Seite wesentlich beeinflußt haben.

Ich hatte zu Beginn unserer Filmarbeit in dieser Realschulklasse Politik unterrichtet. In dieser Zeit entwickelte sich ein enger Bezug zwischen den Schülern und mir. Die gute Zusammenarbeit mit dem Klassenlehrer war dafür eine wichtige Voraussetzung. Einige Schüler hatten in den vergangenen Halbjahren an meinem Wahlpflichtkurs „Wir spielen Theater” teilgenommen. Als dann der Wunsch an mich herangetragen wurde, wir könnten doch mal einen richtigen Kriminalfilm drehen, stimmte ich spontan zu, erahnte jedoch nur von fern, auf was ich mich eingelassen hatte. Da ich noch nie vorher nach einem Drehbuch gefilmt hatte und die meisten Schüler nicht einmal wußten, wie man eine Kamera in der Hand hält, stand für mich bald fest, daß dieses Projekt eine umfangreiche Vorbereitung erforderte. Um die vorausgeleistete Motivation meiner Schüler nicht überzustrapazieren, entschloß ich mich, daß Drehbuch selber zu schreiben. Auf diese Weise konnten wir schneller als sonst mit den Dreharbeiten beginnen.

Die Story

Ausgehend von meinen Erfahrungen als Fernseh-Krimi-Konsument begnügte ich mich mit einer einfachen Story, die nach den üblichen Strickmustern von „Tatort" oder „Derrick" ablief. Mußte ich doch davon ausgehen, daß die Umsetzung unseres Drehbuches ohnehin genug Schwierigkeiten bereiten würde, so daß bekannte und einfache Strukturen üblicher Fernsehkrimis von den Schülern am ehesten bewältigt würden:

Der Kleingärtner Heinrich Schmidt findet in der Nähe seines Gartens auf dem Hauptweg der Kolonie die Leiche einer jungen Frau. Die Tote heißt Fanny Richter. Sie hat in der Habermannstr. 35 gewohnt.

Kommissar Friedrich Erdmann findet in der Wohnung der Toten einen Hinweis: Einen Notizblock der „Bergedorfer Bürgerstuben", eine Gaststätte in der Nähe der Kleingartenkolonie. Die Vermutung liegt nahe, daß Fanny Richter sich zur Tatzeit auf dem Wege von dieser Gaststätte zum Bahnhof befand, um von dort aus nach Hause zu fahren. Ein Besuch in der Kneipe bestätigt diesen Zusammenhang. Kommissar Erdmann erfährt von dem Wirt, Egon Wolff, Fanny Richter habe sich an jenem Abend mit einem Mann, der in einer Eisengießerei arbeitet, heftig gestritten. Im ersten Verhör macht der Gießereiarbeiter Günther Seidel einen ängstlichen Eindruck. Auch das Verhör eines weiteren Verdächtigen, Erich Sander aus einem Behelfsheim, führt nicht weiter.

Die Polizisten sind ratlos. Wie schon so oft bringt ein Zufall die entscheidende Wende: Ein Mann ruft an. Er sei Schaffner auf der Strecke Bergedorf-Geesthacht. Er habe in der Zeitung das Bild der Fanny Richter gesehen. Sofort habe er sich an einen Zwischenfall erinnert, den er einige Tage vor dem Mord in einem Abteil beobachtet habe. Ein Mann habe eine junge Frau belästigt. Diese habe ihn immer wieder angeschrien: „Egon, laß mich zufrieden!" Und die Frau sei Fanny Richter gewesen. Egon? — Nach der Beschreibung des Anrufers kann es sich nur um den Wirt der „Bergedorfer Bürgerstuben", Egon Wolff, handeln, der nach Verfolgungsjagd und eindringlichen Verhören die Tat gesteht.

Die Personen

Zur Vorbereitung der Inszenierung erarbeiteten wir die folgenden Kurzcharakterisierungen der handelnden Personen. Auf diese Weise entstand die Grundlage für die Arbeit der Regisseurin. Die Hauptdarsteller konnten sich so schon einmal in ihre Rollen einleben:

Fanny Richter, das Opfer: Für den Zuschauer soll sich das Bild der Fanny Richter vom hilflosen Opfer zur unbarmherzigen Tochter und weiter zur gefühllosen, unnahbaren, aber reizvollen Frau wandeln. Das Bild dieser Person entwickelt sich in Rückblenden, weil der Film mit dem Tod dieser Person beginnt.

Friedrich Erdmann, der Kommissar: Kommissar Erdmann ist ein verschlossener, etwas wortkarger Mensch. Er ist dabei aber keineswegs unfreundlich. Äußerlich erkennt man ihn an seinem langen Mantel, seinem breitkrempigen Hut und seiner ewig dampfenden Pfeife. Er hat einen auffallenden Oberlippenbart. Er fährt sein französisches Mofa mit Leidenschaft.

Egon Wolff, der Mörder: Der Gastwirt Egon Wolff fällt durch seine gestenreiche Sprache auf.

Heinrich Schmidt, ein Kleingärtner: Heinrich Schmidt fällt durch seine großen, etwas wäßrigen Augen auf.

Günther Seidel, ein Gießereiarbeiter: Bei der Vernehmung im Präsidium ist Günther Seidel kaum wiederzuerkennen. Er ist sehr gepflegt gekleidet und macht einen ehrlichen und vertrauenserweckenden Eindruck. Dagegen sieht er vorher in der Eisengießerei etwas undurchsichtig aus. Er ist dort von oben bis unten mit Ruß eingestaubt.

Erich Sander, ein Einzelgänger: Auch Erich Sander sieht zunächst sehr verwegen aus. Er ist auffallend schlecht gekleidet und macht einen müden Eindruck. Er wohnt in einem Behelfsheim mit vielen Tieren um sich herum.

Die Schauplätze
Um die Dreharbeiten möglichst räumlich konzentriert durchführen zu können, wählten wir solche Schauplätze aus, die sich in der Nähe des alten Bahnhofs ,,Bergedorf-Süd" befinden. Das Drehbuch (und die Story) war bereits darauf abgestimmt worden, so daß sich die Drehorte leicht ausmachen ließen. Die Schüler führten die erforderlichen Vorgespräche mit den Eigentümern zum Teil selbst:
In der Gartenkolonie: Die Nachtszene wird am Tage gefilmt. Durch ein Herabsetzen der Blende wird der ,,Nachteffekt" erreicht. Gefilmt wird auf dem Hauptweg einer Gartenkolonie.

In der Wohnung der Fanny Richter: Als Hintergrund ist eine Kommode mit einigen darüberhängenden Wandbildern ausreichend. Es ist also nicht erforderlich, in einer vollständigen Wohnung zu filmen.

Auf der Straße vor und in den ,,Bergedorfer Bürgerstuben": Es handelt sich um eine Gaststätte, die zwei Bedingungen erfüllt: 1. Die Straße vor der Gaststätte ist nicht sehr befahren, so daß wir dort ungestört arbeiten können. 2. Der Innenraum ist für die geplanten Kameraeinstellungen groß genug.

Werkstor und Gelände der Gießerei: Beide Orte sollten eindeutig identifizierbar sein und einen interessanten Hintergrund bieten.

In der Werkshalle der Gießerei: Im Hintergrund dieser Aufnahmen sollten interessante Arbeitsprozesse ablaufen.

Im Präsidium: Für diese Einstellungen wird das Schul-Sekretariat ausreichen.

Im Eisenbahnabteil und auf dem Bahnhof: Diese Einstellungen werden auf dem alten Bahnhof Bergedorf-Süd oder in Geesthacht gedreht. Als Kulisse dient die Museumseisenbahn der Linie Bergedorf-Geesthacht.

Auf dem Schrottplatz: Für diese Einstellungen werden gestapelte Autowracks als Hintergrund dienen.

Das Drehbuch
In 53 Kameraeinstellungen, die ich in 20 Bildern zusammengefaßt hatte, wurde die Story für die Verfilmung aufbereitet. Der dramaturgische Aufbau macht insgesamt fünf Rückblenden erforderlich. Da unsere technische Ausrüstung zur Herstellung von Überblendungen nicht ausreichte, entschlossen wir uns, die Rückblenden für den Zuschauer dadurch zu machen, daß wir diese Szenen durch einen Farbfilter gelb einfärbten. Die ,,Nachtaufnahmen"

sollten, wie auch beim professionellen Film, am Tage gefilmt werden. Da die handelsüblichen Colorfilme für die Verwendung bei Kunstlicht ausgelegt sind, wird für die Aufnahme bei Tageslicht ein eingebautes Konversionsfilter vorgeschaltet, daß die hohen Farbtemperaturen des Tageslichts herabsetzt. Nimmt man diesen Filter durch Umstellung des Schalters auf das Symbol „Lampe" heraus, weist der Film nach seiner Entwicklung eine leichte Blaufärbung auf. Durch eine zusätzliche Verminderung der Blendenöffnung um eine Stufe ergibt sich am Ende eine akzeptable „Nachtaufnahme". Auf diese Weise konnten wir alle Szenen am Tage filmen und mußten uns bei der Planung der Dreharbeiten keine zeitlichen Beschränkungen auferlegen.

Das Drehbuch erwies sich als unabdingbare Voraussetzung unserer Arbeit. Es enthielt alle notwendigen Angaben für die Verfilmung. Selbstverständlich kann solch ein Drehbuch nur das vorläufige Endergebnis einer vorangehenden Planung sein. Während der Dreharbeiten ergeben sich zwangsläufig Veränderungen, die zum Teil darin begründet sind, daß die Vorstellungskraft des Autors nicht ausgereicht hat, zum Teil aber auch darin, daß die konkreten Gegebenheiten am Drehort Umstellungen erforderlich machen. Auch für uns waren die Dreharbeiten keineswegs der Vollzug vorgeschriebener Schritte, sondern eine fortwährende Auseinandersetzung mit meiner Vorlage.

Ich habe von seiten meiner Kollegen häufig den Vorwurf hören müssen, daß ich durch die Vorgabe des Drehbuches die Kreativität meiner Schüler von vornherein zu sehr eingeengt hätte. Die Praxis widerlegte diesen Vorwurf zumindest teilweise dadurch, daß die Schüler ihren Gestaltungswillen in der Umsetzung des Drehbuches ausleben konnten. Ich bin sehr sicher, daß die gemeinsame Erarbeitung einer Vorlage zu Ermüdungserscheinungen geführt hätte, die eine solche vitale Arbeit vor und hinter der Kamera, wie wir sie erlebten, verhindert hätten. Die Schüler stürzten sich nach den Sommerferien geradezu auf das Drehbuch. Anzeichen von Befremdung konnte ich bei keinem bemerken. Alle brachten die Bereitschaft mit, sich mit „unserem" Drehbuch vorbehaltlos auseinanderzusetzen.

Leider ist es nicht möglich, daß gesamte Drehbuch an dieser Stelle vorzulegen. Zur Veranschaulichung unserer Arbeitsgrundlage soll der folgende Auszug dienen, der exemplarisch verdeutlicht, welche Angaben für die Dreharbeiten erforderlich sind.

Der Einstieg

Nun war es endlich soweit. Unsere Filmarbeit konnte beginnen. Wie enttäuscht waren die Schüler, als sie bemerkten, daß es nun doch nicht gleich losgehen würde. Schließlich standen wir alle vor der schwierigen Aufgabe, unseren ersten Film zu drehen. Und das macht eine eingehende Beschäftigung mit den Voraussetzungen erforderlich. Niemand hatte schon einmal ein Drehbuch in der Hand. Begriffe mußten geklärt werden, um unser Drehbuch lesen zu können. Der Umgang mit der Technik war keinem so geläufig, daß wir gleich drauflosschießen konnten. Und schließlich gab es eine Menge organisatorische Probleme, die erst gelöst werden mußten. Also blieben wir zunächst in der Schule, um uns dieser lästigen Pflicht zu entledigen. Ein wichtiges Motiv für die Mitarbeit der Schüler lag sicherlich darin, daß wir den größeren Teil unserer Arbeit außerhalb der Schule erledigen würden. In vier Doppelstunden wurden die Voraussetzungen für die Dreharbeiten geschaffen:

Der Mörder von Bergedorf-Süd

Drehliste

Lfd. Nr	Datum	Film-Nr.	Bild/Bon. Nr.	Drehort	Motiv	Personen	Kostüme	Ton von - bis	Filter	Bild/Obj. Seite	Länge (Sek.)	Blende	Brennw.	Bemerkungen
1	8.10.80	K1	7/16 - 17/1	Hintertür	Komm. nimmt Kontakt auf	Friedr. Brandau Erich Sander	braune Hose + br. Schuh	-	-	18	32	2,8	7	
2	"	K1	12			Friedr. Brandau	.	-	-	18	35	2,8	7	
3	"	K1	8/120 - 21/1	Briefträger/Bank	Bürg. Komm. und Briefträger			-	-	18	20	2,8		
4	"	K1	12	In der Wirtschaft	Großaufnahme	Komm. Brandau/Bar	-	-	18	20	2,8		connt Spule. Ton abbrechen	
5	"	K1	9/22-23/1	In der Wirtschaft	Kopf + Blick	Komm. Brandau/Bar		-	-	18	2	u 2,8		Ton unterbrechen
6	"	K2	neu		Einzug/Glas	Arthur Korp. Jaskin		0-45	1	18	2	u 2,8	2	
7	15.10.80	K2	16/42,1/1	Auf der Straße	Verfolgung	Friedr. Brandau E. Wolff, Platz				18	34,5	1,9	10	
8	"	K2	14/42/2	"	"	"				18	30,5	1,9	10	
9	"	K2	17/43	Auf dem Smith	Festnahme	"				18				
10	"	K2	17/43	"	"	"				18	8	1,9	10	
11	"	K2	17/46/1	"	"	"				18	11	1,9	10	
12	"	K2	17/47/1	"	"	"				18	16	1,9	10	
13	25.10.80	K3	12/34/1	Im Lokal	Belästigung	Franny/Wolff	ärmellos Kostüm gelb	45 - 49	9	18	15,2	1,9	8,5	
14	"	"	12/34/2	"	"	"		49 - 52	1	18	15,2	1	5	
15	"	"	12/34/3	"	"	"	"	52 - 56,5	9	1	13	1,7	5	
16	"	"	12/33/1	Schaffner b. Ab.	Schaffner	"			9	18	13	2	8,5	
17	"	"	12/33/2	"	"	"			1	18	11	2	8,5	
18	"	"	12/33/3	"	"	"				18	7	2		

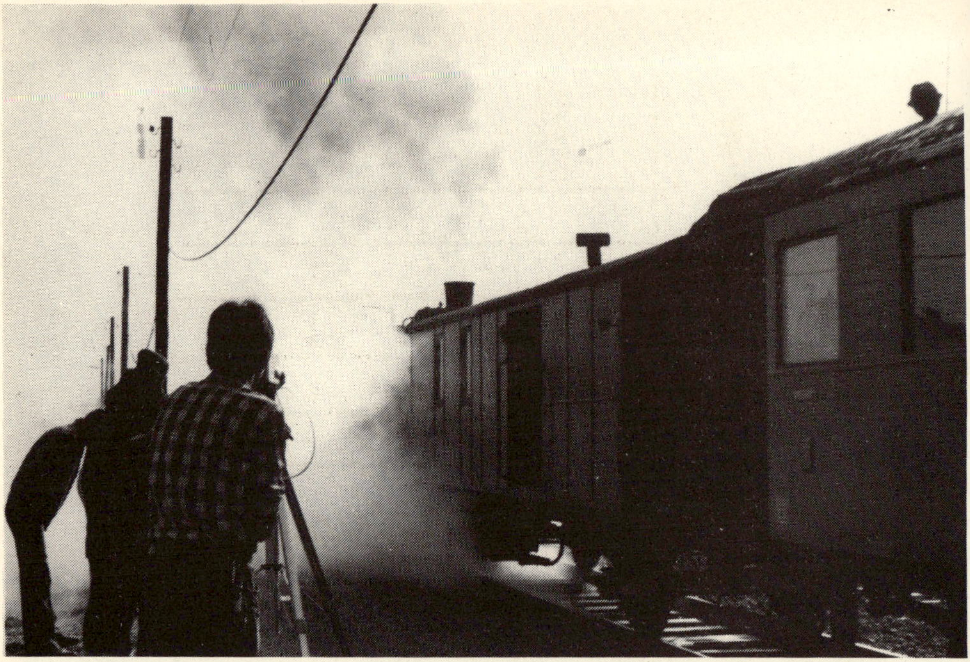

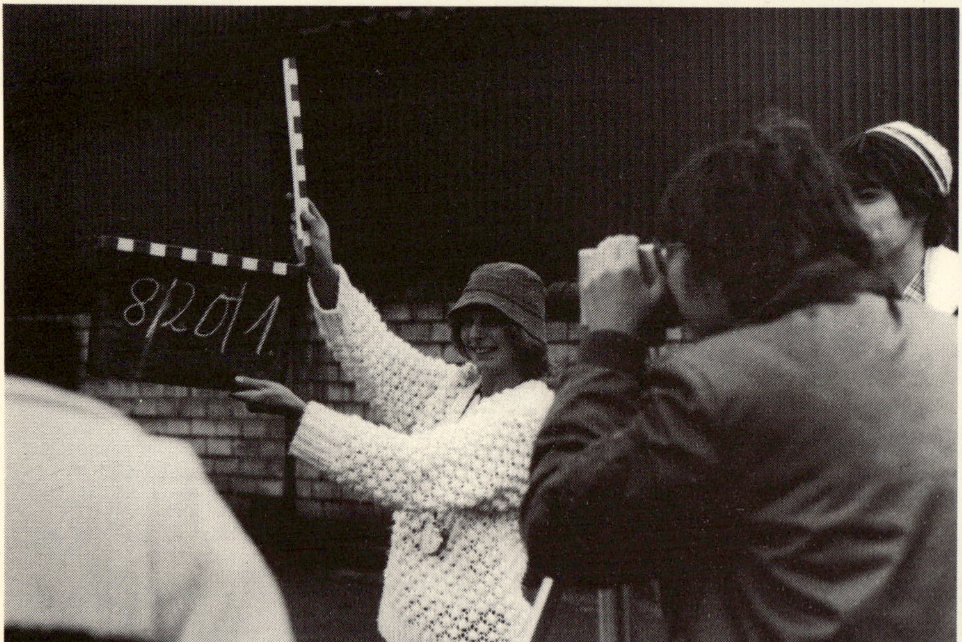
8/20/1

1. Doppelstunde: „Lebende Bilder"

Wir beschäftigten uns mit enigen zentralen Fragen der Filmgestaltung, um bestimmte Zusammenhänge bei den Dreharbeiten leichter erkennen und durchschauen zu können.
Wir schnitten z.B. alte Filmreste auseinander und stellten diese neu zusammen. So erkannten wir,
● daß sich Filme aus Einzelbildern zusammensetzen,
● daß die Zusammensetzung dieser Einzelbilder für die Aussage entscheidend ist,
● daß die Kamera nur Ausschnitte zeigt,
● daß der Zusammenhang der Bilder erst vom Betrachter hergestellt wird.

Außerdem verglichen wir Standfotos und untersuchten Comics.

2. Doppelstunde: „Wo stellen wir die Kamera hin? Was filmen und vertonen wir?"

Wir setzten uns mit der Tatsache auseinander, daß die Kamera gewissermaßen das Auge des Zuschauers ist, um die Einstellungen bei den Dreharbeiten aus dieser Perspektive sehen zu können.
Wir zeichneten über eine Video-Kamera kurze Sequenzen auf und erkannten z.B.,
● daß die Abfolge der Einstellungen nur bestimmte Kamerastandorte zuläßt,
● daß der Standort entscheidend ist für die Aussage.
Da uns nur eine Schmalfilmkamera zur Verfügung stand, konnten wir diese Erkenntnis für unsere Verfilmung nicht nutzbar machen. Im Hinblick auf die ohnehin strapziöse Arbeit an der einen Kamera bin ich jedoch rückblickend froh darüber. Unser Film hat darunter nicht sehr gelitten.
Die bis dahin gewonnenen Einsichten nutzten wir für die nähere Beschäftigung mit einem „Bild" unseres Drehbuchs und erkannten so,
● daß die vorgegebenen „Kamera-Einstellungen" in einem sinnvollen Zusammenhang mit der inhaltlichen Aussage standen.
Bereits zu diesem frühen Zeitpunkt unterbreiteten die Schüler eine Reihe von Verbesserungsvorschlägen, die sich während der Dreharbeiten schließlich als sinnvoll erwiesen.
Wir setzten uns mit der Schwierigkeit auseinander, daß eine live-, geschweige denn lippensynchrone Vertonung des Films mit den uns zur Verfügung stehenden Geräten nicht möglich ist:
Wir betrachteten zwei kurze Tonfilmreste und erkannten,
● daß unser Film nachvertont werden müßte,
● daß die Methode des Off-Ton-Verfahrens eine Möglichkeit bietet, „sich aus der Affäre zu ziehen".
Bei diesem Verfahren wird der sprechende Darsteller von hinten gefilmt, der Zusammenhang von Bild und Ton ergibt sich aus Mimik und Gestik des zu-

hörenden Darstellers.

Später stellte sich heraus, daß die Live-Ton-Aufnahmen für die Vertonung nicht oder nur zum Teil brauchbar waren. Wir kamen durch die Verwendung von Geräusch-Schallplatten zu wesentlich besseren Ergebnissen.

Da es unbedingt nötig ist, bestimmte Daten während der Dreharbeiten zu protokollieren, um die Weiterverarbeitung des Materials zu erleichtern, bzw. eine gegebenenfalls erforderliche Wiederholung der Aufnahme zu einem späteren Zeitpunkt zu ermöglichen, beschäftigten wir uns mit den Gesichtspunkten eines solchen Protokolls (Drehliste).

3. Doppelstunde: „Wer ist der Boß? Wann machen wir was?"

Da eine klare Arbeitsteilung die Voraussetzung für einen halbwegs reibungslosen Ablauf der Dreharbeiten ist, beschäftigten wir uns mit der Arbeitsorganisation beim Filmen.

Wir verglichen Filmvorspanne und überlegten, welche Aufgabenverteilung in unserem Falle sinnvoll ist. Außerdem überlegten wir,
● welche Bilder sich für die Arbeit an einem Drehort zusammenfassen lassen,
● welchen zeitlichen Umfang die Arbeit an den einzelnen Drehorten annehmen würde.

4. Doppelstunde: „Kameratechnik/Tontechnik"

Wir beschäftigten uns eingehend mit den zur Verfügung stehenden Geräten: Schmalfilmkamera (Nizo 561), tragbare Video-Anlage (VHS) und Tonbandgerät (Uher report).

Die Planung

Selbstverständlich wollten wir die gesamte Arbeit im Teamwork erledigen. Dagegen stand die Vorstellung, daß mit der Rolle eines Regisseurs zwangsläufig gewisse Privilegien verbunden seien. Daß aber die Bewertung dieser Aufgabe unabhängig von der Funktion zu sehen ist, wurde erst angezweifelt, aber schließlich von allen akzeptiert: Der Regisseur übernimmt im Team eine bestimmte Aufgabe und ist wie alle anderen abhängig von den Entscheidungen der gesamten Gruppe.

Da wir die Absicht hatten, wichtige Szenen mit einer Video-Anlage vorzuproben, mußten zur Erfüllung dieser Aufgabe zwei Schüler gefunden werden, die im Umgang mit der Anlage schon etwas geübt waren. Andreas hatte sich in anderen Zusammenhängen schon häufiger damit befaßt. Kerstin trat als „Ahnungslose" an seine Seite. Dieses Prinzip wandten wir auch bei der übrigen Aufgabenverteilung an: Ein halbwegs versierter arbeitet mit einem weniger geübten zusammen. Daraus ergab sich folgende Zuordnung:

Friedrich Erdmann (Kommissar)	— Sören Scheel
Fanny Richter (Opfer)	— Anja Eppler
Egon Wolff, Gastwirt (Mörder)	— Patrick Bluhm
Regisseur	— Bettina Buck
Kameramann (Super 8)	— Stephan Knaack
Kameramann (Super 8)	— Jörn Sellhorn-Timm
Kameramann (Video)	— Andreas Vieth
Kameramann (Video)	— Kerstin Thomsen
Tonmeister	— Andreas Köcher
Tonmeister	— Petra Schröder
Script-Girl	— Claudia Krüger
Requisiteur	— Susann Siegel

Da unsere Filmgruppe mit 13 Personen für eine durchgängige Doppel- oder gar Dreifachbesetzung zu klein war, mußten wir mit der Schwierigkeit leben, daß die Hauptrollen nur mit je einer Person besetzt wurden. Bei der Länge unseres Films wäre es jedoch ohnehin kaum möglich gewesen, während der Dreharbeiten einen Darsteller auszutauschen. Unsere Darsteller wuchsen an ihrer Aufgabe derartig, daß sie nicht ein einziges Mal fehlten.

In der ersten Hälfte des Schuljahres wurde in 19 Wochen unterrichtet. Für unseren Wahlpflichtkurs standen also 38 Unterrichtsstunden zur Verfügung. Da wir einen großen Teil unserer Arbeit außerhalb der Schule erledigen mußten, wurde das gesamte Stundenkontingent wie folgt verteilt: teilt:

4 Doppelstunden zur Vorbereitung der Dreharbeiten	= 8 U'Std.
6 Vorbesprechungen der einzelnen Drehtage	= 6 U'Std.
6 Drehtage à 4 U'Std.	= 24 U'Std.

insgesamt	38 U'Std.

Geplant war, die Dreharbeiten noch vor Einbruch des Winters abzuschliessen. Leider machte uns die Umstellung von Sommer auf Winterzeit einen Strich durch die Rechnung. Die nachmittäglichen Lichtverhältnisse wurden zunehmend schlechter, so daß wir unsere Dreharbeiten vorerst abbrachen, um sie im Frühjahr fortzusetzen. Es zeigte sich später ohnehin, daß unser Optimismus allzugroß gewesen war. Wir mußten neben der liegengebliebenen Dreharbeit einige Szenen nachdrehen. Zusammen mit der Weiterverarbeitung des Materials ergab sich daraus ein Programm, das sich über das gesamte zweite Halbjahr erstreckte. In der zweiten Hälfte des Schuljahres wurde nach Abzug der Zeiten für Betriebspraktikum und Klassenreise in 10 Wochen unterrichtet. Für die Fortsetzung der Arbeit standen also 20 Unterrichtsstunden zur Verfügung.

Um das Material nach Abschluß der Dreharbeiten weiterverarbeiten zu können, ist es unbedingt erforderlich, die Einzelheiten der Aufnahmen zu protokollieren.

Es ist zweckmäßig, die verarbeiteten Filmcasetten durchzunumerieren, festzuhalten welche Aufnahmen sich in welcher Casette befindet. Zur Bezeichnung der jeweiligen Aufnahme dient die Numerierung des Drehbuchs. Da es oft nötig ist, eine Einstellung mehrfach abzudrehen, tritt zur ,,Bild/Einstellungsnummer" die ,,Aufnahmenummer" hinzu. Beispiel: ,,16/42/1." heißt ,,16. Bild, Einstellung Nr. 42, die Erste". Diese Numerierung wird auf der Klappe notiert und zu Beginn einer Aufnahme mitgefilmt.

Die Angaben über Drehort, Motiv und Personen erleichtern die Identifizierung der jeweiligen Aufnahme. Sollte sich bei der ersten Durchsicht der entwickelten Filme herausstellen, daß eine bestimmte Aufnahme mißlungen ist, kann man die Szene auf diese Weise schnell nachstellen und erneut aufnehmen.

Besonders wichtig sind die Aufzeichnungen über die Kostüme, weil eine Verwechslung peinliche Folgen hätte. Der Kommissar steht nach dem Zusammenschnitt z.B. plötzlich ohne Mantel da.

Für die Zuordnung der Tonaufnahmen sollten die Zählwerknummern des Tonbandgerätes notiert werden. So läßt sich die Tonaufnahme leichter wiederfinden. Nach dem Schnitt stimmt die Reihenfolge auf dem Tonband nicht mehr mit dem Film überein. Ohne diese Aufzeichnungen wäre eine Weiterverarbeitung des Bandmaterials nahezu unmöglich.

Angaben über Filter, Geschwindigkeit, Blende und Brennweite geben bei mißlungenen Aufnahmen Hinweise auf die möglichen Ursachen und erleichtern bei einer eventuellen Neuaufnahme die Arbeit des Kameramanns.

Um bereits während der Dreharbeiten Aussagen über die voraussichtliche Länge einzelner Bilder oder des gesamten Films machen zu können, wird die Länge jeder Aufnahme mit der Stoppuhr gemessen und in der Drehliste notiert. In der Spalte ,,Bemerkungen" sollten Unregelmäßigkeiten festgehalten werden.

Die Schneide- und Vertonungsarbeiten
Die Dreharbeiten im einzelnen zu beschreiben, würde viel Raum erfordern. Sie waren jedenfalls sehr spannend, auch in Details. — Schließlich hatten wir alles im Kasten. Wir konnten zur Weiterverarbeitung des Materials übergehen.

1. **Bild** — Personen: Fanny Richter, Heinrich Schmidt — Ort: In der Gartenkolonie
   — Zeit: Abends

Einstellung/ Kamera	Handlung	Dialog/Geräusche/Musik
Nr. 1 T-GG	Heinrich Schmidt geht mit norma- ler Aufmerksamkeit den Hauptweg der Kolonie entlang. Er trägt in der Hand eine Taschenlampe und be- wegt sich frontal auf die Kamera zu. Plötzlich bleibt er stehen und reißt entsetzt die Augen auf (GG).	Sich langsam steigernde Orchestermusik Schritte
Nr. 2 N-HN	Fanny Richter liegt bewegungslos auf dem Weg. Heinrich Schmidt beugt sich über sie.	

2. **Bild** — Personen: Fanny Richter, Heinrich Schmidt, Friedrich Erdmann, Polizei-
   arzt, Statisten — Zeit: Abends

Einstellung/ Kamera	Handlung	Dialog/Geräusche/Musik
Nr. 3 HT	Der Kommissar blickt nachdenk- lich auf die Leiche, die vor ihm quer zur Kamera liegt. Ins Bild läuft von links der Polizeiarzt. Er geht auf den Kommissar zu. Beide geben sich die Hand. Der Polizeiarzt kniet sich über die Leiche.	s.o., aber: in der Lautstärke stark herabgesetzt
Nr. 4 HM-N	Der Polizeiarzt kniet in der gleichen Haltung über der Leiche. Der Kom- missar steht immer noch auf dem gleichen Fleck. Der Arzt blickt hoch zum Kommissar (—N) und spricht (Die Kamera kommt also von der gegenüberliegenden Seite).	Polizeiarzt: „Tod durch Erstik- ken!"
Nr. 5 HM-GG	Der Kommissar blättert in den Ausweispapieren der Fanny Rich- ter (—GG) auf Papiere) und spricht.	Kommissar: „Die Tote heißt Fanny Richter. Sie hat in der Habermannstraße 35 gewohnt."
Nr. 6 N-T	Der Kommissar läuft nach hinten ins Bild, setzt sich auf sein Mofa und knattert davon.	Mofageknatter

3. **Bild** — Personen: Friedrich Erdmann — Ort: In der Wohnung der Fanny Richter
   — Zeit: Am Tage oder abends

Einstellung/ Kamera	Handlung	Dialog/Geräusche/Musik
Nr. 7 HN-GG	Der Kommissar öffnet die Tür zur Wohnung der Fanny Richter (—GG auf Türschild).	Schließgeräusche
Nr. 8 HN-GG	In der Wohnung öffnet der Kom- missar einige Schubladen. Auf der Kommode findet er einen Notiz- block (—GG auf Notizblock). (Die Kamera filmt über die Schulter des Kommissars.)	Live-Ton
Nr. 9 N	Der Kommissar blickt nachdenk- lich auf den Notizblock.	Die Gedanken des Kommissars: (verfremdet) „Vielleicht hat sich Fanny Richter zur Tatzeit auf dem Wege von dieser Kneipe zum Bahnhof befunden, um von dort aus nach Hause zu fahren."

Die zweite Phase unserer Filmherstellung lief bei weitem nicht mit der gleichen Kontinuität wie die Dreharbeiten ab. Die Weiterverarbeitung des Materials läßt eine gleichmäßige Beschäftigung aller Beteiligten nicht zu. Die Gruppe erlebt sich nicht mehr in der gemeinsamen — meist spektakulären — Aktion, sondern findet sich in zum Teil endlosen Gesprächen wieder. Die praktische Arbeit kann nur von wenigen gleichzeitig geleistet werden. Wenn es gelingt, über einen längeren Zeitraum möglichst alle an den Schneide- und Vertonungsarbeiten zu beteiligen, bleibt für den einzelnen nur wenig übrig. Auch leidet die homogene Filmgestalt allzusehr, wenn der Film vor seiner Fertigstellung durch zu viele Hände gegangen ist. Insgesamt ist die Verarbeitung des Materials ein außerordentlich schwieriges Unternehmen, das nur dann bewältigt wird, wenn die vorausgegangenen Dreharbeiten genügend Motivation geschaffen haben, um die ,,Durststrecke'' durchzuhalten. Unsere Planung hatte den entscheidenden Nachteil, daß wir unsere Arbeit erst nach der langen Winterpause fortsetzen konnten. Inzwischen waren einige Monate vergangen, und die Identifizierung mit dem Arbeitsauftrag hatte bei einigen Schülern bereits erheblich nachgelassen. Dennoch hielten alle durch, so daß wir am Ende auf eine erfolgreiche, wenn auch zum teil frustrierende, Zusammenarbeit zurückblicken konnten. Für die Gruppe — und auch für mich — waren die gemeinsamen Erfahrungen von großer Bedeutung. Das merken wir immer dann, wenn wir uns wiedersehen.

Die Veröffentlichung

Die Uraufführung unseres ,,Werkes'' sollte im Rahmen der Entlassungsfeier am 16. Juni 1981 in der Aula unserer Schule stattfinden. Da diese Veranstaltungen von den Schülern selbst gestaltet werden, war unser Film ein sinnvoller Beitrag für das Programm. Hier bot sich eine Gelegenheit, nicht nur das Produkt, sondern auch den Prozeß unserer Arbeit vorzustellen. Wir entschlossen uns deshalb der Filmvorführung einige einführende Bemerkungen voranzustellen, die durch 30 ausgewählte Diapositive illustriert werden sollten.

Für Vortrag und Vorführung ernteten wir eine Menge Beifall, obwohl einige Mängel nicht zu übersehen waren. Die anwesenden Eltern sahen unsere Arbeit mit verständnisvollen Augen. Sie hatten mit Sicherheit nicht den kritischen Blick, den wir nach der langen Beschäftigung mit dem Gegenstand hatten. So konnten wir die Ovationen nur mit gemischten Gefühlen entgegennehmen.

Aus der Premiere mutig hervorgegangen, entschlossen wir uns, in den ,,Bergedorfer Bürgerstuben'' für alle diejenigen eine zweite Vorführung zu veranstalten, die auf irgendeine Weise, aktiv oder passiv, an der Herstellung des Films mitgewirkt hatten. Wir luden dazu eine Menge Leute ein, die nach der Vorführung mit uns das Ereignis feierten. Ein gelungener Abend, der für uns in dieser Zusammensetzung gleichzeitig der letzte Abend war.

„Ja, die Jugend . . ."
„Leben in Hamm und Borgfelde"

Zwei stadtteilbezogene Ausstellungsprojekte

Anne Köhler/Antje Mittelberg

Wir haben an unserer Schule (Gymnasium Borgfelde, Hamburg-Hamm) zwei
Ausstellungen gemacht: eine erste stadtteilgeschichtliche („Leben in Hamm
und Borgfelde"), und eine zweite („Ja, die Jugend . . ."), die sich — ebenfalls stadtteilbezogen — mit der Jugend der 30er, der 50er Jahre und der Gegenwart auseinandersetzte.

Wieso Stadtteilgeschichte — wieso Ausstellung?
Das Vorhaben „stadtteilgeschichtliche Ausstellung" resultierte aus einem
ganzen Bündel von Motiven:
● „Extrinsischer" Beweggrund war ein gewisser Zwang zur öffentlich-
keitswirksamen Profilierung, zu der wir uns als eine der ersten Schulen unseres Bezirks genötigt sahen, da wir auf der Liste der laut „Schulentwicklungs-
plan" zu schließenden Schulen obenan standen und diese Perspektive nicht
einfach hinnehmen wollten.
● Ein zweites, für uns wichtigeres Moment war das Bedürfnis, die isolier-
ten unterrichtlichen Aktivitäten durch eine inhaltliche Klammer einmal eng-
zuführen, Ergebnisse zusammenzufassen und einem größeren Forum als der
Schulöffentlichkeit zur Diskussion zu stellen: Schule auf diese Weise nach
außen zu öffnen — und das nicht nur in Form einer abschließenden „Prä-
sentationsphase", sondern im Zuge notwendiger Recherchen während des
gesamten Projektverlaufs.
● Das Thema „Stadtteilgeschichte" bot sich an, weil es im Hinblick auf
unseren Einzugsbereich geradezu „archäologische Pionierarbeit" zu leisten
gab: Hamm-Borgfelde ist eine 1943 fast völlig zerstörte, in den 50er Jahren
gesichtslos wiederaufgebaute, citynahe Wohn-/Schlafgegend, der heute niemand mehr ansieht, daß sie nacheinander idyllisches Walddorf, erster Villen-
vorort Hamburgs, gutbürgerliches Wohnviertel und — im südlichen Bereich —
„rotes" Arbeiterquartier mit entsprechend lebensvoller Geschichte war.
Eine Rekonstruktion dieser verschütteten Dimension erschien uns als
Beitrag im Sinne einer kritischen „Heimatkunde" überfällig.
● Mit dem Medium „Ausstellung" schließlich hatten wir, durch Mitarbeit
an außerschulischen Projekten, einige Erfahrungen gesammelt, die uns er-
mutigten, es einmal „auf eigene Faust" zu versuchen. Wir halten dieses Medium (in seiner didaktischen Variante) für außerordentlich geeignet, den formalen Nenner unterschiedlichster inhaltlicher und gestalterischer Aktivitäten abzugeben:
Komplexe Inhalte, wie Stadtteilgeschichte oder Geschichte der Jugend es
sind, bieten diversen Fächern Arbeitsperspektiven. Sie legen differenzierte

Erarbeitungs- und Darstellungsformen nahe, die in einer Ausstellung (nämlich einem Konglomerat aus Texten, Fotos, Gemaltem, Objekten, Räumen, Statischem, Bewegtem usw.) optimal zusammenzufassen sind. Es entsteht die zwingende Notwendigkeit einer Kooperation zwischen Kollegen, Schülern und außerschulischen Helfern (Eltern, Bürgern, Ämtern. . .), die die unterrichtliche Routine aufbricht. Und: Vorarbeiten wie Recherchen, Lektüre, Interviews, Erstellen von Statistiken usw., die im Normalunterricht allenfalls in Form eines Referats oder einer Klausur ausgewertet werden, müssen im Zusammenhang „Ausstellung" für ein größeres Publikum „präsentabel" gemacht, in eine inhaltlich und optisch prägnante Form umgesetzt werden. Die Schüler finden sich vor dem Problem, ihre Arbeitsergebnisse entsprechend verständlich und anschaulich-ästhetisch artikulieren zu müssen. Das impliziert einen Sachzwang, der als Motivationsfaktor konkurrierend neben das Gewicht der Zensur tritt.

Kooperation auf Kollegenebene: zwei Fehler

Die Idee zur Stadtteilausstellung entstand in der Kunstfachkonferenz und wurde in der Hauptsache als Beitrag dieses Faches zur schulischen „PR-Arbeit" realisiert. Von allen informell angesprochenen Kollegen anderer Fächer stieß nur ein Sozialkundler dazu. Wenn man auf ein mehr Fächer übergreifendes Projekt abzielt, sollte man einen *ersten Fehler*, der uns dann bei der zweiten Ausstellung unterlief, vermeiden:
Auf keinen Fall sollte eine Kleingruppe ein „fix-und-fertiges" Thema auftischen (und sei es noch so offen oder interessant). Statt dessen: zunächst in einer Allgemeinen Konferenz sondieren, ob überhaupt Bereitschaft zu einem aufwendigeren Unternehmen vorhanden ist und anschließend mögliche Themen diskutieren. Wir hatten unsere Idee einer zweiten, der „Jugend"-Ausstellung, nach einer wohl zu kurzen Konferenzvorstellung per Rundbrief publik gemacht, auf den kaum ein Kollege reagierte. Wie wir später einsehen mußten, war unsere Anregung bereits viel zu detailliert. Viele hatten das ungute Gefühl, überrumpelt und „vor einen fremden Karren gespannt" werden zu sollen. Resultat: nur zwei Kollegen anderer Fächer beteiligten sich letztendlich — mit der Konsequenz einer totalen Arbeitsüberlastung für die verbleibende Fünfer-Crew.

Ein *zweiter Fehler*: Wir sind beide Male zu kurzfristig in das Vorhaben eingestiegen. Unerläßliche Vorarbeiten auf Lehrerseite (Lektüre, Materialbeschaffung, Kontakte usw.) mußten „im schon fahrenden Zug", neben den laufenden Verpflichtungen, miterledigt werden. Außerdem fanden weder vorgängig noch projektbegleitend regelmäßige Koordinationstreffen statt. Absprachen wurden eher zwischen Tür und Angel getroffen. Wenn man ein „Von-der-Hand-in-den-Mund-Arbeiten" vermeiden will, braucht man einen mindestens halbjährigen Vorlauf, in dem sich eine Planungsgruppe (möglichst schon unter Einbeziehung interessierter Schüler) turnusmäßig trifft. Diese Treffen sollten — im Idealfall in den Stundenplan integriert — während der Realisationsphase beibehalten werden.

Zusammenarbeit mit Schülern

Projekte wie das hier dargestellte sind für eine ganze Reihe von Schülern so reizvoll, daß sie bereit sind, sich auch in ihrer Freizeit damit zu beschäftigen. So ergaben sich außer der unterrichtlichen einige andere Ebenen der Zusammenarbeit:

— Z.B. ein 14täglicher Wochenendfrühschoppen, bei dem wir mit einer „Ausstellungs-AG" (etwa 10 Schüler) Konzept, laufende Probleme, Ausstellungsarchitektur, Plakatentwurf, Pressekontakte, Gestaltung der Eröffnungsfeier, Kataloginhalt (für die zweite Ausstellung haben wir eine umfangreiche Text-Bild-Sammlung herausgegeben) usw. diskutierten.

— Einzelne Schüler, die als „Spezialisten" über besonderes Know-how verfügten, boten punktuell ihre Hilfe an (z.B. bei Fotoreproduktionen, Ausstellungsbeleuchtung, Bau zusätzlicher Teile fürs Stellwandsystem, Materialbeschaffung usw.).

— Kleine Gruppen übernahmen in Eigenregie die Gestaltung bestimmter Abteilungen. So entstand z.B. ein Stadtteil-Foto-Quiz, eine Infowand über Aktivitäten im Bezirk, Dokumentationen über die Zerstörung im Zweiten Weltkrieg, den antifaschistischen Widerstand usw.

Das alles war nicht „planbar", sondern ergab sich spontan, hing — auch wenn der Aufruf zur Mitarbeit prinzipiell an alle Schüler erging — ein wenig von der Qualität des Kontakts zwischen Lehrer und einzelnem Schüler ab. Der Gefahr, daß sich das zu einem „Insider-Klüngel" verselbständigt, haben wir in der zweiten Ausstellung durch eine Pausenhallenwandzeitung, auf der wir den Stand der Arbeiten protokollierten und zu weiterem Mitmachen ermunterten, vorzubeugen versucht.

Eine derartige Ausdifferenzierung der Arbeitsebenen bringt für den projektbeteiligten Lehrer eine Menge zusätzlicher nachmittäglicher Termine mit sich. Kollegen mit korrekturintensiver Fächerkombination oder starken außerschulischen Verpflichtungen/Interessen schrecken verständlicherweise vor einer Teilnahme zurück. Unser Gegenargument: Bei einer breiteren Mitarbeit nimmt der Arbeitsaufwand für den einzelnen ab, ja, kann sich den üblichen Quantitäten nähern. Dies läßt sich — hoffentlich — im Rahmen eines zukünftigen Vorhabens einmal verifizieren.

Einbeziehen von Eltern und anderen außerschulischen Personen

Bevor wir begannen, mit Eltern zusammenzuarbeiten, rangierten sie in unseren Köpfen, das müssen wir gestehen, eher als Ansprechpartner im „Problemfall" oder als Kontrollinstanz, der man sich hin und wieder zu stellen hatte. Zumal vom üblichen Kunstunterricht her schien sich kaum ein Anlaß zu bieten, sie sinnvoll einzubeziehen. Sie blieben in unserem Fachlehrer-Alltag eine etwas nebulöse Größe im Hintergrund, die sich bei Schulfesten oder Störfällen mehr oder weniger angenehm „materialisierte". Das hat sich durch die Ausstellungsarbeit entscheidend geändert.

Während wir im Zusammenhang des Stadtteil-Projekts über Rundbriefe mit Eltern vorwiegend als Leihgebern, Interviewpartnern, Materialspendern ins Gespräch kamen, haben wir im Rahmen der „Jugend"-Ausstellung bereits eine ganze Abteilung mit Müttern zusammen vorbereitet und hergerichtet (einschließlich einer Wandbemalung); wurden Eltern-

Erzählungen als Grundlage für kleine Szenen benutzt, die parallel zur Ausstellung aufgeführt wurden; breitete eine Großmutter per Stellwand und Vitrine ihre gesammelten Jugenderinnerungen aus; recherchierten Väter nicht nur auf dem eigenen, sondern auch auf dem Dachboden ehemaliger Schulkameraden; nähten Mütter Kostüme, halfen mit beim Aufbau usw. Eines der witzigsten Ereignisse war z.B. folgende Gesprächsrunde: Fünf Mütter, Jahrgang 40-45, eine etwa gleichaltrige Lehrerin, einige Schüler, Kinder dieser Mütter. Anlaß des Treffens war ein unfreiwillig komischer Aufsatz einer der Frauen zum Thema: ,,Wie nähere ich mich dem anderen Geschlecht?'' -geschrieben in der Abgangsklasse/Hauptschule, Ende der 50er Jahre. Wir hatten uns zusammengesetzt, um zu rekapitulieren, wie wir 50er-Jahre-Mädchen eigentlich ,,aufgeklärt'' worden sind. Weil das Gespräch sowohl sehr offen als auch sehr ausgelassen geriet, haben wir es mit fast demselben Elan wiederholt und für den Katalog per Tonband protokolliert. Wie sich herausstellte, hatte kaum eine von uns dieses Thema zuvor so öffentlich und so locker angeschnitten.

Kontakte zu anderen derzeitigen und ehemaligen Bewohnern unseres Stadtteils ergaben sich auf vielfältigem Wege: über bestimmte Institutionen (wie Ämter, Kirchen, Bürger- und andere Vereine, Altenstifte, das Polizeirevier usw.); auf Initiative von Schülern, Eltern, Kollegen; durch einen Aufruf in der Lokalpresse (die man wegen einer sachfördernden Publizität des Projekts frühzeitig informieren sollte).

Langfristiges Ziel einer solchen Zusammenarbeit ist — durch ein sich immer mehr verdichtendes Netz von Kontakten, gemeinsamen Erfahrungen — die stärkere Einbindung der Schule in ihr örtliches Umfeld: die Schule sollte sich häufiger auf diesen Einzugsbereich als naheliegendes Arbeitsfeld, als ,,Resonanzboden'' beziehen; für die Umwohnenden sollte sie sich aus einem betongrauen Lernblock (als der sie nach außen erscheint) zu einem Ort-in-der-Nachbarschaft entwickeln, an dem Kultur ,,selbstgemacht'' wird und jeder, der Lust hat, mittun kann.

Planung und Durchführung
Bevor man in jegliche Detailplanung geht, muß beim Vorhaben ,,Ausstellung'' das Problem der Präsentationsmöglichkeit geklärt werden. Nicht nur ein geeigneter Raum (Aula, Pausenhalle; die Verteilung über mehrere Klassenräume wirkt sich nach unseren Erfahrungen atmosphärisch eher ungünstig aus) muß vorhanden sein: Das ganze Projekt wird hinfällig, wenn nicht ein Stellwandsystem verfügbar oder organisierbar ist — es sei denn, man ist finanziell so reich ausgestattet, daß man sich eines maßtischlern (lassen) kann. (Wir hatten das Glück, Wände und Vitrinen von einer Firma mit ehemals eigener Ausstellungspraxis als langfristige Leihgabe zu bekommen.)

Ist dieser Punkt geklärt, stellen sich für die Vorbereitungen zunächst drei Fragen:
1. Woher bezieht man seine Informationen?
2. Wie operationalisiert man weit ausgreifende Felder wie ,,Stadtteil-'' oder ,,Jugendgeschichte'' derart, daß übersichtliche, im Halbjahr zu bewältigende Kursthemen mit faßlichen Arbeitsschritten dabei herauskommen?
3. Wieviel werden die benötigten Materialien voraussichtlich kosten, und wo treibt man das Geld auf?

Das sicher nicht originellste, aber nächstliegende Gliederungsprinzip für historische Themen ist wohl die chronologische Ausfaltung. Wir haben für beide Projekt die Chronik als eine Art Grobstruktur gewählt. Für die Stadtteilausstellung ergaben sich auf diese Weise drei Abschnitte: die Entwicklung des Ortes bis zur Zerstörung 1943 (die — zumindest städtebaulich — zwar von starken, aber letztlich kontinuierlichen Veränderungen gekennzeichnet ist); der Wiederaufbau in den 50er Jahren, in denen der Stadtteil im wesentlichen sein heutiges „Gesicht" erhielt; und schließlich der gegenwärtige Zustand. Wie man diese Abschnitte inhaltlich füllt, hängt u.a. von den Quellen und Dokumenten ab, an die man im Zuge der Recherchen gerät.

In einer Großstadt wie Hamburg gibt es für Informationssuchende eine Reihe von Routinestationen, die wohl geläufig sind und nicht benannt werden müssen. Ansatzpunkte im Stadtteil (und das wird in kleineren Städten ähnlich aussehen) sind z.B.: der lokale Bürgerverein, Kirchenarchive (dort haben wir einen unserer überraschendsten Funde gemacht: eine umfangreiche Briefsammlung, in der Gemeindemitglieder ihre Flucht aus dem von Bomben zerstörten Hamm 1943 schildern); Archive traditionsreicher Schulen; das zuständige Polizeirevier (wie wir erfuhren, wurden Hamburger Revierleiter in den 50er Jahren dazu angehalten, eine Chronik der Stadtteilereignisse zu führen. Wir sind auf eine besonders liebevoll gemachte gestoßen: sie begann rückblickend in der Eiszeit und war farbenprächtig mit Initialen und Aquarellen geschmückt.); Sport-, Kleingarten- und sonstige Vereine, sofern sie bereits lange in der Gegend ansässig sind; Firmenarchive; Heimatforscher bzw. Stadtteilschriftsteller; Lokalpresse (einschließlich der Lokalredaktionen großer Blätter): über fast jeden Ort/Stadtteil sind bereits irgendwann Artikel oder gar Serien erschienen; vorhandene Bürgerinitiativen; behördlich oder von privaten Trägern geführte Jugendhäuser; das Bezirksamt (Bauamt, Gartenbau und Friedhofsamt — wegen Bebauungsplänen, Plänen öffentlicher Gebäude usw.) . . .

Ein Teil der Recherchen war, wie gesagt, vorgängig nötig (um überhaupt sinnvoll Kursprogramme/Aufgaben formulieren zu können); andere fielen im Kursverlauf als Teil von Gruppen- oder Einzelarbeiten an. Wir haben die Erfahrung gemacht, daß Bibliotheks- oder Amtsleiter, Geschäfts- oder Privatleute über unvermittelten Schülerandrang nicht immer glücklich sind. Deshalb mußten wir in Fällen von „Abwimmelung" oder auch prophylaktisch „nachhaken" oder „vorfühlen". Als ganz wirkungsvoll erwies sich eine mit Stempel versehene „Akkreditierung", die den Schüler als Teilnehmer eines schulischen Projekts auswies.

Wir können nicht behaupten, sehr systematisch Themen fixiert zu haben. Das scheiterte u.a. schon daran, daß wir nicht immer die „richtigen" Kurse zur Hand hatten (bei langfristiger Planung dagegen könnten Stundenplan und Kurszuteilung „maßgeschneidert" werden). Oder daran, daß Schülergruppen zur Auseinandersetzung mit u.E. „unabdingbaren" Aspekten keine Lust oder etwas Ähnliches gerade schon gemacht hatten. Besonders mancher Studienstufenschüler (der nachmittags für eigene Wohnung und Auto jobbt und sein schulisches Engagement auf das sorgfältige Durchkalkulieren des Fehlstundenmaximums beschränkt) witterte Mehrarbeit und winkte ab. (Diese Erfahrungen waren allerdings in der Minderzahl.)

Letztlich ergaben sich im Kursprogramm *folgende Kursthemen*:

— Ein *Fotokurs* (Fortgeschrittene/Studienstufe), der je zur Hälfte
Reportagen und Reproduktionen machte (die zweite Gruppe hat,
in Lehrerbegleitung, sehr viele historische Aufnahmen und Dokumente im Staatsarchiv und in der Fotosammlung des Museums für
Hamburgische Geschichte abfotografiert).

— *Kunst, Architektur und Design der 50er Jahr* (Grundkurs, Stu-
dienstufe). Ausschnitt aus dem Kursprogramm.

— *Motiv: Arbeitswelt Hamm-Süd*
(Grundkurs, Vorsemester). Ohne Auseinandersetzung mit der Arbeitswelt, der Arbeitssituation in den im südlichen Stadtteil ange-
siedelten Betrieben, wäre ein wichtiger Aspekt unter den Tisch gefallen. Da dieser komplexe Gegenstand eine eigene Ausstellung
hätte füllen könne, stellen die in unserem Rahmen gewonnenen
,,Einsichten'' nur Ansätze dar. Eine Schülergruppe z.B. freundete
sich mit dem Lehrling eines Stahlwerks an, das wir für eine Fotoserie mehrmals besuchten, und konnte so authentische Erfahrungen
einbringen. Zu einer Vertiefung dieser Erfahrungen hätte aber unbedingt die Mitarbeit eines Sozialkundlers gehört. Da das nicht zu
organisieren war, beschränkten sich die Ergebnisse auf eine Foto-
story über den Arbeitstag des Jugendlichen.

Sehr informativ für die Schüler selbst war der Vor-Ort-Vergleich
zwischen einer Konditorei als Beispiel für einen Handwerksbetrieb
im Stadtteil und einer Großbäckerei mit durchrationalisierter Produktion. Betriebsbesichtigungen, dokumentiert durch Fotos und
z.T. in Radierungen umgesetzt, und informative Gespräche mit Fir-
menangehörigen vermittelten den Schülern mehr, als sie im Endef-
fekt dann in der Ausstellung umsetzen konnten.
Die Kontakte zu den Firmen wurden durch dort beschäftigte Eltern vermittelt. Dieser persönliche Anknüpfungspunkt kam uns in
Form sehr freundlicher persönlicher Führungen, der Erlaubnis zu
fotografieren und von Einladungen zu Kaffee und Kuchen zugute.

— Ein vierter Oberstufenkurs, dessen Teilnehmer thematisch nicht
unter einen Hut zu bringen waren, steuerte *unterschiedlichste Einzelarbeiten* bei: Modelle bezirksbekannter Gebäude; die Dokumentation ,,Öffentliche Verkehrsmittel in der Vorkriegszeit'', die Foto-
geschichte eines kleinen ,,ortsansässigen Familienunternehmens''
von der Gründung bis zur Pleite usw.

– *Geschichte von Gärten und Parks* am Beispiel früherer Anlagen im Bezirk (Wahlpflichtkurs, Kl. 10). Nach einem kurzen historischen Überblick bauten die Schüler in Gruppen drei Gartenmodelle samt zugehörigen Gebäuden: einen „französischen" Garten mit barock ornamentiertem Fachwerkgebäude, einen frühen englischen Landschaftsgarten mit klassizistischer Villa, einen englischen Park mit Gründerzeit-Prunkbau.

Die im Museum aufgefundenen Pläne wurden vom Lehrer eingegeben – für Schüler-Recherchen war die Zeit zu knapp. Die Gruppen splitterten sich jeweils in „Gartenbauer" und „Architekten".

Ohne zwei oder drei „außerordentliche Projekttage", die uns die Schulleitung einräumte, wären wir, bei aller Bereitschaft der Schüler, auch mal nachmittags zu arbeiten, wohl nicht rechtzeitig fertiggeworden. Solche Freistellungen, auf die Schüler enorm freudig reagieren, die den Schulbetrieb in Form von Stundenausfall/Vertretungen aber auch belasten, scheinen ein unvermeidbares „Übel" im Zusammenhang terminierter Projekte zu sein. Um Unmut im Kollegium zu unterlaufen (und natürlich prinzipiell) empfiehlt sich rechtzeitge „Aufklärungsarbeit" bzw. „Sympathiewerbung".

– *Genreszenen in Form kleiner Papiertheater* (Wahlpflichtkurs, Kl. 10), in denen, nach Dokumenten, eine Art Querschnitt durch das soziale Leben im Stadtteil Ende des 19. Jahrhunderts vermittelt wurde. („Im großbürgerlichen Wintergarten", „Auf dem Bauernhof", „Wohnprovisorium Schrebergarten", „Hinterhofspiele im südlichen Arbeiterviertel" usw.)

Die Schüler konnten in die Stadtteilgeschichte anhand organisierten Fotomaterials eingeführt werden. In einem zweiten Schritt entschieden sie sich für die Szenerien, die sie per Papierbühne nachempfinden wollten. Es entstanden wegen der Differenziertheit der planerischen und gestalterischen Schritte Kleingruppen von 2-3 Mitgliedern. Zwecks anschaulicherer Information fand zunächst ein Besuch im Museum für Hamburgische Geschichte mit der Gesamtgruppe statt, der zwar interessant, aber für unsere speziellen Vorhaben nicht sonderlich ergiebig war. Erst als wir, nach Absprache mit den Museumsfachleuten, in kleinen Gruppen in den Archiven „wühlen" durften, sprang bei den Schülern der „zündende Funke" über. Allein die Sorgfalt, die man beim Umgang mit Originalen (Fotos oder Grafiken „aus der Zeit") anwenden muß, war eine neue, wichtige Erfahrung. Das Sichten und Auswählen brachte Spaß und vermittelte zugleich einen Einblick in den Teil der Museumsarbeit, der dem Publikum sonst verborgen bleibt. Zusätzliches Material, vor allem Texte, holten wir uns vorwiegend aus der Staatsbibliothek.

Es war für den betroffenen Lehrer eine neue, zumindest ziemlich seltene Erfahrung, daß ausnahmslos alle Kursmitglieder moti-

viert an ihren Produkten arbeiteten, immer wiedei spontan in sach-
bezogene Diskussionen gerieten und sich zeitweilig in Einfällen
überboten, wie bestimmte Schwierigkeiten zu lösen seien. — Uns
scheint gerade für die Sekundarstufe I die beschriebene Kombina-
tion aus „Forschung" und praktisch-ästhetischer Umsetzung als
Arbeitsform besonders geeignet zu sein, weil Schüler dieser Alters-
stufe einerseits noch mit großer Unbefangenheit und Entdeckungs-
freude an solch ein Projekt herangehen, andererseits sich aber
schon recht kritisch mit ihrer eigenen Arbeit auseinandersetzen,
verständig genug sind, den Spannungsbogen von der ersten Idee bis
hin zur Realisation durchzuhalten. Außerdem spielt die Jagd nach
Punkten, die in der Oberstufe manches Teamwork korrumpiert,
kaum eine Rolle.

— *Modegeschichte* (Wahlpflichtkurs, Kl. 9). „Hintergedanke" des
Lehrer war es, in die historische Revue auch den Wandel der Kleidung einzubeziehen. Nach einer kurzen allgemeinen Orientierung
entstanden etwa 30 cm hohe Pappmaché-Puppen, die jweils in der
Mode der Chronik-Abschnitte eingekleidet (nach Anschauungs-
material und Schnittbeispielen aus der einschlägigen Fachliteratur)
und „passenden" Architekturkulissen zugeordnet wurden (Fotos
von historischen Gebäuden der Region).

— *Schriftgestaltung/Initialen* (Kl. 7). Nachdem kein Oberstufenkurs für die Gestaltung einer Art bebilderten Chronik zu begeistern
war, haben wir die Texte im Rahmen der Ausstellungs-AG zusammengetragen und in einfacher Schreibschrift abgefaßt. Die Initialen
lieferte eine 7. Klasse, in der gerade das Thema „Schrift" „dran
war", kleine Illustrationen die Parallelklasse. Reproduktionen wurden im o.a. Fotokurs „bestellt". Wir halten diese Art gezielter
„Auftragsarbeit" pädagogisch für vertretbar, wenn sie nicht auf
reine Ausführungsmechanik hinausläuft.
— Der Sozialkundekollege schließlich, der sich als einziger uns drei
Kunsterziehern dazugestellt hatte, untersuchte mit einem Wahlpflichtkurs Kl. 10 die *örtliche Infrastruktur* in Form von Interviews, Statistiken, Auswertung von Kartenmaterial usw.

— Für eine *spontan eingerichtete Abteilung* „Hier spricht der Stadtteildichter" regten einige Deutschkollegen erfolgreich zum Dichten an.

Insgesamt verlief die Kursarbeit ziemlich zügig, ohne widrige Zwischenfälle, ja größtenteils lustvoll. Das mag u.a. am Thema gelegen haben, das — in seiner weitgehenden historischen Distanziertheit — den Schülern nicht *zu* nahe ging. Im Zusammenhang der Jugendausstellung haben wir teilweise andere Erfahrungen gemacht: manche Kurse, in denen Gruppen „schulabständiger" Schüler dominierten, „verbaten" es sich quasi, ihnen durch eine sie existenziell betreffende Thematik zu nahe zu rücken. Abgesehen davon: nicht wenige Schüler ziehen die beruhigende Routine konventioneller, erprobter Themen der ungeübten Projektarbeit vor. Das muß man sich als Initiativgruppe von vornherein klar machen, will man nicht aus der eigenen Euphorie in moralinsaure „Einmal-und-nie-wieder"-Resignation abstürzen.

Unser Zwischenfazit: Unter- und Mittelstufenschüler, die noch eine stärkere affektive Bindung an „ihre" Schule haben, identifizieren sich viel nachhaltiger mit schulischen Projekten als abgeklärte Oberstufler (zumal wenn denen ein diesbezügliches Engagement erstmals ein Jahr vorm Abitur abverlangt wird). Wir haben uns deshalb für zukünftige Projekte vorgenommen, Kl. 5-10 zentraler einzusetzen. Vielleicht ist durch Vorhaben wie die unsrigen (und die Resonanz der Öffentlichkeit darauf) eine generelle Aufgeschlossenheit allmählich aufzubauen und als größere Kooperationsbereitschaft in höhere Klassenstufen hinüberzuretten. Immerhin hört man schon mal öfters von Schülern: „Bei uns an der Schule ist wenigstens was los!"

Projekte der beschriebenen Art übersteigen hinsichtlich der Materialkosten meist das Fachbudget oder die Mittel des Schulvereins. Man muß sich deshalb um Zuschüsse bemühen. Hier gibt es mehrere Anlaufebenen: Zunächst die behördliche, auf der Fonds für kulturelle Aktivitäten existieren (wir sind von der Hamburger Kulturbehörde und dem für unsere Region zuständigen Bezirksamt unterstützt worden). Um diese Gelder muß man sich frühzeitig bemühen — zum einen, weil die größten Materialkosten zu Projektbeginn anfallen (wir haben sie zunächst über den Schulverein vorfinanziert), zum zweiten, um von vornherein sicherzugehen, daß überhaupt etwas bewilligt wird und nicht schon der gesamte Fondsetat verplant ist. (Ein günstiger Termin für Anfragen ist deshalb der Beginn des Haushaltsjahres). Man stellt — nach einem mündlichen Vorfühlen hinsichtlich der Chancen — einen schriftlichen Antrag, in dem Thema, Umfang, Ziel des Projekts dargestellt und dem ein Kostenvoranschlag beigegeben wird (unsere erste Ausstellung kostete summa summarum 5500,- DM, die zweite — inklusive Druck- und Tippkosten für den Katalog — ca. 12500,- DM). Sämtliche Quittungen sind sorgfältig zu sammeln, weil sie als Verwendungsbelege den Geldgebern gegenüber dienen. Die gesamte finanzielle Abwicklung (einschließlich Geld-Herausgabe für Materialkäufe) hat freundlicherweise unsere Schulsekretärin übernommen.

Eine weitere Ebene, auf der man „fündig" werden kann, sind die Stif
tungen bzw. kulturellen Forschungseinrichtungen großer Firmen/Konzerne,
die per Veröffentlichungen oder sonstige Aktivitäten den meisten Kollegen
bekannt sein dürften. Man kann darüber hinaus im Elternkreis zu Geld- oder
Materialspenden aufrufen (das erwies sich in unserem Falle allerdings als gar
nicht notwendig).

Katalogkosten finanzieren sich über Verkauf und Anzeigen; als zusätzliche Einahmequelle erwies sich der Kartenverkauf für die erwähnten kleinen Szenen, die wir während der Jugendausstellung auf integrierten Bühnen mehrfach aufführten.

Die verbleibenden Eigenkosten beliefen sich bei beiden Projekten auf nicht mehr als ca. 1500,- bis 2000,- DM, die durch den Schulverein abgedeckt wurden. — Eine etwas ambivalente Konsequenz hat die Bezuschussung insofern, als man unter Erfolgsdruck steht: ein Arbeitsabbruch, zu dem sowohl Kollegen als auch Schüler in unvermeidlichen „Frustphasen" neigen, kommt nicht mehr in Frage, wenn bereits diverse Tausend an „Fremdgeldern" hineingesteckt worden sind. Andererseits wirkt sich dieser Durchhaltezwang in müden Momenten als eine Art „Stützkorsett" aus. Der Verpflichtung, etwas tatsächlich durchzustehen, einschließlich der Erfahrung, daß selbst aus zwischenzeitlich schleppenden Aktivitäten zuguterletzt etwas wird, wenn man nur zäh am Ball bleibt, messen wir einigen pädagogischen Wert bei. Schüler, die an solchen Projekten mitgearbeitet haben, können im Nachhinein Schwierigkeiten als unvermeidliche Begleiterscheinungen „auf dem Weg zum Ziel" einordnen und gehen an neue Arbeitsvorhaben entsprechend zuversichtlicher heran.

Presse — Rundfunk — Fernsehen

Eine ähnliche Konsequenz (im Sinne von Anspruch und Ansporn) hatte die Informierung der Medien (Presse, Rundfunk, Fernsehen), die ebenfalls frühzeitig erfolgen muß, will man deren große Reichweite für Aufrufe zur Bürgermitarbeit nutzen. Abgesehen davon, daß bestehende persönliche Kontakte zu Journalisten nützlich sind, reagierten eigentlich alle Instanzen, die wir „offiziell" angingen, sehr aufgeschlossen. Zur Eröffnung haben wir dann noch einmal zu einem informellen „Presseempfang" eingeladen, zu dem wir einige schriftliche Informationen bereithielten (dieses Verfahren haben wir „Profis" abgeguckt).

Wir hatten das Glück, daß sich das Fernsehen (nachdem bereits die Stadtteilausstellung in einer kurzen aktuellen Sendung vorgestellt worden war) für die zweite Ausstellung sehr frühzeitig interessierte und den Werdegang des Projekts für einen längeren Film protokollierte. („Glück" wegen des Motivationseffekts, den das Auftauchen des Fernsehteams für die beteiligten Schüler hatte — und wegen des „PR"-Effekts für Ausstellung und Schule. Um Mißverständnissen vorzubeugen: wir kämpfen nicht ausschließlich für den Erhalt gerade unsere Instituts — wir tun das auch, weil wir uns dort wohlfühlen —, sondern generell gegen Schulschließungen, für kleine Klassen.)

Plakatentwurf, Ausstellungsaufbau und Eröffnungsfeier

Es läge nahe, den Entwurf für das Ausstellungsplakat zum Unterrichtsthema zu machen. Das funktioniert aber nur, wenn bereits zu Projektbeginn (und damit zu Beginn der thematisch ja festzulegenden Kurse) bereits Ausstellungstitel, Eröffnungstermin und inhaltliche Stoßrichtung des Ganzen feststehen. Diese Informationen braucht der Plakatentwerfer, um zu einem treffenden Ergebnis zu kommen. Da wir die genannten Momente nicht im Zuge eines Planungsvorlaufs geklärt hatten, konkretisierten sich unsere Plakatideen erst allmählich in der Ausstellung-AG (wir haben allein etwa 100 Titel-Vorschläge gesammelt!). Um die Ausführung baten wir einen zeichnerisch begabten Siebtkläßler. Einen Ausschnitt des Plakats haben wir als Motiv sowohl für Postwurfsendungen als auch für die Eröffnungseinladung benutzt (beides druckte ein Vater zum Vorzugspreis).

Die Eröffnungsabende wurden zu witzigen Ereignissen, in denen die vom Aufbau Erschöpften sich von den zahlreich erschienenen Gästen ein wenig feiern ließen. Apropos Aufbau: Wenn man konzentriert daran arbeiten kann, ohne sonstige unterrichtliche Verpflichtungen, braucht man etwa 10 Tage, selbst wenn ein großer Teil der Stellwände und Podeste schon im vorgängigen Unterricht von den Schülern mit Arbeitsergebnissen versehen und hergerichtet worden ist. Wir (d.h. 4 Kollegen und etwa 20 Schüler, die sich abwechselten) konnten dafür die schulische Projektzeit nutzen. Der Idealfall, daß alle Wände bereits bestückt und nur noch als Fertigteile zu montieren sind, ist wohl reine Wunschvorstellung. Wir rotierten jedenfalls bis buchstäblich zur letzten Sekunde: da mußten für einen begehbaren Gründerzeitsalon Möbel aus einem Theaterfundus herbeigeschafft werden; da waren Großfotos vom Labor abzuholen; Beschriftungen anzubringen; Guckkästen zu tischlern, Lampen zu installieren, Wandmalereien zu vollenden, Schülerarbeiten in letzter Minute fertigzustellen oder zu überarbeiten usw.

Die Feiern selbst haben wir — auf die Thematik zugeschnitten — eher besinnlich oder eher spektakelhaft gestaltet: d.h. mit Reden der Schulleitung und einer Behördenvertreterin und den Anekdoten eines Stadtteilkenners (,,Leben in Hamm und Borgfelde'') — mit epochenbezogener Musik (einem durchs Fernsehen vermittelten Life-Auftritt von Ted Herold, dem ,,deutschen Elvis'' der 50er Jahre, und einer umwerfenden Schülerparodie auf Nina Hagen) bei ,,Ja, die Jugend. . .'' Last not least sei die Bier-Sekt-Saft-Bar als — wie wir finden — unverzichtbarer Eröffnungsbestandteil erwähnt.

20 Tage Laufzeit — 5000 Besucher

Ausstellungen, die über eine zweidimensionale Wandbestückung hinausgehen, sind zerstörungsanfällig und müssen beaufsichtigt werden — zumal Angebote wie die unseren auf kein museumsgeübtes Publikum abzielen. Wir haben — bei wochentäglichen Öffnungszeiten von 10-17 bzw. 19 Uhr und einem offenen Wochenende — sowohl Schüler- als auch Kollegenaufsichten eingesetzt (jeweils vom Schulsprecher bzw. der Schulleitung organisiert. Es klappte halb freiwillig, halb sanft angeordnet). Diese Aufsichten sollten mit der Ausstellung so vertraut sein, daß sie Fragen beantworten, vielleicht sogar eine kleine Führung machen können. Wir wurden öfters um solche Erläuterungen gebeten und haben das — je nach Zeit — unter uns beteiligten Kollegen, Schülern, Müttern aufgeteilt. (Eine besonders aktive Mutter verbrachte z.B. während der Jugend-Ausstellung einen Großteil ihrer Vormittage in der Schule und stellte sich für Gespräche zur Verfügung.)

Während die Stadtteilausstellung vorwiegend ältere Leute interessierte (die durch die Ausbombung sämtliche Erinnerungstücke verloren hatten und nun zum Teil erstmals und den Tränen nahe wieder ein Foto ihrer alten Wohnstraße sahen — ein Rentner entdeckte z.B. auf einem Foto seine Jugendliebe wieder und geriet völlig „aus dem Häuschen"), wurde die Jugend-Ausstellung von sehr vielen Schulklassen und Jugendlichen besucht und entsprechend intensiv beansprucht. Dennoch wurde erstaunlich wenig zerstört oder gestohlen. Wir erklären uns das u.a. damit, daß Jugendliche den Arbeitsergebnissen Gleichaltriger doch eine gewisse Anerkennung zollen und von allzu handgreiflichen Kommentaren absehen. Die Eintragungen im Gästebuch waren, vom üblichen Nonsens abgesehen, durchweg positiv oder konstruktiv kritisch. Daneben gab es, hauptsächlich zur Stadtteilausstellung, eine Reihe freundlicher Briefe, in denen wir zum Weitermachen ermuntert wurden. Insgesamt konnten wir — bei etwa 20tägiger Laufzeit in unserer Pausenhalle — ungefähr 5000 Besucher zählen (bei der ersten Ausstellung etwas weniger; sie wurde allerdings anschließend in ihren wesentlichen Bestandteilen noch einmal im Museum für Hamburgische Geschichte gezeigt, im Rahmen der Ausstellung „Wohnen im Wandel").

Fazit: Vom Allround-Dillettieren zur fächerintegrierten Projektarbeit
Da wir auf die Chancen eines Projekts „Ausstellung" und gewisse Fehler, die man in diesem Zusammenhang vermeiden sollte, bereits hingewiesen haben, möchten wir abschließend nur noch auf den Spielraum der unterrichtlichen Organisation des Vorhabens eingehen: der bewegt sich nämlich von „integriert" über mehr oder weniger „kooperativ" bis hin zu „additiv". Als Erfahrung am interessantesten wäre wohl die zeitweilige Auflösung traditioneller Fachgrenzen zugunsten einer „konzertierten", zeitlich nicht zerstückelten Arbeit am Projektgegenstand. Wir haben solche Erfahrungen annähernd während der „außerordentlichen Projekttage" und der Projektwoche verspürt. So etwas ist aber angesichts der derzeitigen Organisationsstruktur von Schule immer nur als kurzwährende Ausnahme zu organisieren. Daß wir — wegen mangelnder Kollegenbeteiligung bzw. Vorplanung — nicht fächerintegriert arbeiten konnten, haben wir ein wenig durch „unbotmäßige" Hereinnahme fachfremder Aspekte in den Kunstunterricht wettzumachen versucht. Überhaupt: das Denken in peniblen Fächergrenzen (in erlaubten „fachspezifischen" und unerlaubten „fachfremden" Inhalten) kommt einem im Zuge des Erarbeitens komplexer Gegenstände zunehmend absurd vor. — Wünschenswerter als unser bemühtes Allround-Dillettieren wäre allerdings schon eine Kooperation zwischen den Fächern, sind Kollegien doch Reservoirs unterschiedlichster Kompetenzen. Es wäre nur ökonomisch, diesen Umstand für Projektunterricht zu nutzen. Unsere bisherigen Projekte können wir, was die Kursarbeit anbelangt, eigentlich nur „additiv" nennen (unterrichtlich gesehen waren es insofern „Pseudo-Projekte"): nach vorgängiger Themenabsprache arbeiteten wir getrennt in unseren Kursen, uns hin und wieder berichtend und gegenseitig Mut machend — und gegen Ende stellte sich, fast zu unserer eigenen Überraschung, heraus: die gesonderten Aktivitäten fügten sich zu einem lebendigen, stimmigen Gesamtergebnis, dem wohl kaum ein Ausstellungebesucher den Charakter des „Flickwerks" ansah.

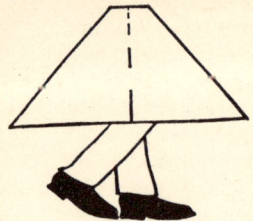

Die Straße ist für alle da!

Verkehrsberuhigung in einem Wohngebiet

R. Lümkemann, A. Schmidt, W. Waldeck

Ist es nicht ein riesiger Luxus, große Flächen alleine für das Auto zu reservieren? Verleiten derartig angelegte Straßensysteme nicht zum schnellen Fahren und beschwören damit erhöhte Unfallgefahr herauf? Sollte diese Einzwecknutzung der Straße nicht durch eine Mehrzwecknutzung abgelöst werden?

Wo können Kinder denn noch spielen in unserer autogerechten Stadtlandschaft? In grauen Hinterhöfen, auf engen Bürgersteigen, zwischen parkenden Autos oder in kleinen Vorgärten? Müssen sie da nicht notgedrungen auf die Wohnstraße ausweichen, die zwar viel Platz für ab und zu vorbeifahrende Autos läßt, aber wenig Sicherheit für spielende Kinder bietet?

Es gibt zwar heute schon mehr zentral angelegte Kinderspielplätze als früher, aber welches Kind spielt nicht genauso gerne in der Nähe seiner Wohnung, weil ihm diese Gegend noch vertrauter ist, seine Eltern in der Nähe wohnen?

Nicht nur für Kinder, auch für Erwachsene ist eine Mehrzwecknutzung der Straße von Bedeutung. Nur widerstrebend benutzt man heute als Fußgänger den Bürgersteig, weil Lärm und Abgasmengen des Autoverkehrs lästig sind. Untersuchungen des Bundesministeriums für Raumordnung, Bauwesen und Städtebau haben ergeben, daß sich mindestens zwei Drittel aller Bewohner in dichtbesiedelten Gebieten in ihrer Lebensweise vom Verkehr beeinträchtigt fühlen. Die Straße gilt zwar wie früher dem Menschen weiterhin als wichtige Verbindungsachse, wird aber immer mehr aufgrund der menschlichen Fehlplanungen zum Mitverursacher z.B. für Bluthochdruck, Nervosität, Abgespanntheit, Schlaflosigkeit, besonders im Bereich von Straßenzügen mit hohem Verkehrsaufkommen. Als Schlußfolgerung kann sich daraus nur ergeben: Der durchfließende Verkehr in einer Wohnstraße muß ‚beruhigt' werden. Er muß so gestaltet werden, daß er dem Menschen nicht zur krankmachenden Belastung wird. Unter verkehrsberuhigter Straße soll deshalb verstanden werden: *Die Straße in ihrer Gesamtheit soll Kind, Erwachsenem und Fahrverkehr ohne gegenseitige Gefährdung verfügbar sein. Ziel der Verkehrsberuhigung ist es, dem Wohnumfeld mehr an Lebensqualität zu geben.* Im Rahmen eines Projektes werden Schüler mit diesem Problem konfrontiert, um zu dessen Lösung eigenständige Vorstellungen und Vorschläge entwickeln zu können.

Projektkonzeption „Studienwoche"

An der Haupt- und Realschule Döhrnstraße in Hamburg-Lokstedt ist die Projektkonzeption „Studienwoche" im Jahre 1971 entwickelt worden. Sie

hat sich zum Ziel gesetzt, ,,in der Schule einen freien, offenen Interaktions-
raum zu schaffen, in dem sich Schüler selbständig und kooperativ um die
Lösung komplexer Probleme bemühen können''. Eigenständige ,,Studien''
ermöglichen dem Schüler, das Lernen zu lernen. Sie helfen ihm aber auch,
durch Berücksichtigung seiner Interessen und Neigungen eine veränderte
Einstellung zur Schule zu finden. Klassen- wie stufenübergreifend nehmen
alle Schüler der Beobachtungsstufe und der Oberstufe (H 7 bis R 10) an
diesem ,Schulprojekt' teil.

Für Studienprojekte gelten folgende *didaktische Schwerpunkte*: praxis-
naher Unterricht, Lernen an realen Handlungsabläufen, Selbsttätigkeit des
Schülers, planvolles Handeln in Kooperation mit anderen, praktisches Arbeiten statt Rezeptivität des Schülers, schülerorientierte statt lehrerzentrier-
te Lernvorgänge, *Hereinnahme des ,wirklichen Lebens' in den ,Schonraum'*
Schule.

Die Themen, Oberthemen für die ausgegliederten *Studienbereiche*
,Umwelt', Technik', ,Gemeinschaft', ,Kommunikation', ,Arbeitswelt',
,Freizeit' müssen unter folgenden projektdidaktischen Gesichtspunkten ge-
funden und bestimmt werden:

1. Sie müssen ein relevantes, ein auf die Gegenwart bezogenes,
den Schüler interessierendes Problem zum Inhalt haben, das in
seiner Struktur vielschichtig ist.
2. Diese Vielschichtigkeit muß auf für den Schüler einsichtige
Einzelprobleme reduzierbar sein.
3. Die Einzelprobleme müssen in ihrer Struktur noch weitgehend
so komplex sein, daß ihre Erarbeitung die Zusammenarbeit mit anderen Schülern erfordert.
4. Die Lösung des Einzelproblems wird durch fachspezifische und
andere wichtige Erarbeitungsverfahren erst ermöglicht, die auf
Probleme ähnlicher Art übertragbar sind und damit exemplarische
Bedeutung gewinnen.
5. Die Lösung der Einzelprobleme ergibt durch Kommunikation
und Zusammenfassung in der Großgruppe die Lösung des Gesamtproblems.

Die Oberthemen müssen so ausgewählt werden, daß sie vom Schüler eine unmittelbare Konfrontation mit der Wirklichkeit verlangen. Von dieser Konfrontation wird der Schüler eine stärkere Motivation und damit Bereitschaft
zur Lösung des Problems erhalten. Probleme, die sich ausschließlich aus der
Lektüre von Büchern ergeben, sollten in der Studienwoche nur von zweit-
rangiger Bedeutung sein, weil ihnen in der üblichen Unterrichtszeit genügend
Raum geschenkt werden kann. Damit soll nur betont werden, daß gerade die
Studienwoche jedem Schüler die Gelegenheit bieten sollte, seine Kenntnisse
und Fähigkeiten in der Aufschlüsselung konkreter Wirklichkeitsprobleme an-
zuwenden, zu vertiefen und zu erweitern. Erst nach möglichst selbständiger
Erarbeitung des Problemkreises sollten Buchausschnitte zur Überprüfung
und Absicherung des Endergebnisses herangezogen werden.

Struktur des Projektthemas „Schaffung einer verkehrsberuhigten Straße"

Das Thema „Schaffung einer verkehrsberuhigten Straße", das im Rahmen der Studienwoche den Schülern der Oberstufe, Klasse 117-R10, angeboten wird, fällt mit seiner Problemstellung unter den Studienbereich ‚Umwelt'. Stadtgeographische, städtebauliche, politische Aspekte bestimmen die Struktur des Themas. Derartig komplexe Probleme können, da sie fächerübergreifend angelegt sind, in der fachzerstückelten Unterrichtszeit nicht sachgerecht bearbeitet und behandelt werden. Als pädagogisch sinnvoll gilt hier das schülerzentrierte Projektverfahren, weil es die notwendige Zeit und Muße zur eigenständigen Erfassung des Problems verschafft.

Folgende Strukturelemente bestimmen das Thema:
- Verkehrsberuhigung führt zur Verminderung des Lärms, Verminderung von Unfällen, Neuanlage von Grün-, Spiel- und Aufenthaltsflächen, insgesamt zur ‚Wohnumfeldverbesserung', die aber nur sinnvoll ist, wenn sie ‚großflächig' durchgeführt wird. Geschieht dies nicht, besteht die Gefahr, daß Verkehr in Nachbarräume abgedrängt wird.

Durch folgende Maßnahmen kann Verkehrsberuhigung erreicht werden:

- Verkehrstechnische Maßnahmen:
Geschwindigkeitsbegrenzung, Veränderung der Vorfahrtsregelung, Abmarkierungen auf der Straße.
- Fahrbahnverändernde Maßnahmen:
Fahrbahnverschwenkungen, Schleusenbildung, Bepflasterung, Schwellenbildung, Absperrungen.
- Maßnahmen in bezug auf Fußgängerüberwege:
Durchpflasterung der Fußgängerüberwege, Verbreiterung des Gehweges.
- Maßnahmen in bezug auf Radfahrwege:
Verbreiterung des Radfahrweges, Schaffung von Mischflächen, die für alle Verkehrsteilnehmer nutzbar sind.
- Gartengestaltende Maßnahmen:
Pflanzkästen, Bäume, Sitzbänke, Grillplätze, Spielgeräte.
- Veränderte Parkflächen:
Einbringung der Parkflächen in den ehemaligen Fahrbahnbereich, Reservierung des Parkraumes für die Anwohner.

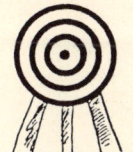  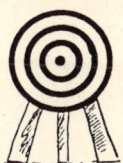  

Projektziele

Alle genannten Maßnahmen können im einzelnen nur durchgeführt werden, wenn die Anwohner ihnen zustimmen. Deshalb ist eine bürgernahe Befragung vor Einleitung von verkehrsberuhigten Maßnahmen dringend notwendig. Dieser Punkt muß sehr sorgfältig beachtet werden.

Für die Erarbeitung des Themas sollten folgende Leitlinien gelten:
— Straßenlärm und die Häufigkeit von Verkehrsunfällen beeinflussen erheblich das Leben in einer Wohngegend.
— Verkehrsberuhigung ist eine geeignete Maßnahme, um Lebensqualität in einer Wohngegend wiederherzustellen.
— Zur Verkehrsberuhigung stehen verschiedene Maßnahmen bereit, wie bauliche, verkehrstechnische Möglichkeiten.
— Für den konkreten Fall, südlicher Teil der J.-Vosseler-Straße in Hamburg-Lokstedt, sollen verkehrsberuhigte Maßnahmen geplant werden. (Ein Beschluß des zuständigen Verkehrsausschusses liegt ebenfalls vor.)
— Die zu machenden Vorschläge dienen dann am besten den betroffenen Anwohnern, wenn sie in Form alternativer Modellentwürfe dargestellt werden.
— Die Anwohner sollen in diesem Zusammenhang befähigt werden, eigene Vorstellungen über ihre Straße zu entwickeln.
— Die themenbezogenen Zielsetzungen müssen ergänzt werden durch die für die Studienwoche allgemein geltenden pädagogischen Leitvorstellungen.

Praktische Durchführung: die Vorstudienzeit

Zur Durchführung einer derartigen Projektzeit gehört eine detaillierte Planung, bei der die drei Vorbereitungssitzungen in der Vorstudienzeit von eminenter Bedeutung sind. Auf diesen Sitzungen darf der Lehrer nicht der Gefahr unterliegen, die Schüler zur Gruppenbildung zu drängen. Die angestrebte Kooperationsbereitschaft unter den Schülern muß sich vielmehr selbst entwickeln. Dies kann sicherlich in erster Linie nur über die Sache selbst, daß heißt über die didaktisch richtige Themenstellung, erreicht werden. Das Verhalten des Lehrers, des Gruppenleiters, muß sich in dieser Phase bewußt auf *Anregung* und *vorsichtige Anleitung* beschränken. Die Gruppenbildung ist somit das wesentlichste Element der vorbereitenden Phase. Danach wird es für die einzelnen Schülergruppen erst sinnvoll, ausführliches Material für ihr Thema zu beschaffen. Erkundungen aller Art, wie Befragungen der Anwohner und Kartierung des Geländes, fallen in diesen Abschnitt. Für das Projekt „Schaffung einer verkehrsberuhigten Straße", das als eines von 22 Oberthemen der Schülerschaft angeboten wurde, entschieden sich nach einer einwöchigen Wahlzeit zehn Schüler, die aus den Klassen H 7, R 8 und R 9 kamen.

1. Sitzung

Beim ersten Zusammentreffen wurde zum gegenseitigen Kennenlernen der Schüler und einiger Lehrerstudenten, die im Rahmen eines fachdidaktischen Seminars „Geographie" an der Studienwoche teilnahmen, ein Partnerspiel durchgeführt. Dieses Partnerspiel lief so ab, daß sich die Gruppenmitglieder im Gespräch einander vorstellten. Man fragte den jeweils anderen nach dem Namen, dem Alter, der Schulstufe bzw. der Studienrichtung, nach persönlichen Interessen und nach Gründen der Teilnahme an gerade diesem Projektthema. Schließlich stellte ein Gesprächspartner den anderen der gesamten Gruppe vor und umgekehrt. Das Partnerspiel war insofern erfolgreich, als sich die anfängliche Distanz unter den Gruppenmitgliedern schnell verringerte und eine für den weiteren Verlauf des Projektes günstige Atmosphäre geschaffen wurde. Anhand der Abbildung „Die tägliche Gefahr" (aus einer vom Bundesbauministerium herausgegebenen Broschüre zur Verkehrsberuhigung), die den Schülern gezeigt wurde und zu der sie ihre ersten Eindrücke schilderten, wurde ein Problembewußtsein entwickelt.

2. Sitzung

Am Anfang der zweiten Vorbereitungssitzung sollte nun die Problematisierung des Untersuchungsgegenstandes stehen. Einige Lärmmessungen wurden von seiten der Schüler zwar nicht vorgenommen, aber Zählungen und Beobachtungen des Verkehrs, wie ausführliche Befragung der Anwohner zur Sache. Vorbereitete Grundrißpläne des Projektgegenstandes in seiner gegenwärtigen Form wurden verteilt. Anhand dieser Grundrißpläne haben die Schüler in Kleingruppen die im Plan nicht enthaltenen, für die Erfassung des Straßenraumes aber erforderlichen Abmessungen, wie Straßen- und Gehwegbreite, Abstände der Wohnblöcke zur Straße, Höhe der Gebäude, Standorte von Bäumen und Pflanzengruppen, an Ort und Stelle kartiert. Da diese Aufgabe sehr umfassend und zeitaufwendig war, mußte noch ein weiterer Termin zur Kartierung angesetzt werden.

3. Sitzung

Neben der Fortführung der Kartierungsarbeiten wurden beim dritten Treffen von einem Teil der Schüler Fotos von der J.-Vosseler-Straße gemacht, die auch später in der Ausstellung am Ende der Studienwoche gezeigt werden sollten, um den Soll-Zustand der Straße gegenüber ihrem Ist-Zustand deutlicher herausstellen zu können. Außerdem wurde das Interview mit dem Miterbeirat der anliegenden Häuserblocks von den Schülern vorbereitet. Sinn des Interviews war, Wünsche und Vorstellungen der Betroffenen zur Verkehrsberuhigung zu erfragen.

Die Studienwoche

Die reine Studienzeit, „Studienwoche", dient in erster Linie der intensiven Bearbeitung, Auswertung und Dokumentation des Gruppenthemas und, soweit dies zur Absicherung des Endergebnisses notwendig ist, weiterer Erkundungen außerhalb der Schule. In den fünf Vormittagsstunden, in denen die Gruppen ihr Thema bearbeiten, herrscht allgemein ein *sehr entspanntes Arbeitsklima.* Die Pausen entfallen, um dem Schüler die Freiheit zur systematischen Einteilung seiner Arbeitszeit zu geben. *Arbeitswille, Arbeitsfreude, Verständnis — Begriffe, mit denen die normale Unterrichtszeit nur allzu selten beschrieben werden kann — dominieren. Die Schule scheint insgesamt wie ausgewechselt.* „Hier macht Schule richtig Spaß." Zum Abschluß jedes Studientages berichten die Einzelgruppen über ihre erzielten Arbeitsergebnisse. Damit wird das Gespräch in der Großgruppe gefördert, aber auch erreicht, daß die Einzelgruppe ihre Aufgabe immer als Teil des Gesamtproblems zu sehen hat.

1. Studientag:
Am ersten Tag wurde mit der Schülergruppe zunächst noch einmal ein Gespräch über den Sinn der Studienwoche geführt. — Gemeinsam mit den Schülern wurde der Klassenraum durch Aufhängen von Plänen, themenbezogenen Abbildungen, Zeitschriften usw. optisch in ein Planungsbüro umgestaltet. Aus der Gesamtgruppe von zehn Schülern entstanden als Untergruppen zwei Dreiergruppen und eine Vierergruppe. Die Gruppenbildung bereitete keine Schwierigkeiten, da sich die Schüler aufgrund der vorausgegangenen Vorbereitungstreffen schon recht gut kannten. Im Verlaufe des Vormittags erarbeiteten die Schüler im Wechsel von Groß- und Untergruppengespräch einen Fragebogen, mit dem dann noch am gleichen Tag die Meinung der betroffenen Mieter zur Verkehrsberuhigung erkundet wurde. Die Ergebnisse dieser Befragung waren integraler Bestandteil der Projektplanung und wurden insbesondere in die Überlegungen zur Gestaltung der verkehrsberuhigten Straße miteinbezogen.
Am späten Nachmittag führten einige Schüler im Beisein von zwei Studenten mit dem Vorsitzenden des Mieterbeirates das vorbereitete Interview durch.

2. Studientag
Am folgenden Tag wurde zuerst über die Ergebnisse des Gesprächs mit dem Mieterbeirat, das auf Kassette aufgenommen wurde, diskutiert. Anhand der verschiedenen Möglichkeiten der Verkehrsberuhigung, die auch in dem Interview und bei der Befragung der Anwohner anklangen, ergaben sich als Ergebnis des „brainstorming" in der Gesamtgruppe folgende drei Alternativen zur Schaffung der verkehrsberuhigten Straße, die in Modellen durchgespielt und dargestellt werden sollten:
1. Vierergruppe: J.-Vosseler-Straße als Gegenverkehrsstraße wie bisher, allerdings mit sehr starken Veränderungen in der Linienführung.
2. Dreiergruppe I: J.-Vosseler-Straße als Sackgasse mit einem Sperrgebiet in der Mitte, das von beiden Seiten aus zugänglich ist. Das Sperrgebiet wird zur großen Spiel- und Kommunikationsfläche umgewandelt.
3. Dreiergruppe II: J.-Vosseler-Straße als Einbahnstraße mit deutlichen Fahrbahnverschwenkungen.
Danach begannen die Schülergruppen, erste Entwürfe von dem zu erstellenden Modell anzufertigen. Ein Teil der Schüler hatte Schwierigkeiten mit der Maßstabumrechnung. Deshalb mußte hier verstärkt Hilfeleistung geboten werden, um größere Unterschiede im Vorankommen der Gruppen nicht zu deutlich werden zu lassen. Gegen Ende des zweiten Studientages machten die Schüler erste Schnitt- und Verarbeitungsversuche mit dem Modellmaterial Styropor.

3. Studientag
Am dritten Tag begannen die Schüler mit dem eigentlichen Modellbau. Da sich das Styropormaterial mit dem Messer nur schwer bearbeiten ließ, holten sich die Schüler die Styroporsäge der Schule, mit der wesentlich exakter geschnitten und modelliert werden konnte. Die Schüler entwickelten unterschiedliche Verfahren des Modellbaus.

Einerseits wurden die Umrisse der Häuserblocks durch senkrecht aufgestellte Styroporwände, andererseits durch Übereinanderschichtung mehrerer Styroporplatten dargestellt. Erneute Schwierigkeiten ergaben sich beim Zusammenfügen der Einzelteile, da bestimmte Klebstoffe das Material anlösten und so erst der richtige Klebstoff gefunden werden mußte.

4. Studientag

Die Arbeit an den Modellen ging am vierten Tag weiter. Im Laufe dieses Tages führten einige Schüler zusammen mit zwei Studenten ein Interview mit dem Vorsitzenden des zuständigen Verkehrsausschusses, in dem es um die mögliche Realisierung der von den Schülern geplanten Modellentwürfe und um die Frage der öffentlichen Finanzierung derartiger Verkehrsberuhigungsmaßnahmen ging. Das Interview konnte die Schüler nicht ganz zufriedenstellen, weil zum Teil nur ausweichende Antworten auf die gestellten Fragen gegeben wurden. Die Interviewer hatten den Eindruck, daß ihr echtes kommunalpolitisches Interesse nicht ganz aktzeptiert wurde.

5. Studientag

Die Arbeit an den Modellen war jetzt soweit fortgeschritten, daß auch mit dem Anstreichen und Ausstatten der Modelle mit Bäumen, Autos usw. begonnen wurde. Was die Ausstattung der Modelle in dieser Hinsicht betrifft, konnten große Unterschiede festgestellt werden. Während zwei Schülergruppen in dieser Phase des Modellbaus auf käufliche, vorfabrizierte Kleinteile zurückgriffen, fertigte eine Dreiergruppe auch diese Teile aus Styropor an und bemalte sie entsprechend.

6. Studientag

Die Unterschiede im Vorankommen der einzelnen Gruppen waren an diesem Tag recht sichtbar. Diese Unterschiede wurden aber zum größten Teil dadurch ausgeglichen, daß sich die Gruppen untereinander selbst halfen, ohne daß irgendeine Anregung dazu gegeben wurde.

7. Studientag

Die Modelle wurden im Laufe dieses Tages endgültig fertiggestellt. Die Schülergruppen konnten nun schon teilweise mit den erläuternden Zeichnungen und Texten für die am nächsten Tag stattfindende Studienausstellung beginnen.

8. Studientag: Die Studienausstellung

Alles in der Studienwoche Hergestellte, ob Text, Bild, Werkstück, wird in einer Ausstellung der gesamten Schülerschaft, den Eltern und anderen Interessierten vorgestellt. Die Ausstellung wird von allen Studiengruppen an den beiden letzten Studientagen vorbereitet. *Die gezeigten Schülerarbeiten lassen den Schluß zu, daß neben dem Pflichtfachbereich und dem Wahlpflichtbereich die Projektzeit „Studienwoche" zur dritten wichtigen Säule der Schule geworden ist.*

In der sinnvollen didaktischen Verzahnung von Projekt- und Lehrgangszeiten liegt m.E. eine entscheidende Chance für unsere heutige Schule, um sie aus der Sackgasse, in der sie sich offensichtlich befindet, wieder herausführen zu können.

Am Vormittag des letzten Studientages waren die Schülergruppen intensiv mit der Ausgestaltung ihres Ausstellungsstandes beschäftigt. Der Ausstellungsstand sollte schwerpunktmäßig den Ist-Zustand der Straße mit seinen Problemen und den Soll-Zustand der Straße mit seinen Möglichkeiten aufzeigen und verdeutlichen. Dem dienten die Gebenüberstellung der Ergebnisse der Interviews in tabellarischer Form wie der Vergleich der zu Beginn gemachten Fotos mit den fertiggestellten Modellen. Am Nachmittag des gleichen Tages fand die Studienausstellung statt, auf der alle Studiengruppen der Schule ihre Arbeitsergebnisse zeigten. Zu dieser Ausstellung waren auch die Anwohner der J.-Vosseler-Straße per Aushang in den Häuserblocks eingeladen worden. Die drei Modelle der Studiengruppe „Verkehrsberuhigung" fanden insgesamt starke Beachtung. Zwischen den Schülern und einigen Anwohnern der Straße kam es teilweise zu einer lebhaften Diskussion.

Charakteristik der drei Schülergruppen
Vierergruppe
Diese Gruppe arbeitete sehr gut zusammen. Die vier Schüler waren von Anfang an sehr motiviert und engagiert. Die für eine Projektarbeit notwendige
Gruppendiskussion über die jeweils anstehenden Arbeitsschritte wurde von
allen sachgerecht geleistet. Dieses positive Gruppenverhalten zeigt sich aber
nicht nur bei der Projektplanung, sondern auch bei der Ausführung, dem
Modellbau. Die Gruppe konnte zu ihrem Modellentwurf einen besonders
persönlichen Bezug herstellen, da einer der Schüler in der für die Verkehrsberuhigung vorgesehenen Straße wohnte. Die guten technischen Fertigkeiten
der Schüler zeigten sich im gesamten Arbeitsablauf. Das von ihnen gebaute
Modell war sehr präzise ausgeführt und daher bestechend. Im Gegensatz zur
herkömmlichen Schulsituation arbeitete die Gruppe — wie die beiden anderen Gruppen auch — über die eigentlich vorgesehene Zeit hinaus an ihrem
Modell. Es war keine Seltenheit, daß sie freiwillig eine Stunde länger in der
Schule blieben. Wenn es notwendig war, halfen sich die Schülergruppen untereinander.

Zeit für ein Projekt

Dreiergruppe I

Von der Ausgangssituation her, so könnte man glauben, hätte es diese Gruppe eigentlich am schwersten haben müssen, da in ihr Schüler verschiedener Schularten und unterschiedlichen Alters zusammen waren: je ein Schüler aus R 8 und R 9 sowie ein Hauptschüler Jahrgang 7. Der Schüler der H 7 wurde von den beiden anderen schnell anerkannt und integriert. Er arbeitete von Anfang an konstruktiv mit. In dieser Gruppe gab es keinerlei Konflikte. Es herrrschte immer eine ruhige Atmosphäre. Bei ihrem Modell fiel ganz besonders die selbständige und phantasievolle Ausführung auf. Die Schüler verwendeten nur das vorgegebene Material Styropor, aus dem sie neben der Grundplatte und den Häusern auch das Zubehör (Bäume, Autos usw.) fertigten. Die Idee der Verkehrsberuhigung wurde hier am konsequentesten verwirklicht. Die Straße wurde in der Mitte durch die Einrichtung zweier Wendeschleifen und durch die Schaffung eines großen Kommunikationsfeldes (Spielplätze, Grünflächen usw.) unterbrochen.

Dreiergruppe II

Schwierigkeiten gab es eigentlich nur in dieser Gruppe. Einer der Schüler war von Anfang an stark motiviert und an der Fertigstellung des Modells interessiert. Die beiden anderen hingegen konnten sich nur schwer von der normalen Schulsituation mit ihrer strikten Reglementierung des Unterrichtsverlaufes auf den die Eigenständigkeit betonenden Charakter der Studienwoche umstellen. Sie verließen sich zu sehr auf den Einsatz des aktiven Schülers und arbeiteten nur unbeständig mit. Dadurch geriet die Gruppe zeitlich ins Hintertreffen. Von seiten der Gruppenleitung mußte hier zeitweise geholfen werden, um ein deutliches Absinken der Arbeitsleistung in dieser Gruppe zu vermeiden. Das mitunter geringe Interesse der beiden Schüler konnte dadurch ein wenig aufgefangen werden. Obwohl eine besondere Hilfestellung in diesem Fall notwendig war, sollte sie immer angemessen und nicht zu weitführend sein.

Mit diesen Schwierigkeiten muß bei der Projektarbeit gerechnet werden. Der Übergang vom lehrerzentrierten Unterricht auf die mehr die Selbstständigkeit herausfordernde Projektzeit fällt manchem Schüler nicht leicht. Dies beweist nur allzu deutlich, wie pädagogisch sinnvoll es ist, Projektzeiten durchzuführen.

Gegen Ende der Studienwoche, als das Modell dieser Gruppe auch mehr und mehr konkrete Formen annahm und das Endprodukt langsam sichtbar wurde, stieg bei den beiden bis dahin mehr desinteressierten Schülern die Motivation. Die Gruppe zeigte auf einmal Arbeitsfreude und Arbeitsintensität. Es gelang ihr schließlich doch, den Rückstand zu den anderen beiden Gruppen auszugleichen und das Modell rechtzeitig zur Ausstellung fertigzustellen. Das Bewußtsein, doch noch etwas Entscheidendes erreicht zu haben, war dieser Gruppe deutlich anzumerken. Auch sie hatte trotz mancher Probleme zur produktiven Zusammenarbeit gefunden.

Zum Abschluß einer derartigen Studienwoche kann nur immer wieder mit Erstaunen festgestellt werden, zu welchen Ergebnissen Schüler in der Kürze der Zeit — verglichen mit der normalen Unterrichtszeit — kommen können, wenn ihnen *Raum und Muße für Eigenständigkeit und Kooperation* gegeben werden.

Mit der Studienwoche ist das gesamte Projekt allerdings noch nicht beendet. Weitere Schritte werden folgen müssen, um die Wirklichkeit der Straße in der Tat verändern zu können:
— Die Schülergruppen werden ihre Modelle dem zuständigen Verkehrsausschuß vorstellen, wenn dieser über die Maßnahmen der vorgesehenen Verkehrsberuhigung endgültig beschließen wird.
— In der Zwischenzeit sollen die Modelle im Ortsamt Lokstedt ausgestellt werden, um sie so einer breiteren Öffentlichkeit bekanntzumachen.
— Wenn die Beschlußfassung des Verkehrsausschusses wegen finanzieller Schwierigkeiten nicht zu sehr in die Länge gezogen wird, sollen und wollen die drei Schülergruppen, vielleicht im Rahmen der nächstfolgenden Studienwoche, bei der praktischen Veränderung des Straßenraumes tatkräftig mithelfen. Im Jahre 1981 wurde die J.-Vosseler-Straße, südlicher Teil, endgültig in eine verkehrsberuhigte Wohnstraße verwandelt. Das Schülermodell, das die Bildung einer Sackgasse mit einem Sperrgebiet in der Mitte vorsah, wurde verwirklicht. Die Schüler können für sich in Anspruch nehmen, daß sie mit ihren drei Alternativmodellen diese verkehrspolitische Entscheidung erleichtert und mit bewirkt haben. —

Wir machen ein Volksfest!

Klassenreiseprojekt einer 7. Hauptschulklasse

Manfred Huth

Meine erste selbstorganisierte Klassenreise mit meiner gerade übernommenen 7. Hauptschulklasse — alles sollte natürlich besonders gut geplant und durchgeführt werden. Dementsprechend fing die konkrete unterrichtliche Vorbereitung etwa 4 Wochen vorher an, die organisatorische und gedankliche wesentlich früher. Gemäß dem Anspruch, daß eine Klassenreise nicht nur zu traditionellen Landschulheimaktivitäten wie Wandern, Spielen, Besichtigungen etc. genutzt werden sollte, sondern auch zum selbstbestimmten Erlernen der Persönlichkeitsqualitäten, die im normalen Schulbetrieb weniger oft zu realisieren sind: Selbstbewußtsein, Kontaktbereitschaft, Solidarität, Angstüberwindung,. . — mußten natürlich auch Bedingungen geschaffen werden, die sinnlich-konkrete Erfahrungsfelder eröffneten. All das unter der Maßgabe, nicht über dem Horizont des Gewohnten bei den Schülern anzusetzen, um nicht Ablehnung bzw. Abschreckung durch Unverständnis zu erreichen. ‚Projektunterricht' war damals nicht wie heute in aller Munde und begann sich erst an den Gesamtschulen zu entwickeln bzw. war reduziert auf die Praxis des Arbeitslehreunterrichts im Sinne der Produktions- und Verkaufsvorhaben der Arbeitslehrepioniere der 50er und 60er Jahre. Wie ich und das Betreuerteam durch Zusammenarbeit mit den Schülern während dieser Klassenreise lernten, was ein Projekt eigentlich ist, soll Gegenstand der Beschreibung sein.

Unser Ziel war ein von Kriegsdienstgegnern in Zusammenarbeit mit dem dortigen Pastor ausgebautes Tagungshaus, in dem die Möglichkeit bestand, ohne Hausverwaltung oder andere Aufsichtspersonen selbstbestimmt zu leben und zu arbeiten. In diesem Haus, das mitten im Dorf neben der Kirche stand, gab es eine gut ausgestattete Küche — wir wollten uns selbst versorgen — 2 Gruppenarbeitsräume sowie Drei- und Vierbettzimmer. Begleiten wollten uns drei Studentinnen/-en, die Schülerinnen und Schülern bekannt waren durch Absolvierung ihres Praktikums in der Klasse.

Die Vorbereitung mit den Schüler/innen soll im Folgenden reduziert werden auf die den späteren Projektverlauf betreffenden Punkte.
Die Schüler/innen erarbeiteten in Gruppen Vorschläge, die ihre bisherigen Klassenreiseerfahrungen wiederspiegelten wie Wanderungen, Geländespiele, Waldlauf, Feste feiern, Lagerfeuer, Fußballturnier gegen die Jugendlichen des Dorfes u.ä. Aber sie fanden auch Möglichkeiten, die darüberhinausgingen: Theaterspiel- und Musikgruppen zur Bereicherung gemeinsamer Feste, Erkundung der Freizeitmöglichkeiten der Dorfjugend, Teilnahme an einigen Stunden Dorfschulunterricht, Gespräche mit Bauern und Handwerkern über ihre Lebens- und Arbeitssituation. Die letzten Vorschläge resultierten sicher

auch aus unserem vorher gefaßten Beschluß, daß die Klassenreise Gelegenheit und Zeit bieten müsse sowohl für individuelle als auch kollektiv organisierte Freizeitaktivitäten, aber auch genützt werden sollte für noch zu bestimmende Themenarbeitsgruppen; jeder sollte in wenigstens einer Ag mitarbeiten — Folgende Arbeitsgemeinschaften wählten die Schüler mehrheitlich aus den Vorschlägen aus — um die Darstellung zu verkürzen, werde ich mit den jeweiligen Themen gleich die zur praktischen Umsetzung notwendigen Dinge mitaufführen:

1. Wir befragen die Landbevölkerung über ihre Lebens- und Arbeitssituation — im Unterricht hatten wir vorher das Thema Landwirtschaft behandelt (Cassettenrecorder, leere Cassetten, Schreibzeug, Vervielfältigungsapparat, Matrizen, Abzugspapier).
2. Wir erkunden, ob es möglich ist, den Bauern bei ihrer Arbeit zuzusehen oder zu helfen (feste Schuhe, Arbeitszeug).
3. Wir untersuchen Freizeitmöglichkeiten und Schulsituation der Dorfjugend (wie bei Gruppe 1).
4. Wir besuchen den Bürgermeister und die Gemeindeverwaltung und informieren uns über ihre Aufgaben (wie bei Gruppe 1).
5. Wir spielen Theater als Beitrag für gemeinsame Feste einschließlich Schmink- und Verkleidungsaktionen (Theaterschminke, Perücken, alte Kleider usw. Pappen, Pinsel, Farben, dicke Filzer, alte Bettlaken, Gardinen, . . Nägel, Hammer, Seile, . .).
6. Wir machen Musik ohne richtige Instrumente als Beitrag für gemeinsame Feste (Töpfe, Kochlöffel, Waschbrett, Glocken, . .).
7. Wir bereiten vor und übernehmen die Organisation (Plattenspieler, Tonband, Platten, Spielebücher, -ideen, . .).

Die nächste gemeinsam zu diskutierende Frage ergab sich folgerichtig aus der ersten:
Wie ist das Verhältnis von inidividueller Freizeit, kollektiven Aktionen und Arbeitsgruppen?
Wir einigten uns darauf, jeden Tag nach dem Frühstück zu einer Kurzbesprechung zusammenzukommen, um gemäß Wetterlage und noch zu treffender Absprachen z.B. für Fußballspiele mit der Dorfjugend usw. dann konkret den Tagesablauf festzulegen. Jeden Tag sollte allerdings die Möglichkeit für individuelle Freizeitgestaltung bestehen, jeden 2. Tag mindestens sollten die Arbeitsgruppen tätig werden. Vom Betreuerteam hatten alle Gruppen einen festen Ansprechpartner, der die Aufgabe hatte, Hilfestellung und Anregungen zu geben, fehlendes Material zu besorgen, . . Die einzelnen Gruppenarbeitsergebnisse waren am Ende der gesamten Klasse in irgendeiner Form (Wandzeitung, Referat, Vorspielen, . .) darzubieten.

Die Vorbereitung mit den Begleitern konzentrierte sich vor allem auf zwei Fragenkomplexe:
— Wie verhalten wir uns bei auftauchenden Problemen und Konflikten?
— Wie verhalten wir uns bei der Gruppenarbeit?

Als Leitlinie für Schüler/innenverhalten und unser mögliches Eingreifen/Nichteingreifen wollten wir die von den Schülern/innen selbst erarbeitete Klassenordnung nehmen, deren einzelne Punkte auch für die Klassenreisesituation nicht ihre Gültigkeit verloren, weil sie schwerpunktmäßig das soziale Verhalten untereinander regelte bzw. Schülerrechte und Lehrer/innenverhalten umfaßte. Ebenfalls wollten wir das bisher in der Schule mit Erfolg praktizierte Verfahren beibehalten, Konflikte und Widersprüche mit allen gemeinsam zu beraten mit dem Ziel, möglichst einen Konsens zu erreichen und nicht einfach Minderheiten niederzustimmen.

Unsere Funktion bei der Gruppenarbeit definierten wir eher als die von Moderatoren in Abgrenzung zur typischen Lehrer/innenrolle: Materialbeschaffung, Hilfestellung bei Anlaufschwierigkeiten bzw. augenblicklicher Ratlosigkeit und drohender Resignation, . . Wir beschlossen auf jeden Fall, uns davor zu hüten, eigene Konzeptionen und Wunschvorstellungen durch pädagogische Tricks den Schülern/innen aufzusetzen — Arbeitsschwerpunkte und Vorgehensweise lagen allein bei den Schülern/innen.

Am zweiten Tag nach unserer Ankunft ging's an die Gruppenbildung. Zwei Themen wurden nicht gewählt: 3. Dorfjugend. . . und 4. Bürgermeister. . . Die Ag-Dorfjugend macht sich dadurch überflüssig, weil schon am Anreisetag die ersten Kontakte geschlossen wurden, denn unser Besuch war besonders für die jungen Dorfbewohner eine willkommene Abwechslung ihres tagtäglichen Einerlei. Alle anderen Gruppen begannen ihre Arbeit. Die Gruppen 1. Befragung. . . und 2. Mitarbeit . . . taten sich zusammen, da sie Berührungspunkte und gemeinsame Interessen hatten. Einige Schüler/innen hatten auch zwei Gruppen gewählt, was dadurch möglich war, daß nicht alle Gruppen zum gleichen Zeitpunkt tagten, sondern die Termine selbst festlegen und aufeinander abstimmen konnten. Ich werde nun die Vorgehensweise der einzelnen Arbeitsgruppen mehr oder weniger kurz skizzieren und die allmähliche Projektentwicklung darstellen.

Gruppe: Befragung der Landbevölkerung/Mitarbeit
Nach Erarbeitung eines Fragebogens und kurzer Einweisung in den formalen Ablauf eines Interviews zogen die Schüler/innen zu zweit los; vorher hatten sie sich die Bauernhöfe untereinander aufgeteilt. Alle wurden freundliche aufgenommen, führten die Befragung schnell durch, waren z.T. schon durch Ställe und Hof geführt worden; zwei Schüler durften sogar gleich mit Kaffee trinken — alle durften wiederkommen, die Termine waren abgesprochen. Diese erste Aktion leistete einen großen Beitrag dazu, die Neugier und den Argwohn unserer Dorfbewohner/innen etwas abzuschwächen — man wußte nun schon ein bißchen über uns.

Gruppe: Theater und Gruppe: Musik
Die Teilnehmer/innen der Theatergruppe begannen ihre Arbeit mit einer Verkleidungs- und Schminkaktion. Umgezogen und angemalt präsentierten sie sich der ebenfalls tagenden Musikgruppe, die so begeistert war, daß sie sich mit den restlichen Requisiten ebenfalls verkleideten und von den anderen geschminkt wurden. Keiner weiß, wer die Idee aufbrachte, aber beide Gruppen zogen plötzlich voller Übermut durch den Garten, zum Tor hinaus und auf der Hauptstraße durch's Dorf. Die Musiker hatten ihre Instrumente (Töpfe, Gießkanne, Waschbrett, Flöten, . .) mitgenommen — ein optisches und akustisches Spektakel! Uns Betreuer überraschte diese Aktion der Schüler. Wahrscheinlich spielten mehrere Faktoren begünstigend eine Rolle: die Verkleidung bot den Schülern/innen die Möglichkeit, in eine Rolle oder Maske zu schlüpfen, die Dorfbewohner/innen erschienen ihnen durch bisherige Freizeit- und Arbeitskontakte nicht mehr so anonym — man kannte halt schon einige — nicht zuletzt tat auch der herrlichste Sonnenschein das seine. Die Einwohner/innen reagierten auf dieses unsgewohnte Bild zwar etwas kopfschüttelnd doch eher verständnisvoll lächelnd als ablehnend. Es ergaben sich unterwegs sogar einige Gespräche mit ihnen, kleinere Kinder schlossen sich dem Umzug an und ließen sich von unseren Schülern nach der Rückkehr auch schminken. Alle waren zufrieden mit der eigenen Leistung, begeistert und wollten am nächsten Tag wieder einen 'Zug durch's Dorf' veranstalten.

Gruppe: Klassenfeste
Hier gab es Anlaufschwierigkeiten, die Arbeit begann weniger motiviert. Nach der Sammlung von Programmvorschlägen und Terminfestlegung wußte bald keiner mehr so recht, was eigentlich zu tun sei. Ein Mädchen, das in der abendlichen Freizeit mit einem Dorfjugendlichen schon 'nähere' Bekanntschaft geschlossen hatte stellte die Frage, ob denn auch 'Klassenfremde' eingeladen werden dürften. Innerhalb der Planungsgruppe konnte keine Einigkeit über diesen Punkt hergestellt werden, man beschloß, das Problem mit der ganzen Klasse zu beraten und löste die Sitzung auf.
Die folgende Diskussion dieser Frage am Abend war schließlich die Geburtsstunde unseres Projektes. Gleich zu Anfang des Gespräches stellte ein Schüler die Frage: ‚Ja warum denn nur einen einladen? Wir kennen doch jetzt schon soviele, warum laden wir denn nicht das ganze Dorf ein?' — Durcheinandergerufe, meist ablehnend, weil ‚ja dann auch ganz Kleine kommen' würden oder ‚Was sollen denn die Omas und Opas auf unserem Klassenfest, sollen wir etwa mit denen Walzer tanzen?'. — ‚Dann feiern wir eben den ganzen Tag und machen für jeden was. Wir machen ein richtiges Volksfest!' — Wieder Durcheinandergerufe, wir griffen ein und baten den Schüler, seine Idee etwas genauer zu erläutern. Er erzählte von einem Eltern-Kinder-Fest auf seinem Bauspielplatz in Hamburg, an dem

mehrere Mitschüler teilgenommen hatten, die ebenfalls ihre Eindrücke schilderten. Durch diese Konkretion wurde der Begriff ‚Volksfest' allmählich mit Inhalt gefüllt, man konnte sich vorstellen, um was es ging. Der Beschluß war noch nicht gefaßt, aber die Schüler/innen entwickelten schon Vorschläge wie ‚Stockbrot' herstellen, Getränke, . . Wir legten das Fest auf den Vorabend unserer Abfahrt, zur Vorbereitung standen noch 7 Tage zur Verfügung. Die Klassenfest-Ag nannte sich um in ‚Volksfestkommitee', am nächsten Tag wollten sie sich zur Beratung treffen, wie der Festtag am besten gestaltet werden könnte.

Vorbereitung des Volksfestes

Vorbereitung des Volksfestes

Die ‚Kommitee-Sitzung' am nächsten Tag war überfüllt. Fast alle Schüler/innen wollten ihre Vorschläge einbringen und mitvorbereiten.

Wir versuchten dahingehend zu strukturieren, daß in einer ersten Phase alle Ideen und Anregungen gesammelt werden sollten, um danach zweigleisig weiterzuverfahren: Das Kommitee hatte die Aufgabe, das Volksfest anhand der Sammlung weiterzuplanen, notwendig einzurichtende Arbeitsgruppen auf einer Wandzeitung allen bekanntzumachen, damit sich jeder zuordnen könne. Die anderen sollten erstmal innerhalb ihrer alten Themengruppen überlegen, ob und welchen Beitrag sie zum Gelingen des Festes bringen könnten. — Uns Begleitern wurde eigentlich erst zu diesem Zeitpunkt richtig klar, daß wir schon mitten in einerm Projekt steckten welches allein von den Schülern/innen entwickelt worden war — unser erstes richtiges Projekt — auch wir würden viel lernen können und müssen.

Das Kommitee begann die gesammelten Vorschläge zu strukturieren und richtete folgende Untergruppen ein:
— Essen
— Trinken
— Dekoration der Festwiese/Gruppenräume
— Werbung
— Spiele für die Kinder
— Preise für die Spiele
— Einkauf und Kalkulation
— Musik
— Unterhaltung durch eigene Vorführungen

Jede Untergruppe hatte zu bedenken, daß bei Regen das Fest in den Gruppenräumen stattfinden sollte, bei gutem Wetter sollte auf der Wiese vor dem Haus gefeiert werden. Es wurde der Beschluß gefaßt, die aus unserer Reisekasse vorgeschossenen Auslagen durch Verkauf von Essen und Trinken ohne Gewinnerwirtschaftung zu decken.

Die Gruppe Theater/Musik bereitete indes unabhängig von dieser Planung eine eigene Werbeaktion vor. In einer Malaktion stellten sie aus einem alten Bettlaken ein großes Transparent her: Hamburg grüßt Siewershausen. — Kommt alle zum großen Volksfest am . . . — Kinder, Jugendliche — Erwachsene!

Am nächsten Tag fand dann der Werbeumzug durch's Dorf statt: verkleidet, angemalt, mit ihren ‚Instrumenten' und viel Geschrei; Passanten wurden genauer informiert, die Fahrer anhaltender Autos auf das Volksfest hingewiesen. Ziel dieses Umzugs war die Dorfschule. Dort angelangt zögerten die Schüler/innen erst, doch dann ging's auf den Schulhof, in's Gebäude hinein — mitten während des Unterrichts. Klassentüren gingen auf, neugierige Schüler, etwas verstörte Lehrer/innen schauten heraus, unsere Kinder verlasen laut ihre Einladung und zogen sich dann schnell wieder auf den Schulhof zurück. Wieder im Heim angelangt stellten sie das Transparent vor dem Eingang auf und erzählten begeistert von ihren Erfahrungen. In zwei Tagen sollte die Schulaktion wiederholt werden; wir rieten ihnen, diesmal aber die Pausen zu nützen, weil sie dann auch eher Gelegenheit hätten, mit den Schülern/innen intensiver zu reden ohne den Unterricht zu stören.

Von einer anderen spontanen Unternehmung dieser Gruppe erfuhren wir Begleiter erst hinterher: Im schon beschriebenen Aufzug waren sie vormittags zum Dorfsportplatz gezogen, auf dem ein ‚Vatertagsfußballspiel' stattfand. Während der Halbzeitpause marschierten sie um das Spielfeld und verteilten die inzwischen hergestellten Flugblätter. Wie sie erzählten, hatten sie sogar Beifall bekommen, — das Volksfest war inzwischen zum Dorfgespräch geworden. Unserer Einschätzung nach hatten die Schüler/innen sich hierdurch selbst und auch unsere kühnsten Erwartungen übertroffen. Unterstützend und ermutigend wirkten sicher die bisherigen guten Erfahrungen, doch erreichten sie mit dieser Leistung eine neue Ebene, zumal sie ihre Aktion völlig eigenständig und ohne jegliche Hilfe und Ermunterung durchgeführt hatten.

Die Gruppe Interview. . ./Mitarbeit. . . beschloß, ihre bisherigen Kontakte zur Bevölkerung auch werbewirksam für unser Vorhaben zu nutzen. Für die persönliche Hauswerbung entwarfen und vervielfältigten sie Flugblätter, pinselten Plakate und starteten ihre Werbeaktionen — zuerst gingen sie zu den schon bekannten Bauern, dann systematisch von Haus zu Haus, zu den 5 Geschäften im Dorf, zur Gemeindeverwaltung, zum Arzt. Überall hingen bald unsere Pla-

kate, fast jeder Haushalt war besucht, die Flugblätter verteilt. Auch diese Gruppe erreichte eine neue, selbstbestimmte von uns unabhängige Qualität: einige Dorfbewohner unterstützten unser Vorhaben durch kleine Spenden. Die Schüler leiteten daraufhin eine gezielte Sammelaktion ein, von deren Durchführung wir erst nach Abschluß erfuhren. Ergebnis: Obst, Eingemachtes, Säfte, eine geräucherte Wurst, Bonbons, Kekse und 44,--DM. Obwohl unter uns Betreuern die Beurteilung zuerst widersprüchlich war, werteten wir das Unternehmen insgesamt doch als positiv unter dem Aspekt der Eigeninitiative — außerdem gab der Erfolg den Schüler/innen Recht und spiegelte das bislang erreichte gute Verhältnis zur Bevölkerung wieder.
Ganz kurz noch zur Arbeit der vom Kommitee eingerichteten Gruppen:
Essen und Trinken
— verdünnter Fruchtsirup
— Cola und Fanta in Pappbechern
— Weinausschank für Erwachsene
— Nudelsalat
— Frikadellen
— Grillwürstchen
— Stockbrot
— Grillkartoffeln
— Meterbrot in Scheiben

Wir rechneten mengenmäßig für 30-40 Kinder und Jugendliche, für die gleiche Anzahl Erwachsene und für uns. Bei der Festlegung der der einzukaufenden Warenmengen halfen wir. Die fertige Liste bekam die Gruppe ‚Einkauf'.

Dekoration:
Die Gruppe fertigte aus Kreppapier Girlanden, große Blumen und Schmetterling an, die überall im Garten, der voller blühender Kirschbäume stand, aufgehängt werden sollten. Für die abendliche Beleuchtung sollten Lampions und Partyfackeln sorgen; außerdem beantragte sie zur Ausschmückung 100 Luftballons, jeder Besucher sollte einen davon beim Abschied mitnehmen dürfen. Darüberhinaus überlegte sie, aus den Tischen der Gruppenräume eine große Festtafel im Garten zu errichten.
Preise für die Kinderspiele:
Bei der Zusammenstellung gingen sie von ihren eigenen Bedürfnissen aus: Negerküsse, Schokolade, Bonbons, kleine Spielsachen wie Bälle, Plastikfiguren u.ä.

Einkauf und Kalkulation:
Die Gruppe sortierte die einzelnen Posten und stellte Einkaufslisten
für die jeweiligen Geschäfte zusammen. Die Schüler/innen wollten
nicht in den Dorfläden einkaufen, sondern die günstigeren Preise
der Supermärkte und Warenhäuser in der nächsten Stadt nützen.
Nach dem Einkauf errechneten sie anhand der Ausgaben und
grober Voreinschätzung der noch herzustellenden bzw. auszu-
schenkenden Einzelmengen die Endverkaufspreise. Um nicht am
Ende in den roten Zahlen zu landen und die Essen- und Getränke-
preise möglichst niedrig zu halten, rieten sie den Spielegruppen
0,05 DM für die Teilnahme zu verlangen — schließlich gab es ja
auch Gewinne.
Musik:
Diskussionen gab es bei dieser Gruppe weniger um die technischen
Dinge, Tonband, Plattenspieler und Lautsprecher waren vorhanden,
eine Verlängerungsschnur schnell ausgeliehen. Die Gespräche the-
matisierten eher Geschmacksfragen.
   Auch Hörgewohnheiten der Erwachsenen sollte berücksichtigt
werden, doch solche ‚Opa-Musik' hatte natürlich keiner mitgenommen. Auch dafür gab es eine Lösung. Eine Schülerin borgte sich
über einen 'Freund aus dem Dorf' zwei entsprechende Langspiel-
platten aus.
Unterhaltung durch eigene Vorführungen:
Die Theater/Musik-Gruppe studierte ein Stück über Schule ein.
‚Eine verrückte Klasse' treibt ihren strengen Lehrer aus dem Unter-
richt. — Eine Mädchengruppe probte an einem Formationstanz
nach Discomusik. Schließlich sollte gemeinsam mit ‚Jung und Alt'
das bei den Schülern/innen beliebte ‚Blinzeln' gespielt werden.
Spiele für die Kinder:
— Dosenwerfen
— Nägel einschlagen
— Fußballzielschießen
— Bonbons an der Leine, die hochgezogen werden kann, nur mit
dem Mund ergattern
— Negerkußwettessen
— Malecke/Schminkstand
— Pfeilwurf auf Luftballons
— Autoreifenwettrollen
— Kartoffelwettlauf (Eierlauf)

Jeweils zwei Schüler/innen übernahmen verantwortlich Vorbereitung, Aufbau und Durchführung der Spiele am Festnachmittag.

Das Volksfest

Der Nachmittag und Abend des Vortages sowie der Vormittag des Festtages waren ausgefüllt mit Vorbereitungen: letzte Einkäufe, Standaufbau, Verteilen der Preise auf die Spielstände, Dekoration usw. Das Wetter meinte es gut — ein langanhaltendes Hoch. Hochstimmung auch bei den Schülern, denn noch waren die letzten Hammerschläge nicht getan, der Nudelsalat noch nicht fertig durchgerührt, kamen schon die ersten Kinder, dann immer mehr, auch die Großen, die erst verächtlich die Nase rümpften über den ‚Kinderkram', bald aber selbst an die Spiel- und Essensstände gingen. Gegen Abend kamen dann auch die ersten Erwachsenen — in Sonntagskleidern, aber ein Gläschen Wein löste ihr anfänglich steifes Verhalten.

Das Fest wurde ein voller Erfolg, es besuchten uns im Laufe des Tages fast hundert Menschen, einige hatten sogar selbstgebackene Kuchen mitgebracht. Alles verlief nach Planung, bis spät in die Nacht wurde im Freien noch getanzt. Ein einziges Problem entstand beim Getränkeverkauf: Der Weinvorrat ging rasch zu Ende, auf so großen Durst der Erwachsenen waren wir nicht eingestellt. Doch jedes Problem kann gelöst werden. Kurzerhand verdünnten die Verkäufer/innen mit Wasser, reicherten mit etwas Zucker an und verkauften weiter.

Bei der Abrechnung am nächsten Morgen stellte sich heraus, daß wir 62,--DM Gewinn gemacht hatten. ‚Besser so, als Verlust', meinte eine Schülerin. — Einig waren wir uns alle darin, daß unser Volksfest eine gelungene Sache gewesen ist.

*Auf unsere Frage, was sie denn nun durch Vorbereitung und Durchführung des Festes gelernt hätten, antwortete einer: ‚Gelernt — das war doch keine Schule hier!' In einem vertiefenden Gespräch erarbeiteten wir mit ihnen neben Fachfertigkeiten (*Rechtschreibung *bei Transparent-, Plakate- und Flugblattschreiben,* Mathematik *bei der Kalkulation und Abrechnung,* Kunst *beim Verkleiden, Schminken,* Sport *beim Tanz,* Freies Sprechen *beim Theaterspiel) auch andere gelernte Qualifikationen wie Selbstsicherheit, Angstabbau, Kontaktbereitschaft, Selbständigkeit, Spaß an der selbstbestimmten Arbeit.*

Das Gelernte setzte die Klasse nach Rückkehr um bei Organisation und Durchführung eines Eltern-Kinder-Festes des Bauspielplatzes im Wohngebiet.

Dieses und andere Hamburger Projekte sind mit Filmen und Fotos dokumentiert. Nähere Informationen im: Didaktischen Zentrum Hamburg (D2H), Itzehoer Weg 3, 2000 Hamburg 20; Tel. 040 — 4802264, ab 7/1985: 040 — 4226264; Öffnungszeit: Mo. — Fr. 18.00 — 19.00 Uhr.

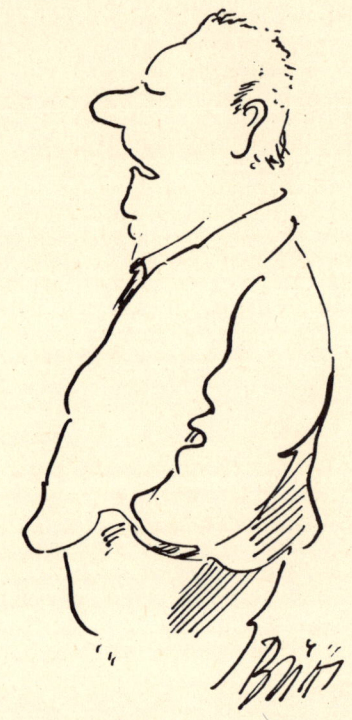

Offener Unterricht hin, offener Unterricht her.
Wollen Sie aber nicht doch lieber einen
Stacheldrahtzaun ums Gelände ziehen?

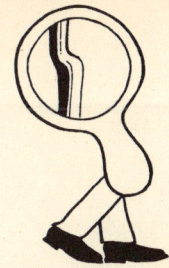

Wer bin ich? Wer war ich? Wer könnte ich sein?

Selbstdarstellung als Berufswahlhilfe

Peter Barth, Karl G. Zenke

Selbstbewußtsein, Selbstvertrauen und ein Mindestmaß an guter Hoffnung auf die Zukunft sind Voraussetzungen für die Artikulation persönlicher Interessen und die ausdauernde Zielstrebigkeit bei ihrer Durchsetzung. Diese Grundlage für den Berufswahlprozeß ist bei vielen Sonderschülern und den schwächeren Hauptschülern bedroht.

Mit unserem projektorientierten Unterricht haben wir hier, im Vorfeld kognitiver Prozesse, gearbeitet. Denn bevor Schüler für ihren Berufswahlprozeß lesen, erkunden, vergleichen, auswerten und beurteilen braucht es Erfahrungsprozesse, in denen sich die Bereitschaft und die Fähigkeit zur Wahrnehmung der eigenen Person und der für sie wichtigen Bedingungen und wünschenswerten Perspektiven überhaupt erst ausbilden und festigen können.

Die Arbeiten bei der Herstellung von *„Ich-Objekten"* haben Schülern einer 9. Sonderschulklasse vielfältige Möglichkeiten zur Darstellung, Reflexion und Beurteilung ihrer persönlichen Lebensumstände im Zusammenhang mit der bevorstehenden Entscheidung für den weiteren Ausbildungsweg gegeben. Die eigene Entwicklungsgeschichte, die im Umgang mit Eltern, Geschwistern und Freunden erworbene Identität, die Einflüsse der Lebensumwelt, die Erwartungen für die berufliche und soziale Zukunft wurden bewußtgemacht, auf ihre Darstellbarkeit hin untersucht, mit anderen Schülern oder auch mit dem Lehrer besprochen, in Bilder, Texte, Plastiken und andere Symbole übertragen. Für die Schüler wurde es zum Erlebnis, wie ihre ganz persönliche Situation den Unterricht nach Form und Inhalt bestimmte; und wie es ihnen gelang, im institutionalisierten Gefüge schulisch-sozialer Identität die eigene Person zu behaupten und zu entfalten.

Genau darum aber geht es auch im Berufswahlprozeß, wenn er nicht zur fremdbestimmten Einpassung der jungen Menschen in den gesellschaftlichen Arbeitsprozeß verkümmern soll. Die persönlichen Kriterien für Ausbildung und Beruf sollten im Rahmen der vorfindlichen sozio-ökonomischen Bedingungen soweit wie möglich berücksichtigt werden. Wer sich schon bei der Berufswahl willig zum Anhängsel der Maschine machen läßt, ist dann auch für den längerfristigen Prozeß der Humanisierung des Produktionsprozesses nur schwer zu gewinnen.

Zur Lage der Sonderschüler im Berufswahlprozeß: Den letzten beißen die Hunde!

Diese Sprichwortweisheit bezeichnet inzwischen ziemlich genau die Lage

Petra

Ich habe das Objekt gemacht, um mich selber darzustellen. Ich habe Bilder von mir ausgesucht und habe etwas darüber geschrieben. Ich habe mir Gedanken gemacht, wie es in meiner Kindheit gewesen ist, welche Probleme ich jetzt habe und wie es in meiner Zukunft werden soll. Manches davon kann man in meinem „Ich-Objekt" sehen. Ich glaube, es war das einzige, was mir in meiner ganzen Schulzeit Spaß gemacht hat.

Gerhard

Ich hatte sehr viel Freude, es herzustellen. Ich konnte noch einmal über meine Kindheit nachdenken. Als ich die Spielzeuge und Bilder zusammenstellte, gingen mir alle Dinge durch den Kopf und ich konnte mich wieder an vieles erinnern. Auch über meinen Berufswunsch habe ich lange nachgedacht. In meinem „Ich-Objekt" sind also Erinnerungen und Wünsche. Ich finde, daß möglichst viele über sich nachdenken und ein solches „Ich-Objekt" bauen sollten.

der Sonderschüler und der schächeren Hauptschüler im Berufswahl- und Berufseinmündungsprozeß.

In der Konkurrenz mit Gymnasiasten, Realschülern und Hauptschülern mit qualifizierendem Abschlußzeugnis stehen sie vielfach auf verlorenem Posten. Ein Sonderschullehrer:

„Wenn Schüler sich permanent als Gescheiterte erleben, als Ausgesonderte, dann sind sie schon bald auf den Mißerfolg fixiert. Da bleibt dann am Ende der Schulzeit für eine aktive Berufswahl kaum noch Elan."

Mangel an Elan zeigt sich im Berufswahlprozeß der Sonderschüler an vielen Stellen. Insgesamt werden in diesem Mangel typische persönliche Defizite einer negativen Lerngeschichte deutlich: Persönliche Erwartungen und längerfristige Perspektiven an eine befriedigende Berufsausbildung werden nur noch zaghaft vorgetragen. Der Mut, eigene Interessen entschlossen zu vertreten, ist so gut wie verschwunden. Unsicherheit, ein tiefer Mangel an Motivation sowie die Bereitschaft, sich vorschnell und unkritisch auf jedwedes Angebot zu stürzen, beherrschen die Einstellungen vieler Jugendlicher. Nach außen scheinen Gleichgültigkeit gegenüber der eigenen Zukunft oder bloße Bequemlichkeit die typischen Fehlverhaltensweisen zu sein. Im Kern aber liegen lebensgeschichtlich gewachsene seelische Verwundungen vor, die das Selbstvertrauen der Schüler, ihre personale und soziale Identität gleichermaßen haben verkümmern lassen.

Gemessen an den Erfolgskriterien der Gesellschaft, haben diese Schüler fast nur mangelhafte oder aber unpassende Leistungen erbracht. Und da man bald lernt, daß angeblich jeder seines Glückes Schmied ist, wird die Ursache des Versagens immer häufiger in den persönlichen Defiziten gesehen. Die fehlende soziale Anerkennung muß zwangsläufig zu tiefsitzenden Zweifeln am eigenen Ich führen.

Diese Ich-Schwäche wiederum ist Ursache für erneutes soziales Versagen, das sich auch im Berufswahlprozeß beobachten läßt:

Berufswahlprozeß und politisches Engagement brauchen beide das Vertrauen in die persönliche Identität.

Wenn die Arbeit an den „Ich-Objekten" die Schüler darin voranbringen konnte, sind wesentliche Voraussetzungen für eine reflektierte Berufswahl erworben worden. Sonderschüler und Hauptschüler ohne Chancen auf einen qualifizierenden Abschluß werden mit den Anforderungen der Berufswahl eher schlecht als recht fertig.

Viele von ihnen vereinfachen das komplexe Problem auf ein handlich erscheinendes Maß, hoffen auf einen guten Ausgang und nehmen nur noch die Informationen überhaupt auf, die in die vorgefaßten Hoffnungen passen.

Die meisten beginnen als letzte Schülergruppe mit ihren Bewerbungen. Gymnasiasten, Realschüler und Hauptschüler der oberen Leistungsgruppe bemühen sich lange vor den Sonderschülern um einen Ausbildungsplatz.

Wer dann die erwünschte Lehrstelle nicht bekommt, gibt rasch auf. Die Bereitschaft, sich rechtzeitig nach Alternativen umzusehen, ist gering. Schüler mit höheren Abschlüssen bewerben sich dagegen in der Regel nicht nur für *einen* Beruf. Zudem schicken sie deutlich mehr Bewerbungen ab als Sonderschüler.

So wird schließlich verständlich, daß Sonderschüler und schwächere Hauptschüler im sich verschärfenden Konkurrenzkampf um Ausbildungsplätze immer schlechter abschneiden. Sie beginnen zu spät, fassen zu wenige Alternativen ins Auge, sind unbeholfen beim Umgang mit Informationssystemen und werfen schließlich im Krisenfalle die Flinte zu schnell ins Korn. Aus diesen Tatsachen erwächst für den Berufswahl-Unterricht eine ernste Konsequenz:

Die ohnehin durch Benachteiligungen, Mißerfolge und Zurückweisungen belasteten Schüler der Sonderschule müssen am Ende ihrer Schulzeit erneut mit dem Scheitern ihrer Anstrengungen rechnen. Trotz ihrer vielfältigen Schwächen sind gerade diese Schüler gezwungen, die größten seelischen Leistungen beim Überwinden und Verarbeiten von Frustrationen und Ich-Krisen aufzubringen. Auch Berufswahl-Unterricht sollte deshalb primär Ich-Unterstützung sein, damit das letzte Fünkchen Elan in diesem wichtigen Lebensabschnitt nicht ganz erlischt.

Wie man sich vorstellen kann

Vorstellung in gesprochener Form
a) bei der persönlichen Vorstellung
b) auf einem Tonband
c) am Telefon: Bericht über bisheriges Leben, über eigene Interessen, Wünsche und Zukunftsvorstellungen

Vorstellung in schriftlicher Form
Lebenslauf, Bericht über Interessen, Wünsche und Vorstellungen, Angabe, woman die Anzeige des Berufs gelesen hat.

Vorstellung in bildhafter Form
Fotos, Album, Selbstbildnis

Das Projekt

Aus dem einleitenden Unterrichtsgespräch über den Lebenslauf (Stücke aus einem Tonbandprotokoll)

Lehrer: Ihr habt in den letzten Tagen an eurem Lebenslauf gearbeitet . . . Warum haben wir überhaupt einen Lebenslauf gemacht?

Schüler: Damit der Betrieb was über uns erfährt . . .
Die kennen uns ja nicht . . .
Wir stellen uns mit dem Lebenslauf vor . . .

Lehrer: Ja, der Lebenslauf ist eine Möglichkeit, sich vorzustellen . . . Ihr kennt alle noch weitere Möglichkeiten, wie man sich vorstellen kann.

Schüler: Wenn man selber hingeht, sich selbst vorstellt . . .
Mit jemand spricht, den man noch nicht kennt . . .
Wenn man sich erzählt . . .
Man kann Fotos zeigen, also wenn man sein Album zeigt.

Lehrer: Ihr habt im Unterricht schon öfters Bilder hergestellt, in denen ihr euch bildhaft vorgestellt habt.

Schüler: Die Comics „Wie ich mir mein Leben in einem Jahr vorstelle", „Was ich alles im Kopf habe", „Ein Tag bei mir zu Hause", „Ein Tagesablauf in meinem Betriebspraktikum".

Schüler: Das waren aber alles nur Teile von uns, das müßte man zusammenfassen.

Lehrer: Du sagst „Zusammenfassung". Hast du einen Vorschlag, wie man solche Teile aus dem Leben in bildhafter Form zusammenfassen könnte?

Schüler: Man könnte auf einem Bild was aus der Kindheit zeigen, dann wie wir größer sind, in der Schule und so . . .
Und wie wir uns unser Leben weiter vorstellen, was wir im Beruf machen wollen . . .
Wir bringen Fotos, machen Zeichnungen, Comics, schreiben Berichte, Bilder aus Berufsarbeit . . .
Also wir machen eine Collage.

Vorschlag 1

Schüler: Ich finde das nicht so gut, warum die Kindheit?
Das ist doch schon lange vorbei.

Schüler: Aber das ist doch auch von mir!

Lehrer: An dieser Stelle müssen wir nachdenken:
Sind wir eigentlich immer nur das, was wir im Augenblick sind und machen?

Schüler: Jetzt sind wir Schüler . . . Aber ich bin auch von meinem Bruder der Bruder . . . von meiner Mutter die Tochter . . . und ein Freund in der Clique . . . und Fußballspieler im Verein.

Lehrer: Ja, ich meine auch, obwohl manches schon lange her ist, z.B. die Kindheit, obwohl vieles von uns im Augenblick nicht sichtbar wird, z.B. unser Zuhause, so sind das doch Teile von uns, die wir nicht abtrennen können, die wohl auch alle für die Zukunft Bedeutung haben.
Heidi hat schon einen Vorschlag gemacht, wie man ein solches Bild aufbauen könnte. . .
Überlegt doch noch weitere Möglichkeiten.

Schüler: Man könnte sich auch selbst hinstellen, und daß man alles rings rum macht um sich, also alles, was zu mir gehört . . . Oder man könnte eine Platte als Hintergrund machen und dann alles drauf.

Vorschlag 2

Schüler: Man könnte das ja auch mit einer richtigen Figur machen, ich meine, wie bei unserer Schulhof-Aktion . . . Aber das ist schwierig, du kannst dich als Figur ja nicht so echt machen . . . Aber wenn man's hinkriegen würde, dann könnte man die in einen Kasten stellen und die Wände von dem Kasten vollmachen mit Bildern und so.

Lehrer: Es gibt die Möglichkeit mit Gipsbinden die Form des Gesichtes nachzubilden.

218

Das ist einfach. Wenn man eine solche Gipsmaske dann bemalt, könnte sie dem Gesicht ziemlich ähnlich werden.

Vorschläge für „Ich-Objekte"

Nach dieser Information durch den Lehrer entstehen weitere Vorschläge. Dabei verbinden die Schüler die Abbildung des eigenen Gesichtes mit unterschiedlichen Möglichkeiten des Plakatierens.
Vorschlag 3, 4b, 5
Die Klasse hat dann darüber gesprochen, wie sich die einzelnen Vorschläge verwirklichen lassen. Dabei wurde Vorschlag 3 verworfen. Platzmangel und zuviel Material. Dagegen fanden die Vorschläge 4 b und 5 viel Zustimmung. Sie würden sich wohl auch leicht herstellen lassen, war die einhellige Meinung der Schüler. Man brauche Latten für die Holzrahmen, dazu Pappe, Nägel, Leim und Farben. Für die Gesichtsmaske Fett (Melkerfett!) und Gipsbinden (die man leicht in jeder Apotheke beschaffen kann).

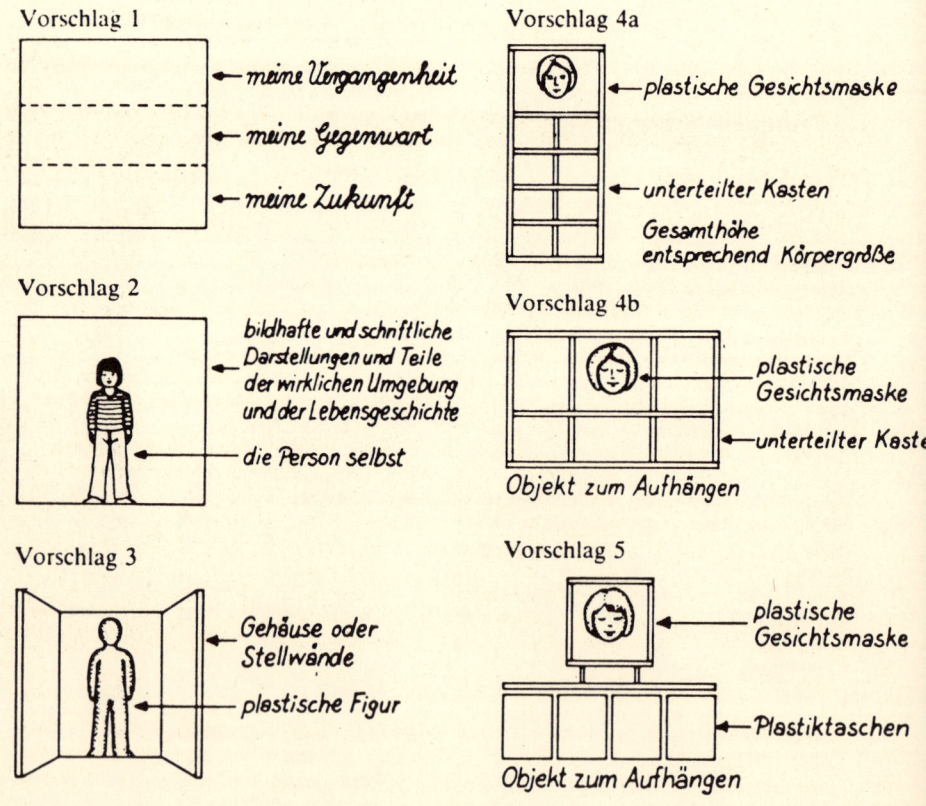

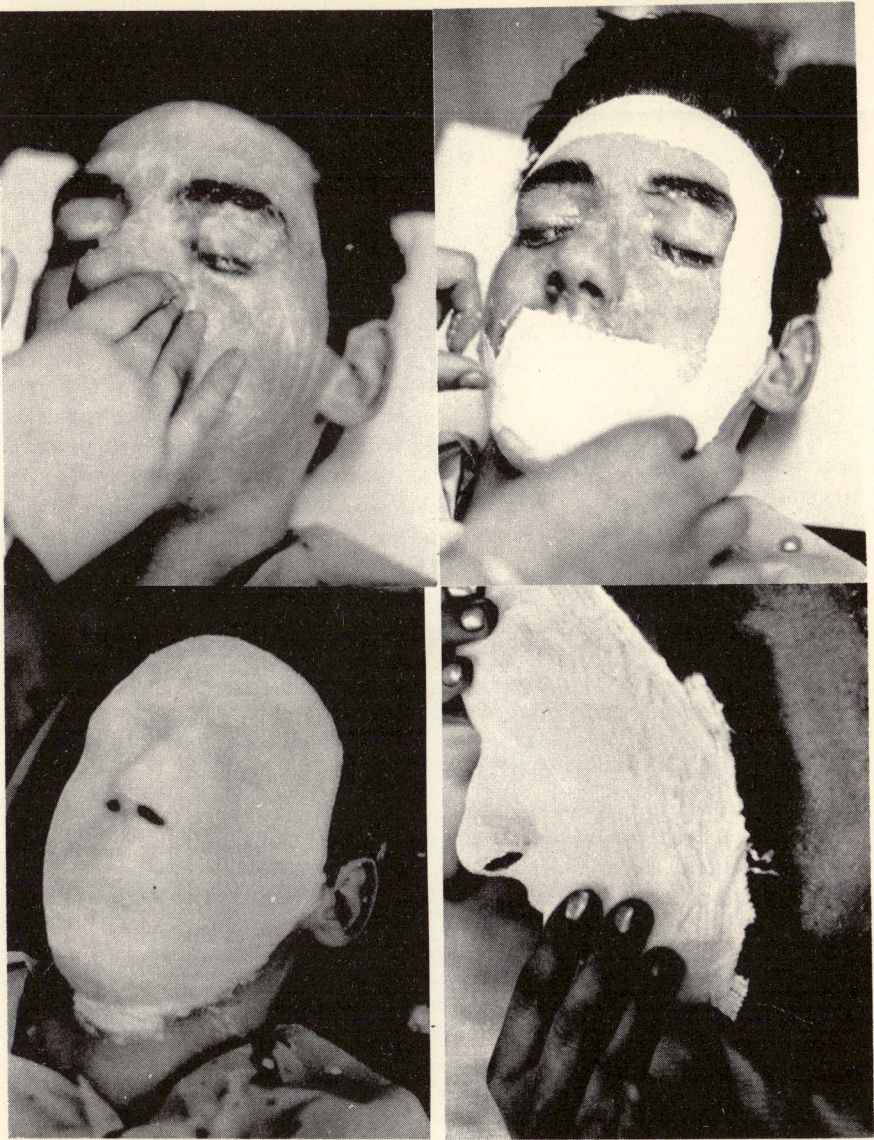

Das Gesicht wird kräftig eingefettet, damit sich die Maske später abheben läßt.
Angefeuchtete Gipsbinden werden aufgelegt. Die Nasenlöcher bleiben frei zum Luftholen!
Das Gesicht ist belegt, die Maske in wenigen Minuten gehärtet.
Abnehmen der Maske.

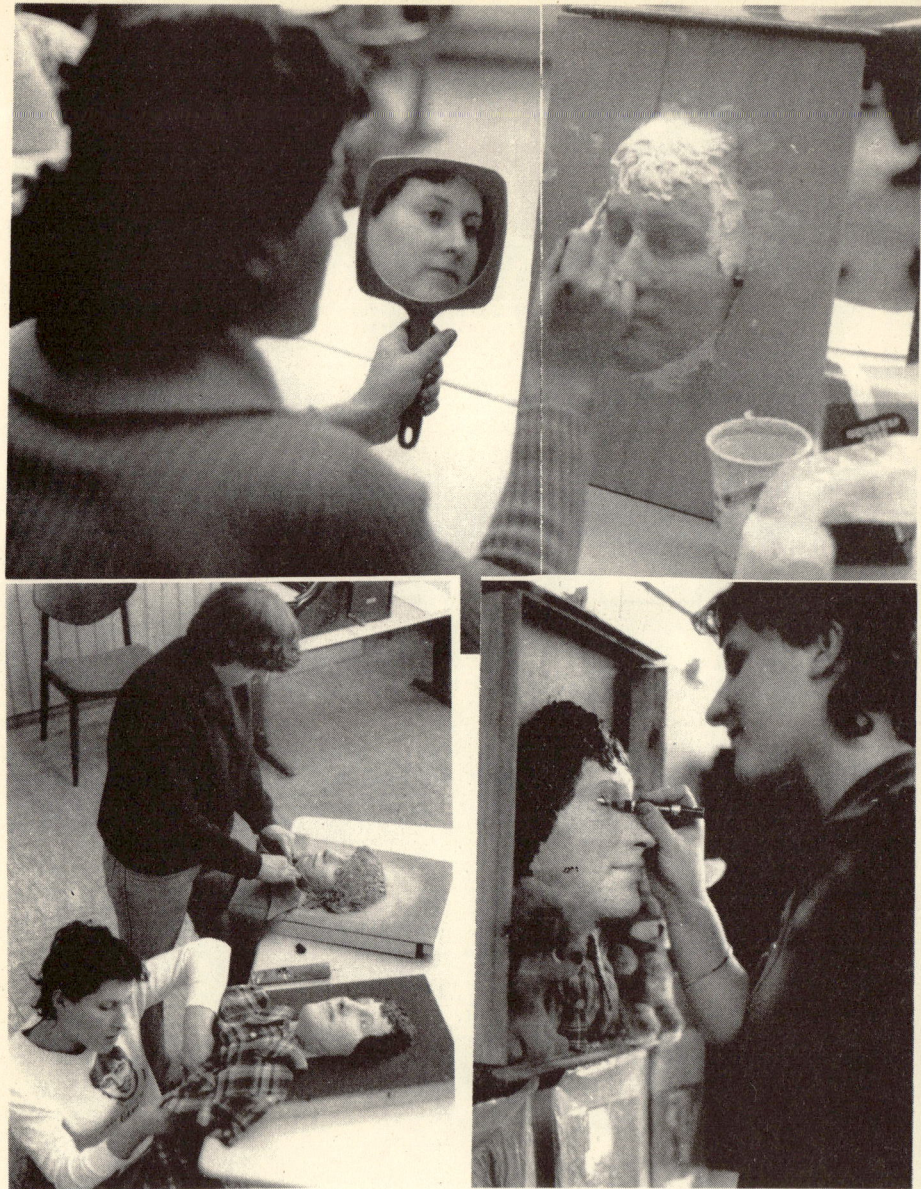

Das Selbstbildnis entsteht.
Ausrangierte Kleidungsstücke vervollständigen die Selbstdarstellung.
Im Objektrahmen werden letzte Feinarbeiten erledigt.

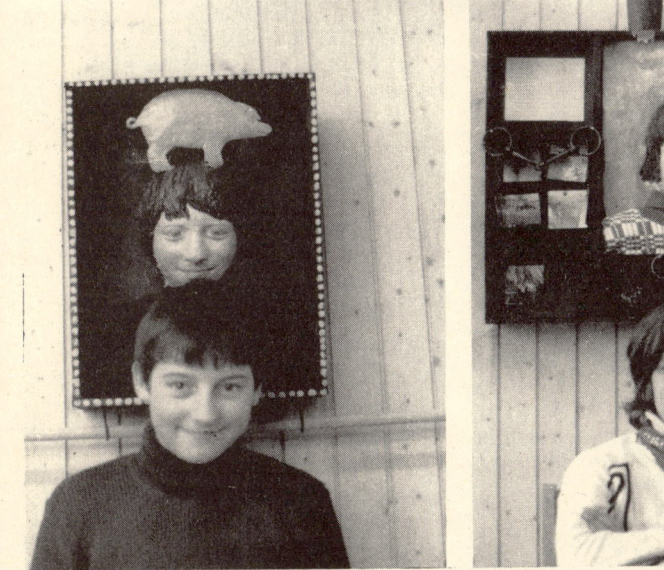

Auswahl der Materialien (Bilder, Texte, Gegenstände u.a.), Anordnen und Einfügen in das „Ich-Objekt".
Klaus will Fleischer werden!
Unter seiner Maske hat Klaus eine Holzstange angebracht, an die er Plastiktüten mit Materialien aushängen will.
Hobby: Pferde; Berufswunsch: Maler.
Stephan hat um seine Maske Texte, Bilder, Bücher, Spielsachen, Objekte angeordnet. Den Hinweis auf seinen Berufswunsch kann man nicht übersehen.

Wichtiger aber war den Schülern und uns die Frage: Ob es wohl sinnvoll ist, jetzt, zu Beginn der 9. Klasse, so eine aufwendige Arbeit aufzunehmen?

Die Begründungen der Schüler

Wir können anderen zeigen, wie wir sind.
Wir können uns vergleichen, unsere Kindheit vergleichen.
Wir lernen uns noch besser kennen.
Wir denken über uns nach. Jeder kann über sich nachdenken.
Wir überlegen uns, was wir im Beruf machen sollen.
Wir können auch darüber sprechen.
Wir können immer nur das machen, was man zeigen will.

Was kann in die „Ich-Objekte" eingebaut werden?

Nach der Entscheidung für die Herstellung einer Gesichtsmaske, die dann in ein Objekt wie im Vorschlag 4 b oder 5 eingestellt werden sollte, haben die Schüler überlegt, was in die Fächer der Objekte bzw. in die Plastiktaschen, die der Vorschlag 5 vorsah, eingebracht werden könnte:
Fotos aus der Familie, mit Freunden, aus den Ferien; Fotos aus der Schulzeit. Lebenslauf. Bilder und Berichte über Hobbys. Spielsachen, was man sammelt, was man gern hat. Berufsvorstellungen in Bildern und kurzen Texten. Sachen aus der Arbeit der Eltern (Bilder, Prospekte, Werkstücke, Werkzeuge). Informationen über die eigene Lehrstellensuche. Wünsche!

Schüler-Urteile

Wolfgang: Ich habe ein „Ich-Objekt" gemacht, weil ich über mich nachgedacht habe und weil ich etwas von mir zeigen möchte. Es ist so ähnlich, wie wenn man einen Lebenslauf schreibt. Ich habe in dem Objekt wichtige Dinge aus meinem Leben dargestellt. Mir hat die ganze Sache mit dem „Ich-Objekt" Spaß gemacht. Man kann auch später noch selber sehen, wie man einmal an sich gearbeitet hat.
Waldemar: Was mein „Ich-Objekt" für mich bedeutet hat. Unser Lehrer legte mir die nassen Gipsbinden auf mein eingefettetes Gesicht, und ich mußte sie zehn Minuten lang hart werden lassen. Nachdem die Maske abgenommen war, leimte ich sie auf ein Brett. Dann formte ich aus Molto-Fill meine Haare und bemalte die Maske. Dabei schaute ich mich im Spiegel genau an. Ich wunderte mich, wie meine Maske mir so immer ähnlicher wurde. Als ich dann noch den großen Kasten darum baute und ihn mit Spielzeug, Bildern und Berichten füllte, da merkte ich, daß dieses Bild ein wirkliches Bild von mir war.
Ich habe dieses „Ich-Objekt" hergestellt, weil ich über mich erzählen möchte. Man kann etwas über mich und meine Familie erfahren und über meine Hobbys, meine Freizeit und meinen Berufswunsch.
Mir hat die Arbeit an dem „Ich-Objekt" gefallen, weil man dabei merkt, daß man auch jemand ist.

Einsatz der „Ich-Objekte" im weiteren Berufswahlprozeß

Noch vor den Weihnachtsferien konnten die Objekte fertiggestellt werden. Da zu diesem Zeitpunkt erst wenige Schüler eine Lehrstelle in Aussicht hatten, beschloß die Klasse, mit den Objekten an die Öffentlichkeit zu gehen. Vielleicht konnten so einige Betriebe auf die Situation der Sonderschüler aufmerksam gemacht werden. Eltern, Mitschüler, Lehrer und die Berufsberatung wurden durch Briefe und Plakate zu einer Ausstellung eingeladen. In der Lokalzeitung erschien ein redaktioneller Hinweis, durch den insbesondere die Ausbildungsbetriebe am Ort auf die Ausstellung aufmerksam gemacht werden sollten.

Während der Ausstellung war jeder Schüler zu Erläuterungen seines Objektes bereit. Die Entstehungsgeschichte wurde rekonstruiert. Texte, Bilder und Gegenstände im Objekt waren Anlässe für weitergehende Erklärungen und Gespräche. Berufswünsche konnten mit Eltern, Lehrern, dem Berufsberater und den betrieblichen Ausbildern erörtert werden.

Die Schüler erhielten manchen Hinweis auf freie Ausbildungsplätze. In der Lokalzeitung wurde über die Ausstellung berichtet. Der Bericht brachte der Klasse weitere Informationen.

Besonders wichtig aber waren für alle Schüler die vielfältigen Erfolgserlebnisse. Mitschüler und Erwachsene zeigten offen ihre Begeisterung über die „Ich-Objekte". Dabei wurde auch deutlich, daß man derartige Produkte Sonderschülern kaum zugetraut hätte. Die Schüler haben diese Erfahrung offen angesprochen, ihre Zufriedenheit wurde nicht eingeschränkt. Daß man jeden Schüler sofort erkennen konnte, daß Besucher und Mitschüler über einzelne Schüler, ihre Produkte, Informationen, Erwartungen und Wünsche sprachen, löste bei Betrachtern und Produzenten Begeisterung aus und war für die Klasse in späteren Gesprächen die wertvollste Erfahrung.

Einsatz in einem Anschluß-Projekt

Die „Ich-Objekte" verstauben nicht in der Abstellkammer. Im Rahmen des Berufswahl-Unterrichtes der nachfolgenden 9. Klasse waren die Objekte Anlaß für die gemeinsame Planung und Vorbereitung des Unterrichts. Nach dem ausführlichen Betrachten der Objekte entwickelte sich ein Klassengespräch. Vor allem über die Fragen:

Wie entstand die Idee zu den Objekten?
Was wollten die Schüler damit erreichen?
Was hat die Arbeit den Schülern gebracht?
Wie haben die Besucher der Ausstellung auf die Objekte reagiert?
Welche Bedeutung hatten die Objekte im Berufswahlprozeß?
Ehemalige Schüler, der Lehrer und die Schüler der 9. Klasse suchten gemeinsam nach Antworten.

Vom „Ich-Objekt" zum „Gemeinschafts-Objekt"

Ausgehend von der Frage eines Schülers, warum sich denn jeder der Schüler selber dargestellt habe, wo doch alle dasselbe Problem hätten, führte die Aussprache deutlich über eine bloße Beantwortung der Fragen hinaus.

Aus der Einsicht in das gemeinsame Betroffensein entstand der Vorschlag, in einem „Gemeinschafts-Objekt" die Situation der Klasse im Berufswahlprozeß und den gemeinsamen Wunsch nach qualifizierten Lehrstellen deutlich werden zu lassen.

Vorschlag 6: Aneinandergereihte Reliefs darunter Beschriftung mit dem Berufswunsch

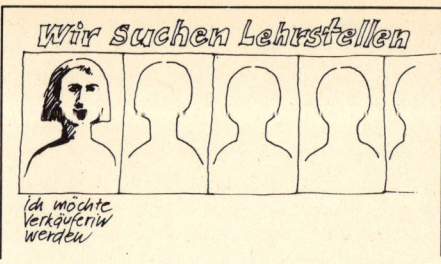

Vorschlag 7: Auf gestrichener Spanplatte mit Projektor vergrößerte und nachgemalte Portrait-Dias, die jeden Schüler in typischer Arbeitskleidung zeigen; darunter Beschriftung mit dem Berufswunsch

Vorschlag 8: Auf gestrichener Spanplatte mit Projektor lebensgroß vergrößerte Dias der Schüler in typischer Arbeitskleidung mit Werkzeugen und Berufssymbolen — mit Dispersionsfarben gemalt; einzelne Bildteile werden evtl. kulissenartig vor die große Fläche gesetzt

Kindesmißhandlung

Ein Beispiel aus der Sekundarstufe II

Otto Herz

Eine Theater-Szene zum Einstieg

Trommelwirbel
„Nach einer Polizeistatistik wurden in der Bundesrepublik Deutschland 1975 1.644 Fälle von „Mißhandlung Schutzbefohlener" polizeilich erfaßt. Darin sind nicht enthalten alle elterlichen Züchtigungen wie Schläge, Ohrfeigen, Fußtritte und darüber hinausgehende körperliche Verletzungen, seelische Beeinträchtigungen und Vernachlässigungen aller Art.

Nach amerikanischen Forschungsergebnissen liegt die tatsächliche Anzahl von Kindesmißhandlungen ca. um 90 % höher als polizeilich ermittelt wurde.

Diese Tatsachen hielten wir alarmierend genug, um Sie, mein verehrtes Publikum, mit Hilfe dieses Theaterstückes zu informieren und zum Nachdenken anzuregen. Sie sehen jetzt (erneuter Trommelwirbel):
Szenen über körperliche und seelische Mißhandlungen von Kindern in unserer Gesellschaft —
dargestellt von der Laienspielgruppe des Oberstufen-Kollegs an der Universität Bielefeld, erstellt unter eigener Regie."
Trommelwirbel

So beginnt ein Theaterstück, das sich mit dem Problem der Kindesmißhandlung beschäftigt. Es wurde von Kollegiaten des Oberstufen-Kollegs (OS) in Bielefeld geschrieben, einstudiert und mehrfach aufgeführt. Die Aufführungen fanden nicht nur im Hörsaal des Kollegs vor der schulischen Öffentlichkeit statt. Es diente auch als Einleitung bei einer stadt-öffentlichen Podiumsdiskussion zum Thema „Wie verhindern wir Kindesmißhandlung?" Und es fanden in der Form von Straßentheater auch dort Aufführungen statt, wo sich die allgemeinste Form von Öffentlichkeit schon immer befindet: in der Fußgängerzone eines städtischen Einkaufszentrums zur Haupteinkaufszeit.

Es war ein Ziel dieser Aufführungen, möglichst viele Menschen aufmerksam zu machen, wieviele von ihnen die Schwächsten unserer Mitmenschen, die Kinder, dadurch mißhandeln,
— daß sie ihnen zu wenig liebevolle Zuneigung zukommen lassen,
— daß sie durch Drohungen psychischen Druck auf sie ausüben,
— daß sie sie einsperren, sie hungern lassen, sie schlagen,
— ja, daß sie sie erschießen, erstechen, ertränken,
— oder sie auch „einfach" zum Fenster hinauswerfen.

226

Gesamtunterricht als Projektunterricht

Diese nur beispielhaft herausgegriffene Möglichkeit der Mitteilung von Erfahrungen und Erkenntnissen, die man sich zuvor selbst gründlich erarbeitet hat, ist Teil des regulären Unterrichts am Bielefelder Oberstufen-Kolleg.
Am Ende jeden Schuljahrs findet ein dreiwöchiger Projektunterricht statt, der GU heißt. Die Kollegiaten wählen sich ein Projekt, das sie selber auch vorschlagen können. Während der GU-Zeit arbeiten sie nur für dieses eine Projekt, und zwar (mindestens) 24 Stunden die Woche. Ziel des Projekts ist es, ein Produkt zu erstellen und es einer größeren Fachöffentlichkeit zugänglich zu machen. Für das Projekt sind mehrere Fachaspekte wichtig, so daß Kollegiaten mit unterschiedlichen Wahlfächern zusammenarbeiten können und müssen. Ein weiteres Ziel ist dabei, praktische Probleme besser kennenzulernen, sie zu erforschen und/oder Handlungsmodelle durchzuspielen bzw. Handlungsformen einzuüben.

Bei Projekten müssen folgende Kriterien erfüllt werden:
— Mitbestimmung der Kollegiaten bei der Auswahl und Organisation der Projekte
— Themenbezug zur jetzigen Lebenssituation bzw. zur zukünftigen Berufspraxis der Kollegiaten
— Verdeutlichung sowohl des Zusammenhangs als auch des Widerspruchs von Theorie und Praxis
— Orientierung an realen, gesellschaftsrelevanten Problemen.
Und als weitere, wünschenswerte Kennzeichen:
— Den in den Projekten Arbeitenden soll „forschendes Lernen" ermöglicht werden
— Projekte sollen durch die Herstellung eines Produkts einen Anwendungsbezug verdeutlichen
— Es soll kooperativ und interdisziplinär gearbeitet werden.

Mit anderen Worten: Der Kollegiat erfährt im Gesamtunterricht in besonders anschaulicher Weise, wie ein gesellschaftliches Problem durch die interdisziplinäre Kooperation analysiert wird und wie Lösungsvorschläge entwickelt werden können.

Sicher werden nicht alle Kriterien des GU bei allen Projekten in gleicher Weise erfüllt. Sie dienen aber als Richtschnur und Planungshilfe, als Entscheidungsgrundlage bei der Genehmigung und als Beurteilungsbasis bei der Auswertung nach Abschluß eines Projekts.

Das Projekt „Kindesmißhandlung"

Der Anstoß, das Thema „Kindesmißhandlung" in einem GU aufzugreifen, kam von Kollegiaten, die in verschiedenen Veranstaltungen mit pädagogischen Fragen in Kontakt gekommen waren und nun im Zusammenhang mit dem GU auch einmal pädagogische Praxis erfahren wollten. Das Kriterium Kollegiatenmitbestimmung war damit von Anfang von gegeben, und eine besondere „Motivationsphase", von der oft im Zusammenhang mit Projektunterricht die Rede ist, war nicht nötig.

An Adressaten, an die man seine Erfahrungen und Erkenntnisse weitervermitteln kann und sollte, fehlt es bei diesem Thema ebenfalls nicht: Eltern, Erziehungspersonen im ganzen Bereich öffentlicher und privater Erziehung, Politiker, Verwaltungen, Vertreter der Rechtsprechung — und nicht zuletzt Kinder und Jugendliche selbst.

Die Vor-Planungsphase

Vier Lehrende interessierten sich für das GU-Thema: zwei Pädagogen, ein Psychologe, ein Jurist. Interdisziplinäre Zusammenarbeit auch von seiten der Lehrenden war damit gesichert. Die Lehrenden schrieben das Thema aus. 67 Kollegiaten schrieben sich in die Teilnehmerlisten ein, teilgenommen haben dann tatsächlich 64.

Vorschläge zu Inhalten lauteten:
- Mögliche Definitionen von Kindesmißhandlungen
- Vergleich von Art und Ausmaß von Kindesmißhandlungen in anderen Ländern, zum Beispiel besonders in Ländern, die — wie Italien — oft als kinderfreundlich bezeichnet werden
- Aufgabe und Rolle der Institutionen und Verbände, die Kindesmißhandlungen verhindern sollen oder eintreten müssen, wenn sie stattgefunden haben
- Ist Kindesmißhandlung ungleich nach Art und Häufigkeit in den verschiedenen sozialen Schichten verteilt?
- Welche Formen von Kindesmißhandlungen gibt es denn, wie verteilen sie sich, wie wirken sie sich aus?

Vorschläge zum methodischen Vorgehen waren:
- Bei der Komplexität des Themas möge man unbedingt arbeitsteilig vorgehen
- Bei der Komplexität des Themas dürften keine Gruppen nach speziellen thematischen Untergesichtspunkten gebildet werden, weil sonst die Komplexität aus den Augen verloren würde

> — In allen Arbeitsgruppen sollten immer auch Lehrende anwesend sein
> — Arbeitsgruppen sollten sich auch ohne Lehrende bilden dürfen
> Es müsse sichergestellt werden, zum Beispiel durch ein Informations-
> brett, daß der Kommunikationsfluß zwischen den Gruppen erhalten bliebe
> und man sich immer informieren könne, welche Gruppe was macht, ohne
> daß jeweils ermüdende Plena einberufen werden müßten.
> — Ein Film sollte zu Beginn als Einstieg und Veranschaulichung gezeigt
> werden etc.
>
> *Vorschläge für Produkte, die man erstellen könnte, hießen:*
> — Artikelserie in der Zeitung
> — Informationsstände in der Stadt
> — Ausstellung in Sparkassen, Kaufhäusern o.ä.
> — Anfrage an den Stadtrat zur Lage in Bielefeld
> — Durchführung und Darstellung einer Umfrage bei Eltern und Kindern,
> wie sie zu dem Problem stehen, welche Erfahrungen sie schon erleiden
> mußten
> — Podiumsdiskussion.

Die Vielfalt der Vorschläge einerseits, ihre Widersprüchlichkeit andererseits sowie die geringe Beteiligungszahl bei der ersten Vorplanungssitzung waren Anlaß zum Beschluß, eine Befragung bei denen durchzuführen, die an dem Projekt teilnehmen wollten.

Die wichtigsten Ergebnisse dieser Befragung — als Planungshilfe für die Projektgestaltung gedacht — lassen sich so zusammenfassen:
> — Hinweise aus Literatur zu dem Thema waren erwünscht
> — Konkurrierende Erklärungen der Ursachen von Kindesmißhandlungen sollten untersucht werden
> — Es bestand Interesse, Behörden und deren Einstellung und Praxis in dem Zusammenhang kennenzulernen
> — Möglicherweise sollten interessante Praktikumsplätze dadurch ausfindig gemacht werden
> — Möglichkeiten zur Abhilfe, zumindest zur Minderung von Kindesmißhandlungen sollten erkannt, unter Umständen erprobt werden
> — Die Idee von Weiterbildungsseminaren und Trainingsseminaren kam auf.

Von besonderer Bedeutung war, daß fast ein Drittel der Kollegiaten, die an dem GU teilnehmen wollten, von eigenen Erfahrungen mit Kindesmißhandlung — als Leidtragende! — berichteten: Bestätigung für die Wichtigkeit des Themas auch und gerade für diese Gruppe.

Am Ende dieser Vorplanung stand dann der von Kollegiaten und Lehrenden gemeinsam erarbeitete Vorschlag für das Vorgehen während der drei folgenden GU-Wochen. Der Plan sah vor:
— daß sich die Kollegiaten in verschiedenen Gruppen den einzelnen Lehrenden zuordnen sollten

— daß in allen Gruppen die einzelnen Fächer der Kollegiaten möglichst gleichmäßig vertreten sein sollten

— daß die Gesamtzeit von drei Wochen folgendermaßen untergliedert sein sollte, daß

o in der ersten Woche eine theoretische Auseinandersetzung mit Kindesmißhandlung stattfinden sollte

o in der zweiten Woche Erkundungen in Institutionen und bei Betroffenen durchgeführt werden sollten

o in der dritten Woche die Vermittlung der Erfahrungen und Erkenntnisse an verschiedenen Adressaten im Vordergrund stehen sollte.

Die „Theorie-Woche"

Alle fünf parallel arbeitenden Gruppen begannen damit, sich über das Ziel der Theorie-Woche zu vergewissern. Was muß man denn notwendigerweise über das Problem der Kindesmißhandlung wissen, um kompetent mitreden zu können und die weiteren Phasen des Projekts sinnvoll zu realisieren?

Stellvertretend für die vier anderen Gruppen hier das aus der Fülle der Fragen schließlich entwickelte Arbeits- und Ablaufprogramm einer Gruppe:

1. Definitionen von Kindesmißhandlung finden
2. Erklärungsmodelle über Ursachen von Kindesmißhandlung diskutieren
3. Häufigkeit von Kindesmißhandlung feststellen
4. Rechtliche Regelungen kennenlernen
5. Möglichkeiten der Verhinderung diskutieren.

Auch hinsichtlich dieses Arbeitsplans wäre die Erwartung überzogen, man könne am Ende einer Woche selbst bei intensivem Arbeitseinsatz einen fertigen Ergebniskatalog präsentieren. Dies ist praktisch genauso unmöglich wie es konzeptionell falsch wäre. Falsch wäre es aus einem doppelten Grunde: Wo „forschendes Lernen" praktiziert wird, muß die Möglichkeit zu — produktiven! — Umwegen gegeben sein; dies geht aber zu Lasten der begrenzten Zeit. Und wenn der Satz stimmt, daß Theorie ohne Praxis blind macht und Praxis ohne Theorie dumm, dann darf am Ende einer einleitenden Theoriephase das scheinbar sichere Wissen gar nicht so abgerundet sein, daß es schwerfallen dürfte, praktische Erfahrungen darin noch ein- und unterzubringen. In erster Linie muß es darum gehen, Probleme anzusprechen, sie bewußtzumachen, Vorwissen zu erwerben und Sichtweisen zu entwickeln, wie man das Problem angehen kann, um dadurch die Möglichkeit zu intensiverer und vertiefter Beschäftigung vorzubereiten.

1) Definition von Kindesmißhandlung

Zeitungsberichte über Kindesmißhandlungen bildeten das Ausgangsmaterial. In Kenntnis dieser Berichte versuchten die Kollegiaten, in Kleingruppen zu erarbeiten, was sie unter Kindesmißhandlung verstehen wollten. Nachdem sich jede Kleingruppe auf eine Definition geeinigt hatte, wurden diese miteinander verglichen. Danach bildeten sich neue Kleingruppen, um in einem zweiten Versuch zu präzisierten Begriffsbestimmungen zu kommen. Anschließend wurden die Eigendefinitonen mit der von R. Wolff in „Gewalt gegen Kinder" (1975) verglichen, um schließlich dann eine gemeinsam vertretene Definition festzulegen:

Kindesmißhandlung stellt eine gewaltsame physische und/oder psychische

Beeinträchtigung oder Vernachlässigung des Minderjährigen durch die
Umwelt dar, die den Minderjährigen schädigt, verletzt, in seiner Entwicklung
hemmt und gegebenenfalls zu Tode bringt.

2) Erklärungsmodelle für Ursachen
Auch bei dieser zweiten Fragestellung wurde auf die Zeitungsberichte als
Ausgangsmaterial zurückgegriffen: Welche Erklärungen für die Ursachen von
Kindesmißhandlung finden sich dort?
Einige Beispiele seien geannt:
— Überforderung der Eltern hinsichtlich ihrer Erziehungsaufgabe
— Überlastung der Eltern durch ihre Arbeitssituation
— eheliche Zerwürfnisse
— soziale Mißstände wie Armut und beengte Wohnverhältnisse u.a.
— Alkohol
— fehlende Hilfsbereitschaft von Nachbarn
— hohe Kinderzahl unter sozial schlechten Bedingungen
— Depression eines Elternteils

In dem Versuch, aus der ungeordneten Faktorenvielfalt eine erklärungs-
fähige Faktorensystematik zu entwickeln, wurde auf Literatur zurückgegriffen. Richard J. Gelles Aufsatz „Kindesmißhandlung als Psychopathologie. Eine soziologische Kritik und Neuformulierung des Problems" (Wolff
1975, 263 - 277) wurde von den Lehrenden ausgewählt. Nach ausführlicher Diskussion ergab sich die Erkenntnis, daß das sozialpsychologische
Erklärungsmodell einerseits viele der oben erwähnten Faktoren in einen
systematischen Zusammenhang zu bringen weiß, andererseits aber gesellschaftliche Grundstrukturen wie die der ökonomisch bedingten Konkurrenz
nur unzureichend Berücksichtigung finden.

3) Häufigkeit von Kindesmißhandlung
Um Aufschluß über die Häufigkeit von Kindesmißhandlung zu gewinnen,
wurden zwei Quellen benutzt: die polizeiliche Kriminalstatistik zu Delikten
nach §§ 223b, 217 und 170 StGB (Wolff 1975, 326 - 333) und amerikanische Untersuchungen (Wolff 1975, 365 - 381)
    Durch den Vergleich von polizeilich registrierter Kindesmißhandlung
und den Ergebnissen gezielter wissenschaftlicher Unterschungen wurde das
Problem der Dunkelziffer deutlich. Die Dunkelziffer ist bei Kindesmißhandlung besonders hoch einzuschätzen.

4) Rechtliche Regelungen
Rechtliche Bestimmungen zum Problemkreis Kindesmißhandlung finden
sich auch in „Gewalt gegen Kinder" auf Seite 334 ff. Für den Lernprozeß
von größerer Bedeutung war der Bericht einer Sozialarbeiterin, die von ihren
Erfahrungen über den Zusammenhang von rechtlichen Regelungen einerseits
und den Aufgaben und Zuständigkeiten der betroffenen Behörden und Institutionen andererseits berichtete. Die weitgehende Hilflosigkeit, ja zum Teil
Ohnmacht der behördlichen „Hilfsinstanzen", von der die Sozialarbeiterin
zu berichten wußte, wirkte sich lähmend auf die Kollegiaten aus: „Was nützt
das Wissen, wenn es nicht — oder doch nur sehr wenig praktisch werden
kann?"

5) Hilfsmaßnahmen

Die Besprechung möglicher Hilfsmaßnahmen zur Minderung von Kindesmißhandlung sollte den Übergang darstellen zur zweiten Woche/Phase, in der
Erkundungen in Behörden und Institutionen das eigene Denken und die an-
geeigneten Kenntnisse aus Dokumenten anreichern sollten. Hierzu einige
Anmerkungen:

Eine Gruppe las beispielsweise den Text von H. Bast u.a. „Thesen über Möglichkeiten und Grenzen des Kinderschutzes" (Wolff 1975, 293 bis 298).
Dabei wurde zweierlei erreicht: Bei einigen entstand Interesse an der konkreten Arbeit des Kinderschutzbundes; bei den meisten ergab sich die Einsicht, daß die Minderung von Kindesmißhandlung eine langfristige gesellschaftliche Aufgabe ist, die mehr braucht als auf den Einzelfall ausgerichtete
good-will-Aktionen von sozial engagierten und ansonsten meist machtlosen
Gruppen — wenngleich auch dieses notwendig ist und bleibt.

Was ein solches „mehr" sein könnte, war Hauptgegenstand der Beschäftigung einer anderen Gruppe. Sie diskutierte Aspekte der Humanisierung der
Arbeitswelt, weil diese als ein wesentlicher Verursachungsfaktor für die In-
humanität angesehen wurde, die Kindesmißhandlung heißt.

Der hier notwendig knappe Abriß des methodischen und inhaltlichen
Vorgehens verschiedener Gruppen läßt ungesagt, welche Schwierigkeiten
und Veränderungen im Lernprozeß von Lehrenden und Lernenden immer
wieder auftauchten. Eine Schwierigkeit war beispielsweise, daß viele Kollegiaten sich recht schnell mit dem vordergründigen Zusammenhang von Ehe-
streit und Kindesmißhandlung zufriedengeben wollten, während andere in
einer Mischung aus Hartnäckigkeit und Aufsässigkeit die Reichweite dieser
Erklärung bezweifelten.

Im Projektlernen gehen Sach- und Sozial- und Personalaspekte in einen
komplexen Gruppenlernprozeß ein, der nicht bei der Zur-Kenntnisnahme
kognitiver Inhalte stehenbleiben kann. Auch wenn gruppendynamische Prozesse nicht immer explizit gemacht werden können — manchmal ist auch
dies nötig —, implizit müssen sie immer mitberücksichtigt werden.

Die Woche der Praxis-Erkundungen

Was wird aus „Buch-Wissen", was aus wissenschaftlichen Erkenntnissen,
wenn sie auf die Wirklichkeit gesellschaftlicher Institutionen treffen? Wie
werden sie dort aufgenommen? Was geschieht, wenn man sich an die im Zusammenhang mit Kindesmißhandlung betroffenen Behörden wendet, um aus
deren Praxiserfahrung erneute Anstöße für die Überprüfung von theoretischen Kenntnissen, für die Entwicklung von Strategien praktischen Handelns
zur Überwindung von problematischen gesellschaftlichen Zuständen zu bekommen? Wie sehen die Probleme in dem Lebenskreis aus, in dem man
selbst sich befindet? Und wie läßt sich all das, was man sich erarbeitet hat
und was man neu erfuhr, für die Öffentlichkeit in Formen darstellen, die
diese ansprechen?

Solche Überlegungen prägten die Planung der zweiten Projektwoche, in
der ein erster Schritt vom schulischen Lernen zur außerschulischen Erfahrung gemacht werden sollte.

Hinsichtlich der Vorhaben, die in Angriff genommen werden sollten, sind
fünf neue Gruppen entstanden:

Worum ging es im einzelnen

Einige Auszüge:

„Wir waren zu dritt bei der Polizei. Dort wurden uns Bilder von mißhandelten Kindern vorgelegt, die ich deshalb ziemlich erschreckend fand, weil darauf zu sehen war, wie schwer erst eine Mißhandlung sein muß, damit sie überhaupt unter den Begriff „Mißhandlung" fällt.

Wir fragten die Beamten, wann sie denn berechtigt wären, im Falle vermuteter oder tatsächlicher Kindesmißhandlung einzugreifen. Sie sagten uns, daß dies ziemlich schwierig sei. Häufig kämen anonyme Anrufe, aufgrund derer sie aber in keine Wohnung eindringen dürften. Dies sei rechtlich nicht abgesichert. Sie hätten eigentlich nur dann die Möglichkeit, in eine Familie zu gehen, wenn die Schule darum bitten würde oder wenn sich Nachbarn meldeten, die sich dann aber auch namentlich zu erkennen geben müßten. Denn ohne Zeugen sei nichts zu machen. Eine Polizistin, die bei dem Gespräch ebenfalls dabei war, fügte noch hinzu, daß unter dem Begriff Kindesmißhandlung für die Polizei eigentlich nur körperliche Schädigungen gefaßt werden könnten."

„Ich war in der Gruppe, die Richter und Staatsanwälte befragen sollte. Wir hatten zunächst Schwierigkeiten herauszufinden, wen wir überhaupt im Gericht ansprechen könnten. Wir gingen zum Gericht und fragten nach einem Organisationsplan oder ähnlichem, um vielleicht anhand dessen feststellen zu können, wer eine geeignete Person oder wo eine geeignete Stelle sein könnte. Wir stießen auf den Namen des Richters Ostermeyer, von dem wir wußten, daß er ein Buch mit dem Titel „Die Gleichberechtigung des Kindes (v. Braunmühl/Kupffer/Ostermeyer 1976) herausgegeben hat. Der Richter zeigte sich sehr zugänglich. Er gab uns Fallschilderungen von Kindesmißhandlungen und versuchte andererseits zu analysieren, worin die Ursachen von Kindesmißhandlungen zu suchen sind. Für ihn war die familiäre Sozialisation der Hauptansatzpunkt.

Ich möchte einen Fall nennen, der uns beschrieben wurde und der einen Hinweis auf praktische Alltagsratschläge gibt: Eine sich selbst sehr religiös empfindende Frau versuchte, mit Prügel bei ihrem Kind ihre eigenen religiösen Vorstellungen durchzusetzen. Der Richter versucht ihr klarzumachen, daß Prügel kein geeignetes Erziehungsmittel ist. Stattdessen empfahl er, dem Kind geeignete Lektüre zu geben, zum Beispiel Struwwelpeter oder ähnliches.

in den verschiedenen Gruppen?

Wir gingen auch zu einem Staatsanwalt, weil es dessen Aufgabe ist, im Interesse des Staates strafbare Handlungen zu verfolgen. Wir gingen zum stellvertretenden Amtsleiter der hiesigen Staatsanwaltschaft, der für das Sachgebiet Kindesmißhandlung zuständig ist. Von seinen Äußerungen haben wir einige protokolliert: „Ursache für Kindesmißhandlung ist die Unbeherrschtheit der Eltern. Es handelt sich hierbei um ein individuelles Problem. Der gesellschaftlich-strukturelle Bereich kann als Erklärungsmodell nicht herangezogen werden." „Personen, die sich der Kindesmißhandlung schuldig gemacht haben, müssen bestraft werden. Alle sonstigen Maßnahmen sind in der Regel fehl am Platze, ja unsinnig."

Wir hatten den Eindruck, daß diese Vorstellungen des Staatsanwalts mit von seiner eigenen Sozialisation als Jurist geprägt sind. Er verfolgt Kindesmißhandlung ausschließlich aus seiner juristischen Vorstellung heraus und aufgrund des Amtes, das er hat. Ursachenmodelle von Kindesmißhandlung, wie wir sie uns erarbeitet haben, kann oder will er nicht zur Kenntnis nehmen."

„Wir, die wir mit den Ärzten reden wollten, gingen von der Vermutung aus, daß Ärzte nicht viel machen können. Dies wurde uns auch von dem Professor bestätigt, mit dem wir sprachen. Auf juristische Folgen von Mißhandlungen Eltern hinzuweisen, hätte deswegen keinen Sinn, weil Eltern, die solches befürchten, erst gar nicht mehr mit ihren Kindern in die Klinik kämen."

„Uns interessierte, wo mißhandelte Kinder bleiben, wenn den Eltern das Erziehungsrecht entzogen wird. Aus diesem Grunde versuchten wir, mit Kinderheimen in Kontakt zu kommen. Wir haben 15 bis 20 Kinderheime hier in der Umgebung angerufen und gefragt, ob es möglich wäre, einen Termin zu bekommen. Wir sind überall abgewiesen worden. Manche Personen aus den Heimen, mit denen wir redeten, meinten, daß das Problem der Kindesmißhandlung keine Sache für die Öffentlichkeit sei."

— Eine Theoriegruppe, die die grundlegenden Diskussionen der ersten Woche fortsetzen und sich nicht praktischen Problemen aussetzen wollte, nachdem ihr die theoretischen noch unzureichend bewältigt zu sein schienen

— Eine Gruppe, die Erkundungen in Krankenhäusern und Jugendheimen, beim Jugendamt und beim Kinderschutzbund, bei Wohlfahrtsverbänden (Innere Mission, Sozialdienst katholischer Frauen) und der Schutzpolizei, bei Gerichten, Richtern und Rechtspflegern unternehmen wollte; diese Gruppe unterteilte sich je nach aufzusuchender Institution noch vielfach

— Eine Gruppe, die Diskussionen mit betroffenen und interessierten Gruppen in Bielefeld führen wollte, zum Beispiel Kinderheimen

— Eine Gruppe, die durch eine Informationsausstellung in der Innenstadt die Bevölkerung über das Problem Kindesmißhandlung aufklären wollte

— und eine Gruppe, die ein Theaterstück schreiben, proben und aufführen wollte, in dem das Problem Kindesmißhandlung plastisch vor Augen geführt wird.

Bei allen Gruppen gab es zum Teil erhebliche Organisationsschwierigkeiten beim Übergang von der Theorie in die Praxisphase. Das gilt für das Geschehen innerhalb der Gruppen genauso wie für die Abstimmung zwischen den Gruppen. Viele Kollegiaten begriffen nicht, daß eine Informationsbörse in der Form einer Wandzeitung nur dann ihre Funktion erfüllen kann, wenn man einerseits Neues einträgt und wenn man andererseits auch danach schaut, ob Neues eingetragen wurde. Andere waren so von Handlungslust beseelt, daß sie unverzüglich zu Krankenhäusern und Ärzten marschierten, ohne einen Termin ausgemacht zu haben und ohne sich genau genug überlegt zu haben, was sie denn eigentlich erfragen wollten. Daß es in einem solchen Fall nützlich ist, einen Interviewleitfaden vorher zu entwerfen, wurde vielen erst nach Anfangs-Mißerfolgen klar. Und wieder andere handelten nach dem Prinzip „wer zuerst kommt, mahlt zuerst", besetzten die Telefone, um Termine auszumachen und vergaßen darüber, daß eine Abstimmung in der Teilgruppe über das Vorgehen doch wohl auch ganz sinnvoll sei. Den Lehrenden erging es in dieser Anfangsphase der zweiten Woche kaum anders: Sie wurden zu Allround-Beschaffern für Kassettenrecorder, Batterien, Anschriften und Telefonanschlüsse, Requisitensammler und ständig auf Abruf stehende „Krisen-Stäbler".

Die Einsicht „Wir hätten dies vorher besser organisieren sollen", wird in solchen Fällen immer auftreten. Weniger einsichtig, zumindest aber genauso wichtig scheint uns zu sein, daß man die Diskrepanz der Glattheit von Lernzielformulierungen und das Erleben der damit gemeinten Sachverhalte erfährt. Es ist eben ein eindrucksvoller Unterschied, ob man das Lernziel liest „Arbeitsteilung und Kooperation in selbstgesteuerten Arbeitsprozessen erfahren", oder ob man den Kuddelmuddel miterlebt, wenn jeder ausschwirrt, um Erkundungen zu machen, aber keiner vom anderen weiß, auf welche Fährte der sich begibt.

Die Gruppe, die eine Informationsausstellung in der Bielefelder Innenstadt durchführen wollte, stieß zunächst auf organisatorische Schwierigkeiten. Aber nach der Woche war es dann doch geschafft. Konzeption und Realisierung der Ausstellung waren vollendet. Es gab:
— Zwei Stellwände, auf denen Kinder zum Begriff „Schlagen" malen konnten, was ihnen dazu einfiel
— die Vorstellung des Projekts durch die Kollegiaten
— Darstellung der Art, Häufigkeit und der Typen von Kindesmißhandlungen in der Bundesrepublik
— Beispiele für die Vernachlässigung von Kindern
— Kritische Schilderung der Situation der Kinder in der Bundesrepublik allgemein
— die Kriminalstatistik zum Problem Kindesmißhandlung
— die rechtliche Situation
— Ursachen und Wirkungen von Kindesmißhandlung
— Erfahrungen bei Erkundungen in Institutionen der Stadt Bielefeld
— die eigenen Schlußfolgerungen aus dem Projekt und Vorschläge zur Abhilfe.

Die Idee, ein Straßentheater zu veranstalten, entstand spontan in einer Plenumsdiskussion zu Beginn der zweiten Woche. Die Gruppe, die sich dies vornahm, stellte Szenen aus dem Erziehungsalltag zusammen, schrieb dazu Dialoge, studierte die Szenen ein. Man beschränkte sich nicht auf die Darstellung von Kindesmißhandlung im engeren Sinne, sondern beleuchtete die Vielfalt von Kindernot in diesem Land.
   Die Anfänge im darstellenden Spiel waren recht holprig. Unsicherheit in der Bewegung und Scheu im öffentlichen Reden mußten überwunden werden. Dies gelang erst, als jeder den Mut zur Improvisation und zur Variation im Augenblick gefunden hatte. Es ging ja nicht um vor- und ausformuliertes Theater, es ging um „Szenen aus dem Leben". Und diese wurden um so realistischer, je mehr man sich von Auswendiggelerntem und von einstudierter Routine freimachte.
   Der Auftakt zu den Theaterszenen steht am Beginn dieses Beitrags.

Die Woche der Darstellung und Vermittlung des Gelernten und Erlebten an andere

Es gehört zu den Erwartungen an ein GU-Projekt, daß es zu einem Produkt führt, das auch für die allgemeine Öffentlichkeit von Bedeutung ist. Es ist ein — zugegebenermaßen kleiner — Versuch, dem Spruch „Nicht für die Schule, sondern für das Leben lernen" zu ein wenig Wahrheit zu verhelfen. Die Produkte, die in diesem Projekt entstanden, waren
— das Theaterspiel
— die Informationsausstellung
— eine Podiumsdiskussion.

Was ist dazu zu sagen?
   Der Informationsstand war drei Tage am Alten Markt in Bielefeld (im Stadtkern) aufgestellt. Ungünstig war das schlechte Wetter. Trotzdem wurde ausgeharrt. Auch vielen Passanten war das Thema wichtig genug, um stehenzubleiben, sich in ein Gespräch mit den Kollegiaten einzulassen und um sich

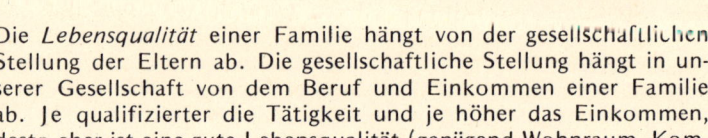

Die *Lebensqualität* einer Familie hängt von der gesellschaftlichen Stellung der Eltern ab. Die gesellschaftliche Stellung hängt in unserer Gesellschaft von dem Beruf und Einkommen einer Familie ab. Je qualifizierter die Tätigkeit und je höher das Einkommen, desto eher ist eine gute Lebensqualität (genügend Wohnraum, Komfort) gewährleistet.

Die *Arbeitssituation* der Eltern wirkt sich direkt auf die Erziehung der Kinder aus. Ist die berufliche Situation sehr belastend, zum Beispiel durch drohende Arbeitslosigkeit, Akkord, Geldknappheit usw., so sind sie kaum noch in der Lage, auf die Bedürfnisse der Kinder einzugehen.

Für eine positive Entwicklung braucht ein Kind die Möglichkeit, sein Bewegungsbedürfnis auszuleben, außerdem braucht es eine hohe Zuwendung von Zärtlichkeit und Liebe von seiten der Eltern.

Sind die Eltern durch ihre Lebenssituation nicht in der Lage, auf diese Bedürfnisse einzugehen, entsteht ein Konflikt. Will nun das Kind seine natürlichen Bedürfnisse befriedigen, so stößt es oft auf das *Unverständnis* der Eltern.

Die Eltern reagieren mit *Strafen*, die sich in Ablehnung, Schlägen, Drohungen u.ä. äußern.

Diese Methoden haben massive *Folgen für das Kind!* Sie reagieren mit Angst, Unsicherheit und Wut. Diese Symptome erzeugen Aggression.

interviewen zu lassen (die Interviews wurden nachträglich nochmals ausgewertet). Es gab viel Zustimmung zu den vertretenen Thesen, und auch Funk und Presse berichteten positiv über das Projekt und ausführlich über die darin aufgearbeiteten Inhalte.

Zwei Aspekte traten deutlicher als bei den früheren Aktivitäten hervor: Auch bei dem Problem Kindesmißhandlung gibt es eine Diskrepanz zwischen geäußerten Auffassungen und dem tatsächlichen Verhalten. Denn viele, die berichteten, daß sie beispielsweise gegen Prügelstrafe seien, mußten auf Nachfragen zugeben, daß sie doch auch schon selbst auf dieses Mittel der „Erziehung" zurückgegriffen haben.

Daraus ergab sich häufig die Frage, was man denn tun könne, um nicht in ein strafendes bis mißhandelndes Verhalten zu verfallen. Hier machten die Kollegiaten die zweite wichtige Erfahrung: Ihr Optimismus, der zum Beispiel in den Vorschlägen zur Abschaffung des Konkurrenzprinzips, zur Schaffung von mehr freiheitlichen Freizeitplätzen für Kinder und Erwachsene, im Vorschlag zum Aufbau von Beratungszentren zum Ausdruck kommt, wurde von der Mehrheit der Passanten nicht geteilt. Nicht weil sie die Vorschläge für falsch hielten; aber ihre gesellschaftlichen Erfahrungen gingen dahin, daß sie den Optimismus nicht mehr hatten, solches könnte in erheblichem Maße tatsächlich geschehen. Ein Passant faßte dies kurz und knapp zusammen: „Das kostet ja was und bringt nichts ein!"

Eigenwert für die Spielenden, Anregungswert für Gespräche und Unterstützungswert für die Informationsausstellung hatte das Theaterstück, das an allen Tagen vormittags und nachmittags an dem Straßenstand aufgeführt wurde. Auch hier positiver Zuspruch aus der Bevölkerung. Doch manchmal mußte man auch den Eindruck gewinnen, daß dieser Zuspruch zu den Personen Ablenkung von der Sache war. Denn die Beteuerung, daß die Wirklichkeit richtig dargestellt werde, war oft auch mit dem Unterton verbunden: „Na und? Ich bin ja auch geprügelt worden und ich kann nicht sagen, daß es mir geschadet hat." Vielleicht hatten diese Personen ja auch recht: Sie konnten es nicht sagen, daß es ihnen geschadet hat; vielleicht haben sie es auch noch nicht erkannt.

Nachdem den Vermittlungsversuchen über Ausmaß und Zustandekommen von Kindesmißhandlungen war für die Kollegiaten die Frage „Wie verhindern wir Kindesmißhandlung?" dominanter denn je. Die Diskrepanz zwischen dem Wunsch nach Hilfe und der Skepsis, mit der die Hilfsmöglichkeiten aufgenommen wurden, war bewußt geworden und unter die Haut gegangen. So wurde noch eine öffentliche Podiumsdiskussion angesetzt, in der genau dieser Frage nachgegangen werden sollte. Auf dem Podium saßen Personen, die die Kollegiaten bei ihren Erkundungen in den Wochen davor kennengelernt hatten.

Abschließende Äußerungen – Zwei Einschätzungen
Wir können die Kritik im positiven wie im negativen Sinn hier nicht mehr ausführen, die wir in der nachträglichen Reflexion über das Gesamtprojekt zusammengetragen haben. Zwei Statements von Teilnehmern seien aber erwähnt. Sie können nicht repräsentativ sein, sie mögen aber informativ wirken.

Ein Kollegiat:

„Für mich war sehr wichtig, daß wir nicht ein Projekt gemacht haben, das sich nur auf unser Kolleg bezog, sondern daß wir die Öffentlichkeit damit ansprechen konnten. Wir haben viele Anrufe bekommen, wir haben mit den Leuten auf der Straße diskutiert, wir haben erfahren, daß das Problem Kindesmißhandlung wirklich existiert. Wir haben auch gelernt, ein uns wichtig erscheinendes Anliegen der Öffentlichkeit vorzutragen. Das bestätigt mich in meiner Auffassung, daß wir mehr Themen auswählen und bearbeiten sollten, die nicht nur irgendwo in unseren Köpfen stecken, sondern reale gesellschaftliche Probleme finden und welche Kompetenzen wir erwerben müssen, um diese schlechten Zeiten zu ändern."

Und ein Lehrender (Jurist):

„Ich will etwas ganz anderes sagen: Es war für mich eine ganz wichtige persönliche Erfahrung, durch das Theaterspiel einmal zu merken, daß ich auch ganz andere Ausdrucksmittel habe als immer nur zu reden — ein Ausdrucksmittel, in dem ich viel mehr von meiner Person einbringen kann und das deswegen vielleicht auch mehr Menschen anspricht."

Vielleicht vermittelt all das wenigstens einen Eindruck, was „living learning", was lebendiges Lernen heißen kann. Daß Erfolg neben Enttäuschung, Gelingen neben Mißlingen, Organisationsgeschick neben Organisationsversagen, Anstrengung neben Abschlaffen, Lernmöglichkeiten neben Lerndefiziten standen, das alles muß kein Anlaß zur Unzufriedenheit, sondern kann ein Anstoß zu produktiver Selbstkritik und zum Weiterlernen und Bessermachen sein.

Projekte verlaufen jedesmal anders. Offenheit ist eines der Merkmale. Projekte tragen dazu bei, das Lernen zu lernen und Handlungsfähigkeit zu entwickeln. Die Lerninhalte sind dabei nicht gleichgültig, sondern zentral. Problemstellungen und Inhalte müssen für alle Beteiligten eine reale Bedeutung haben. Sonst werden auch Projekte nur zum Beschäftigungstrick auf einer didaktischen Spielwiese.

Literatur

Braunmühl, E. v./Kupffer, H./Ostermeyer, H.: Die Gleichberechtigung des Kindes, Frankfurt 1976

Hentig, H. v., et al.: Das Bielefelder Oberstufenkolleg, Stuttgart 1971

Wolff, R. (Hrsg. Arbeitsgruppe Kinderschutz): Kindesmißhandlungen und ihre Ursachen, Reinbek 1975; darin:

Bast u.a.: Thesen über Möglichkeiten und Grenzen des Kinderschutzes, 293 bis 298

Gelle, J.: Kindesmißhandlung als Psychopathologie. Eine soziologische Kritik und Neuformulierung des Problems, 263 — 277

Polizeiliche Kriminalstatistik zu Delikten nach §§ 223b, 217 und 170 StGB, 326 bis 333; dazu ergänzend eine Bibliographie amerikanischer Untersuchungen, 365 — 381

Hinweis:

Eine ausführliche Darstellung mit umfangreicher Materialdokumentation findet sich in: J. Brünink, W. Glenewinkel, H. Hermsen, R. Kerbst: Kindesmißhandlung. Ein Projektunterricht am Oberstufen-Kolleg Bielefeld. Ambos 6, Bielefeld 1979, 310 S., DM 6.--.

Eine Gesamtdarstellung des Projektunterrichts am Oberstufen-Kolleg findet sich in: P. Böning, W. Drexler, W. Emer, W. Hennings, H.-H. Schwarz: Projektunterricht. Fünf Jahre Erfahrung am Oberstufen-Kolleg. Auswertung und Beispiele. Ambos 7, Bielefeld 1980, 374 S., DM 7.--.

Literatur für die Schüler
1. Kindesmißhandlung und Presse, in: Wolff, R. (Hrsg.) a.a.O, 314 - 326
2. Untersuchungen über Prügelerziehung in der BRD, in: Petri, H./Lauterbach, M.: Gewalt in der Erziehung, Frankfurt/Main 1975, 24 - 36
3. Statistisches Material, in: Petri, H./Lauterbach, M., a.a.O. 120 f., 124f, 130
4. Blaudruck "Das Kind im Recht oder das Recht am Kind" (Zusammenstellung entsprechender Gesetzes aus: Grundgesetz, Strafgesetzbuch, Jugendgerichtsgesetz, Jugendwohlfahrtsschutz — vgl. Braunmühl, E.v./Kupffer, H./Ostermeyer, H., a.a.O. 57 - 109
5. Kinderschutz heute — Thesen über Möglichkeiten und Grenzen des Kinderschutzes, in: Wolff, R. (Hrsg.), a.a.O., 293 - 298
Hinweis:
Bei dem Beitrag handelt es sich um eine etwas gekürzte Fassung eines Artikels, der erschienen ist in Jürgen Langefeld (Hrsg.), Fach Pädagogik. Methoden des Unterrichts. Düsseldorf 1978, zusammen mit J. Brünink u.a. Eine Funkbearbeitung war im NDR, III. Programm, gesendet worden.

Geschichte begreifbar machen

**Ein Theaterprojekt nach L. Ossowskis Roman
„Stern ohne Himmel"**

M. Krause/T. Kressel

Der Versuch, geschichtliche Erscheinungen transparent zu machen und ihre Aktualität zu verdeutlichen, scheitert im Unterricht häufig an der zeitlichen Distanz. Dies gilt gleichermaßen für „alte" wie für „neuere" Geschichte, soweit kein direkter Kontakt zwischen Historie und der Realität der Schülerwelt vorhanden ist; also auch für den deutschen Faschismus.

Wir Lehrer, auch die jüngeren, hatten diesen Kontakt zum Teil noch: sei es, daß wir in zerstörten Städten aufgewachsen sind, in Trümmern gespielt haben oder die direkten psychischen oder physischen Auswirkungen des Krieges auf die Menschen unserer Umgebung zu spüren bekamen.

Unsere Schüler dagegen sind in die vermeintlich heile Wohlstandsrepublik hineingeboren. Die Möglichkeit und Chance, Krieg und Faschismus als Geschichte dieser Gesellschaft durch Eltern und Großeltern zu erfahren und damit zu begreifen, wird nicht genutzt oder in den meisten Familien sogar vermieden.

Damit wird diese „jüngere Geschichte" für die Schüler ebenso abstrakt wie die „ältere"; die direkte Verbindung, die Betroffenheit schaffen könnte, ist nicht gegeben.

Auch durch die Medien — insbesondere Filme — kann diese Distanz nicht aufgehoben werden; im Gegenteil, sie tragen wahrscheinlich noch zu einer Vergrößerung dieser Distanz bei.

Der Unterschied zwischen Horrorfilm, Krimi und Film über den NS-Staat ist gering — die gleichen Verdrängungsmechanismen werden in Gang gesetzt. Die Aktualität im Film ist immer die gleiche, ob die Handlung im Mittelalter in der NS-Zeit oder heute spielt, in den USA oder in Deutschland. Psychisch erträglich ist die Handlung nur, weil die Zuschauer also auch die Schüler, sich inhaltlich distanzieren können. Die Zeitspanne zwischen dem Leben im alten Rom und dem Leben im Mittelalter schrumpft — sie ist nur noch intellektuell nachvollziehbar — die zwischen heute und dem NS-Staat wird unendlich.

Entscheidungsprozeß

In diesem Artikel berichten wir von einem Versuch, Geschichte in der Schule anders zu behandeln, um die beschriebene Distanz aufzuheben.

Vor ca. 2 Jahren wurde in der damaligen Klasse 8 der Realschule das Buch „Stern ohne Himmel" von L. Ossowsky im Deutschunterricht gelesen[1]).

Die Handlung kurz skizziert: In den letzten Tagen des zweiten Weltkrieges entdecken vier Jungen, Bewohner eines Internats, und ein Mädchen in einem zerbombten Stadtviertel einen Vorratskeller. Eines Tages taucht dort ein gleichaltriger, aus einem KZ geflohener jüdischer Jugendlicher auf. Es stellt sich das Problem, diesen der Polizei und damit dem sicheren Tod auszuliefern oder unter großen eigenen Risiko zu verstecken. Den Kern der Handlung bildet der Konflikt zwischen den im Faschismus anerzogenen Werten, ganz egoistischen Ängsten (sich nicht mehr nach Belieben der Vorräte bedienen zu können) und dem Wunsch, dem Gleichaltrigen zu helfen.

Da das Buch spannend geschrieben ist, die Hauptakteure etwa so alt wie die Schüler der Klasse sind, war das Interesse an der Handlung groß. Es ergaben sich viele Fragen zu historischen Fakten, wobei unsere Betroffenheit über die totale Unwissenheit der Schüler ebenso groß war, wie deren Interesse, Fakten erzählt zu bekommen, ohne sie allerdings ,,lernen" zu wollen. Die beim Lesen des Buches entstandene Identifikation der Schüler mit den Hauptpersonen führte zu der Idee, diese Geschichte, die es auch als Theaterstück gibt, auf die Bühne zu bringen.

Zwischen der Lektüre des Buches und der Arbeit an dem Stück verging ca. ein dreiviertel Jahr, in dem wir uns mit Zweifeln plagten, ob dieses Projekt nicht zu schwierig sei. Das Stück ist sehr lang, der Text zum Teil sprachlich kompliziert, die Rollenverteilung sehr ungleich (teilweise lange Monologe). Die Möglichkeiten unserer Schule: keine Bühne, die Aula ein ehemaliger Zeichensaal mit schlechter Akustik, war den Erfordernissen des Stückes nur schwer anzupassen.

Ausschlaggebend dafür, schließlich doch mit der Arbeit zu beginnen, waren vorwiegend drei Gründe:

1. Es gibt nur sehr wenig Theaterstücke für Jugendliche, die inhaltlich überhaupt interessant sind, über das Thema Faschismus demgemäß noch weniger.

2. Die Schüler, mit denen wir über unsere Bedenken sprachen, wollten trotz zu erwartender Probleme, das Risiko des Scheiterns eingeschlossen, gern das Stück bearbeiten. Vielleicht war das Bewußtsein von außergewöhnlichen Schwierigkeiten auch eine zusätzliche Motivation. Bei vorhergehenden Theaterprojekten mit relativ oberflächlichen, leicht zu spielenden Stücken, war die Bereitschaft zu ernsthafter Arbeit z.T. viel geringer gewesen.

3. Wir hatten Lust, Arbeit in eine Sache zu investieren, die wir auch politisch für sinnvoll hielten.

Die Zweifel an der Durchführbarkeit waren damit keineswegs ausgeräumt.

Hakenkreuze und moralischer Zeigefinger

Wir boten Anfang des Schuljahres der nun neunten Klasse einen vierstündigen Theaterkurs an. Achtzehn Schüler der oben genannten Klasse nahmen daran teil.

Zur Erinnerung des Inhalts, den die Schüler aus dem Roman nur noch bruchstückhaft kannten und zum Vertrautwerden mit den dort agierenden Personen, wurde in der ersten Phase des Kurses der Text rollenverteilt gelesen[2].

Unser Vorhaben, anhand des Textes über die Identifikationsfigur Abiram auf die Themen Judenverfolgung im 3. Reich und Faschismus eingehen zu nen, schlug zunächst fehl.

Wichtig für die Schüler war die Erfassung der vorkommenden Personen und eine individuelle Klärung der Frage: ‚Welche Rolle will ich haben?'

Ein Warnsignal für uns! Welches waren unsere Vorstellungen? Bei den Worten ‚Faschismus' und ‚Judenverfolgung' sollen die Schüler ihre Betroffenheit zum Ausdruck bringen und das Bekenntnis ablegen, ‚‚so etwas darf nie wieder geschehen''; sie sollten sich in keinem Falle aber durch die leichter nachvollziehbaren und lustigen Szenen, dem Anspruch auf ‚Ernsthaftigkeit' entziehen. Gleichzeitig wollten wir eine ‚Zeigefingermethodik' ausschließen, indem wir Geschichte durch Erleben transparent und erfahrbar werden ließen.

Die Unsicherheit blieb: Wie lange halten wir es durch, nicht zu insistieren? Wie verhalten wir uns bei aufkommender Begeisterung für Hakenkreuze, bei ‚‚Heil-Hitler''-Rufen? Lassen wir dann wieder einen Schwall von ‚Moralpredigten' auf die Schüler nieder aus eigener Betroffenheit und Angst?

Aus diesen Überlegungen haben wir es zunächst dabei belassen, das Stück zu lesen, aufkommende Fragen zu klären sowie die Personen zu charakterisieren. Die damit verbundenen inhaltlichen Gespräche verdeutlichten nochmal, wie wenig den Schülern der Inhalt des Buches in Erinnerung war. Im Gedächtnis aller hingegen war die vom Faschismus losgelöst betrachtete Jugendgruppe, die auf abenteuerliche Art und Weise in Ruinen spielte.

Judenverfolgung und Faschismus war der Theatergruppe aus verschiedenen Zusammenhängen ein Begriff, aber auch nur ein Begriff ohne Übertragbarkeit. Abiram war für sie in erster Linie ein Junge in ihrem Alter ohne Eltern und ständig auf der Flucht. (Für die Schüler auf abenteuerlicher Flucht vor den Erwachsenen). Man könnte nun vermuten, daß das Interesse für das

Stück ausschließlich aus der Indentifikation mit der Jugendgruppe entstanden war. Wahrscheinlicher hingegen ist, daß bei dem größten Teil der
Schüler eine Mischung aus Identifikation mit den im Stück agierenden Personen, dem Wunsch, etwas ‚Ernsthaftes' spielen zu wollen, und Betroffenheit,
die zunächst nicht offen gezeigt wurde, ausschlaggebend für das Interesse am
Stück waren. Wie wenig verständlich den Schülern die inhaltlichen Aussagen
des Stückes in der Vorbereitungsphase geworden waren, (so z.B. die bis in
die Familien hineinreichende zerstörerische Wirkung des Faschismus) wurde
uns im Laufe der wochenlangen praktischen Übungsphase deutlich. Zunächst wurden Angstsituationen distanziert und unbeteiligt gespielt, aggressive Handlungen harmlos und witzig. Erst nachdem sie die Szenen mehrmals
gespielt hatten, wir ihnen zu bestimmten Stimmungsmomenten Verbindungs-
und Vorstellungsbrücken gebaut hatten, fügten sich die Bilder für sie zu
einem Ganzen, in das sie sich hineindenken und hineinfühlen konnten. Langsam wurde es ihnen möglich zu begreifen, warum der Widerstandskämpfer
Kimmich vom hitlertreuen Schulleiter Jähde denunziert wurde, warum jener
Schulleiter nicht erfahren durfte, daß die Jugendgruppe einen Judenjungen
versteckt hielt, und warum Menschen wie Paule (einer der Jungen aus der
Gruppe) sich zwischen beiden politischen Richtungen bewegten, nur auf
den eigenen Vorteil bedacht.

Neben den hörbar verkündeten ‚Aha-Erlebnissen' war die aktive Teilnahme an der Korrektur der gespielten Szenen ein Ausdruck des zunehmenden Verstehens. Während wir in den ersten Wochen die in den jeweiligen
Szenen nicht beteiligten Spieler, Bühnenbauer und Techniker immer wieder
zur Beurteilung des Gespielten auffordern mußten und wie zu erwarten auch
vorwiegend gelangweilte ‚Muß-Antworten' erhielten, wurde es zunehmend
selbstverständlicher, daß das Gespräch über Verbesserungen mehr und mehr

244

unter den Schülern verlief, und wir diesen Part abgeben konnten. Zwischenrufe seitens der Schüler wie: „Sprecht lauter, aggressiver" oder Kommentare zur Gestik auf der Bühne waren selbstverständlicher geworden.

Bei den Spielern selbst wurde durch Text und Spielen deutlich, wie sie sich zunehmend in die Zeit des Faschismus versetzen und das Verhalten der Personen begreifen konnten. Die anfängliche Begeisterung für im Text vorgeschriebene „Heil-Hitler"-Rufe verschwand völlig. Die Schüler achteten selbst darauf, die in den Proben verwendeten Hakenkreuzbinden in den Pausen abzunehmen. Sie wollten außerhalb des Proberaumes damit nicht gesehen werden oder gar von Dritten damit identifiziert werden.

Durchführung: Frust und Motivation

Die Zahl der Schüler zwang uns dazu, zusätzlich zu den vorhandenen Rollen im Stück weitere zu schaffen. Wir verteilten deshalb einige „große" Rollen auf mehrere Schüler. Die Bereiche Bühnenbild, Ton und Geräusche, Beleuchtung, Soufflieren wurden auf Schüler verteilt, die keine Sprechrollen im Stück hatten und nur für diese Aufgaben verantwortlich waren.

Eine große Bedeutung erhielt die Herstellung des Bühnenbildes, die parallel zu den Proben erfolgte. Voraussetzung war, es so einfach zu gestalten, daß die Schüler es selbst herstellen konnten und Materialien verwendet werden konnten, die sie selbst vom Sperrmüll beschafften.

Um ein möglichst variables Bühnenbild zu schaffen, bauten die Schüler einfache, leichte Stellwände. Aus Leisten stellten sie rechteckige Rahmen her, die mit einem Gitter aus Makramee bespannt wurden. Hierdurch wurde es möglich, diese auch zwischen Akteuren auf der Bühne und den Zuschauern aufzustellen. Die Atmosphäre eines Kellerverschlages verband sich mit dem Eindruck von Eingesperrtsein, wenn die Schüler hinter den transparenten Stellwänden spielten, die bei entsprechender Beleuchtung zusätzlich ein

sehr hartes Gittermuster auf die rückwärtige Bühnenwand warfen.

Für Szenen, in denen eine andere Atmosphäre geschaffen werden sollte, wurden die Wände verschoben und z.T. mit Papier verhängt. Für die Entwicklung der Bühnenbilder war das gleichzeitige Proben der entsprechenden Szenen wichtig. Erst dadurch wurde es den Schülern möglich, die Dekoration den jeweiligen Inhalten entsprechend zu entwickeln. So erfuhr das Bühnenbild auch bis zum Schluß der Proben weitere Veränderungen.

Reaktion Dritter

Während in der ersten Zeit der Proben, die einmal wöchentlich, vierstündig am Nachmittag stattfanden, die Begeisterung der Schüler groß war, kam es nach einiger Zeit zu Tiefpunkten in der Arbeit. Die z.T. großen Textmengen, die gelernt werden mußten, die ständige Wiederholung immer der gleichen Szenen vor leerem Zuschauerraum auf einer fast leeren Bühne, daß einige Schüler ihren Text bereits konnten, während andere noch mit den Zetteln in der Hand proben mußten, daß Szenen wieder und wieder geprobt wurden, bis die Beleuchtungswechsel feststanden, das alles führte zu Frustrationen, nicht nur bei den Schülern, auch bei uns. Das Vorhaben schien zeitweilig unrealisierbar und wäre es auch gewesen, wenn die Schüler in zunehmendem Maße nicht selber aus diesen Frustrationen den Wunsch entwickelt hätten: ,,Nun erst recht''! Es kam häufiger vor, daß, nach einer unbefriedigend verlaufenden Probe, die Schüler von sich aus festlegten, was bis zur nächsten Woche gelernt werden sollte, oder daß sie Szenen so lange wiederholen wollten, bis alles klappte.

Der eigentliche Durchbruch erfolgte, als das Bühnenbild fertig wurde und Kostüme und Requisiten hinzukamen. Gerade letztere schufen immer wieder einen neuen Anreiz. Ebenso wichítg für die Motivation war, von Zeit

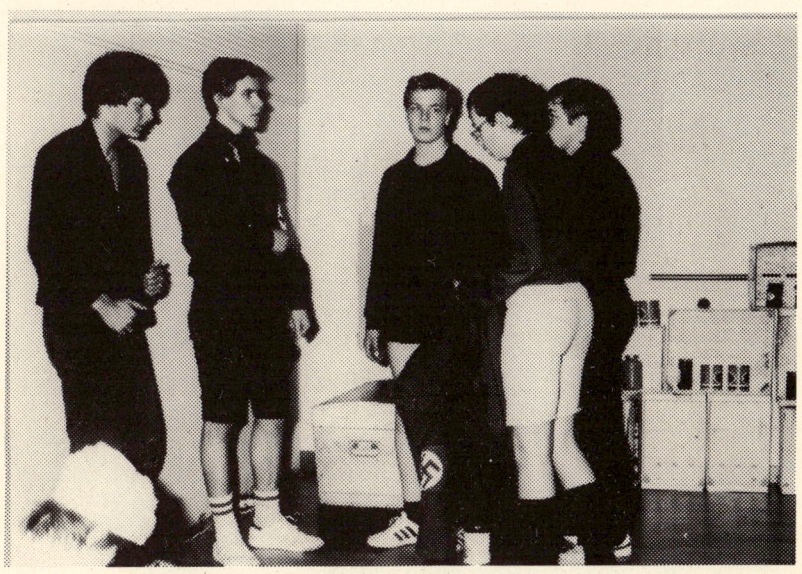

246

zu Zeit einigen Schülern, die nicht zur Gruppe gehörten, bereits fertige oder halbfertige Passagen vorzuspielen. Erst die Resonanz Dritter ließ uns das, was wir zusammen erarbeitet hatten, als lohnenswertes Ergebnis erscheinen. Dem entsprach es dann auch, daß die Phase der größten Ernsthaftigkeit einsetzte, als der erste Aufführungstermin feststand.

Trotz Werbung mit Plakaten und Handzetteln in umliegenden Schulen war die Resonanz nicht sehr groß. Vorwiegend Schüler aus Parallelklassen sowie ein Teil der Eltern erschienen zur ersten Abendvorführung. Daß nicht einmal alle Eltern kamen, wirft ein deutliches Licht auf die Bereitschaft, sich mit dem Thema Faschismus auseinander zu setzen. Es gab sogar Eltern, die die Aufführung während der Vorstellung verließen und wieder andere, die nach der Aufführung deutlich machten, daß ihnen das Thema zu politisch für ihre Kinder war. Ganz anders war die Reaktion der zuschauenden Jugendlichen bei dieser und den folgenden sechs Vorstellungen.

Das Stück wurde in der folgenden Zeit vor sehr unterschiedlichen Klassen aufgeführt. Es besuchten uns Schüler von der siebten Klasse Hauptschule bis zur elften Klasse des Gymnasiums. Erstaunlich war eine enorme Ruhe während der neunzigminütigen Aufführung, wie sie sonst bei Schulveranstaltungen nicht herzustellen ist.

In Gesprächen mit einzelnen Jugendlichen nach den Aufführungen wurde deutlich, daß es gelungen war, echte Betroffenheit auszulösen; gleichzeitig wurde die Leistung der Darsteller bewundert. Was leider nicht klappte, waren Diskussionen zwischen Zuschauern und Schauspielern nach den Aufführungen, wie wir Lehrer sie uns gewünscht hätten. Während einzelne Gruppen von Schülern durchaus über das Gesehene sprachen, waren sie doch nicht bereit und in der Lage, ihre Gedanken hierzu öffentlich zu formulie-

ren", so daß die Wirkung des Stückes auf Dritte nur schwer und partiell (absolute Ruhe während der Aufführungen) beurteilt werden kann. Eine Ausnahme bilden hier die Schüler, die zusammen mit den „Schauspielern" in eine Klasse gingen, aber nicht in der Theatergruppe mitarbeiteten. Alle haben sich das Stück mehrmals angesehen, einige haben alle sieben Aufführungen besucht. Es war festzustellen, daß sie häufig mit den „Schauspielern" über das Stück sprachen, und daß sie auch Gedanken aus dem Stück wieder in den Unterricht einbrachten.

Ein wichtiges Ergebnis der Aufführungen war, daß es den Schülern der Theatergruppe tatsächlich mehr noch um die Weitergabe der Inhalte des Stückes ging als um die Selbstdarstellung auf der Bühne. Ein Beispiel: Eine Vorstellung war unter anderem von einer siebten Klasse besucht worden. Auch diese Schüler waren insgesamt konzentriert, verstanden jedoch offensichtlich ganz entscheidende politische Zusammenhänge des Inhalts nicht und wurden deshalb bei einzelnen Szenen unruhig. Daraufhin wurde in der Nachbesprechung der Aufführung von der Theatergruppe gesagt, daß sie nur noch vor älteren Schülern spielen wollten, denn wenn die Zuschauer das Stück nicht verstehen könnten, wäre die Arbeit umsonst.

Resumée

Unsere Einschätzung nach Abschluß des Kurses war positiv. Aus Äußerungen der Schüler der Theatergruppe und auch aufgrund der Resonanz von anderen Schülern und Lehrern meinen wir sagen zu können, daß dieses Theaterstück zur Aufklärung über Faschismus einen wichtigen Beitrag geleistet hat.

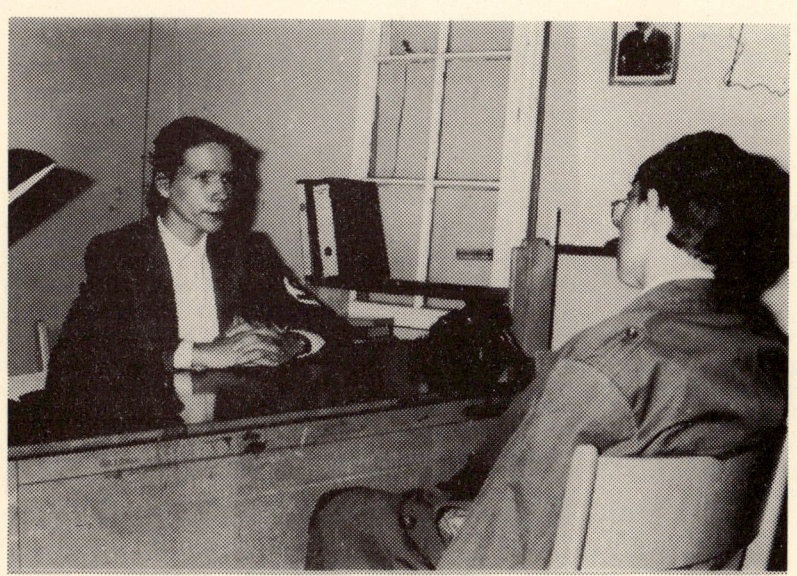

Unser Ziel war es, daß die Schüler sensibler auf den geschichtlichen Faschismus reagieren und, noch viel entscheidender, die neofaschistische Entwicklung heute erkennen. Eine konkrete Verhaltensänderung der Schüler ist in der Schule in den seltensten Fällen erkennbar bzw. überprüfbar. Die Möglichkeit der Überprüfung ist der Transfer durch die Schüler. Gegen Ende des Theaterkurses kamen häufiger Schüler zu uns, um uns zu berichten, was sie neues über „Neonazis" gelesen und erfahren hatten. Ebenso stellten sie Überlegungen an, daß die Situation der Ausländer in der Bundesrepublik Deutschland mit der der Juden im Dritten Reich vergleichbar sei. Mit vielen Verständnisfragen brachten sie die Nachricht von der Selbstverbrennung einer Türkin in Hamburg mit. Fragen wie: Warum verbrennen sich Menschen? Haben die Juden auch Selbstmord begangen, wenn sie nicht mehr wußten, was sie machen sollten? Warum wehren sich die Ausländer nicht?

Solche und ähnliche Fragen wurden gestellt und mit allen diskutiert. Diese Erlebnisse waren für uns sehr wichtig. Die Erfahrung, die wir gemacht haben, daß ohne das ständige den Schülern leidige „Thematisieren" und „Theoretisieren" seitens der Schüler eine große Bereitschaft aufkam, sich selbst zu informieren, selbst Fragen zu entwickeln, war wichtig und klärend für unsere anfänglich gestellte Frage: Wie geht man mit dem Thema Faschismus in der Schule um? Ein wichtiger Faktor, der die offene Situation geschaffen hatte, war der Entwicklungsprozeß vom Lesen des Romans bis zum Theaterkurs selbst.

Zur Arbeit im Kurs muß noch bemerkt werden: Es war wichtig, das vorhandene Energiepotential nicht überzustrapazieren. Der Kurs sollte den Schülern viel Spaß bereiten und nicht nur endloses Lernen und Üben bedeuten. Tee- und Klönpausen waren deshalb immer möglich und für die erfolgreiche Arbeit notwendig. Die Gruppe legte die Anzahl der Aufführungen selber fest. Nach sieben Vorstellungen waren sie sich einig, daß sie kein achtes Mal mit Engagement und Ernst durchhalten würden.

Anmerkung
Unser Erfahrungsbericht über die Arbeit am Stück „Stern ohne Himmel" wurde von Leonie Ossowski zum Anlaß genommen, dieses Stück zu aktualisieren. In Zusammenarbeit mit dem Berliner Grips Theater entstand das Stück „Voll auf der Rolle" und wird seit April 1984 mit großem Erfolg aufgeführt. L. Ossowski führt in ihrem neuen Stück die Geschichte sehr nah an die heutige Situation der Jugendlichen heran. Geschichte und Realität der Jugendlichen vermischen sich im Verlaufe des Theaterstückes, indem die Verbindung zwischen Judenverfolgung und Ausländerhaß immer enger verknüpft wird.

Literatur zum Projektunterricht

betrifft: erziehung — Redaktion (Hrsg.): Projektorientierter Unterricht. Weinheim 1976

Bielefelder Lehrergruppe: Schule kann anders sein. Reinbek 1979

Duncker, L./Götz, B.: Projektunterricht als Beitrag zur inneren Schulreform. Langenau 1983

Frey, K.: Die Projektmethode. Weinheim 1982

Heller, A./Semmerling, R. (Hrsg.): Das Pro — Wo — Buch. Königstein 1983

Hentig, Hartmut von: Erkennen durch Handeln. Stuttgart 1982

Jorkowski, R./A. Prengel/R. Knigge-Tesche: Wir können's ja doch! Projekterfahrungen an der Sonderschule. Oberbiel 1982

Kaiser, A./Kaiser, F.J. (Hrsg.): Projektstudium und Projektarbeit in der Schule. Bad Heilbrunn 1977

Landesinstitut für Curriculumentwicklung, Lehrerfortbildung und Weiterbildung des Landes NRW (Hrsg.): Projektwoche. Reihe: Curriculum Nr. 24. Neuss 1982

Laubis, J.: Vorhaben und Projekte im Unterricht. Ravensburg 1976

Mayer, W.G.: Projektunterricht in der Primarstufe. Lüneburg 1978

Pütt, Heinz: Projektunterricht und Vorhabengestaltung. Essen 1981

Rudolf, A./Warwitz, S.: Projektunterricht. Schorndorf 1976

Scheller, I.: Erfahrungsbezogener Unterricht. Königstein 1981

Schweingruber, R.: Das Projekt in der Schule. Bern 1979

Stach, R. (Hrsg.): Projektorientierter Unterricht — Theorie und Praxis. Kastellaun 1978

Struck, P.: Projektunterricht. Stuttgart 1980

Suin de Boutemard, B.: Schule, Projektunterricht und soziale Handlungsperformanz. München 1975

Tymister, H.-J. (Hrsg.): Projektorientierter Deutschunterricht. Düsseldorf 1975

An diesem Buch haben mitgearbeitet:

Herausgeber

Dr. Johannes Bastian
Rothenbaumchaussee 11
2000 Hamburg 13

Prof. Dr. Herbert Gudjons
Heidbergwinkel 4a
2359 Henstedt-Ulzburg 3

Autoren

Wolfgang Allerkamp
Oherstraße 84
2000 Hamburg 13

Peter Barth
Sonderschule
7417 Pfullingen

Wulf Denecke
Heinrich-von-Ohlendorf-Straße 40
2000 Hamburg 67

Otto Herz
Im Buchenwalde 2
4800 Bielefeld 1

Christel Heine
Großer Reitweg 44
2080 Pinneberg

Manfred Huth
Itzehoer Weg 3
2000 Hamburg 20

Peter Koch
Hudtwalcker Straße 37
2000 Hamburg 60

Anne Köhler
Langenfelder Straße 64d
2000 Hamburg 50

Mareile Krause
Goosacker 59
2000 Hamburg 53

Tilman Kressel
Goosacker 59
2000 Hamburg 53

Michael Legutke
Gunterbergallee 74
6000 Frankfurt/M. 60

Rainer Lümkemann
Immenweide 101
2000 Hamburg 54

Antje Mittelberg
Gausstraße 27
2000 Hamburg 50

Renate Pieper
Im Bruchhof 6
3504 Baunatal

Harald Rüsseler
Im Bruch 2
3557 Ebsdorfer Grund/Beltershausen

Achim Schmidt

Rüdiger Semmerling
Krumme Straße 14
2900 Oldenburg

Prof. Dr. Bernhard Suin de Boutemard
Kappstraße 29
6145 Lindenfels 1

Wolfgang Thiel
Habsburgallee 82
6000 Frankfurt/M. 60

Winfried Waldeck

Prof. Dr. K. G. Zenke
Nelkenstraße 46
7410 Reutlingen

Gestaltung

Roland Bühs
Klattendiek 21
2800 Bremen 33

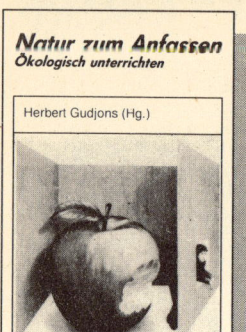

BUCHREIHE DER ZEITSCHRIFT PÄDAGOGIK

Was ist eine gute Schule?

Klaus-Jürgen Tillmann (Hg.)

PB — Buch 13

Was ist eine gute Schule? — Eine einfache Frage, auf die es keine einfachen Antworten gibt: Konkrete Entwürfe einer schüler- und lehrerfreundlichen Schule sind genauso notwendig wie die Darstellung erprobter Schritte auf dem Weg dorthin.

Im *ersten* Teil geht es um die Eigenschaften und Merkmale einer guten Schule (FEND, WINKEL, BOHNSACK, HAENISCH).

Im *zweiten* Teil geht es um den Einfluß der Arbeit von Lehrerinnen und Lehrern auf die Schulqualität; u. a. um Lehrerkooperation (ROEDER), um Unterrichtsarbeit (HELMKE) und Lehrerfortbildung (PRIEBE).

Im *dritten* Teil geht es um konkrete Beispiele von Schulen, die sich auf den Weg zu einer guten, einer besseren Schule gemacht haben (HELLER/SCHEUFELE, WEIN, RIEGEL, SCHULZ/TILLMANN, KLASSEN).

ISBN 3-925836-12-8   **200 Seiten, 19,80 DM**

Das Projektbuch II

Johannes Bastian
Herbert Gudjons (Hg.)

Über die Projektwoche hinaus
●
Projektlernen im Fachunterricht

PROJEKT

PB — Buch 14

Die gelegentliche Projektwoche ist vielen Lehrerinnen und Lehrern — mit Recht — zu wenig.

Gefordert ist eine Weiterentwicklung der Projektidee für den Fachunterricht. Das Projektbuch II — als Fortsetzung des 1986 (2. Auflage 1988) erschienenen Bandes „Das Projektbuch" — führt deshalb „Über die Projektwoche hinaus":

● mit Begründungen des Projektlernens im Fachunterricht durch bildungspolitische, schulpädagogische und lernpsychologische Argumente (Teil I);
● mit 11 ausführlichen Beispielen aus dem Alltag des Fachunterrichts der Sekundarstufen I und II aller Schulformen (Teil II);
● mit konkreten Praxishilfen, von der Planung des Projektunterrichts bis zur Durchsetzung einer veränderten Schulorganisation.

Als Beispiele für Projektlernen im Fachunterricht werden u. a. ausgeführt: Statistik im Mathematikunterricht der Sekundarstufe II; Kohlenhydrate im Chemie unterricht; Projektlernen mit dem Computer; Herstellung einer Sonnenuhr; Erarbeitung von Spielen und Spielgeräten im Verbund von Mathematik und Deutsch; Historische Themen von der Renaissance über die Französische Revolution bis zu „Mode in Geschichte und Gegenwart" und nicht zuletzt: Projektarbeit im Latein- und Englischunterricht.

Ein Praxisbuch, das herkömmlichen Fachunterricht nicht ablösen — aber zu seiner Veränderung anregen will.

ISBN 3-925836-15-2   **285 Seiten, 24,80 DM**

BERGMANN +
HELBIG
VERLAG